JN244255

シリーズ　多文化・多言語主義の現在 7

アジア・欧州の移民をめぐる言語政策

ことばができればすべては解決するか？

突然あらわれて、すみません。本書のガイド役、うちだあゆこです。大学で留学生に日本語を教えたり地域で日本語を教えるボランティアをしたりしています。読者のみなさんを代表して、編者の松岡洋子さんにいろいろ質問したり、ときどきつぶやいたりします。よろしくお願いします！

二〇一六年は、イギリスのEU離脱やアメリカの大統領選挙におけるトランプ氏の勝利など、グローバリゼーションの反動のような現象が多かったなと思っています。さらに、二〇一七年三月のオランダでの総選挙は、現政党がEU離脱を主張し移民受け入れ反対の右派政党を抑えてなんとか勝ったようだけど、六月にはフランス国民議会選挙があるし、八月から十月にかけてはドイツ連邦議会選挙……。極右政党が国民から支持されて、移民や難民など新移入者を排除していくかもしれないとメディアが言っているのを聞くと、なんとなく落ち着かない気持ちになっちゃいます……。

松岡さん、いきなりの質問だけど、どうしてこの本を作ろうとしたのか、また、この本を読んでもらいたい人はどんな人なのかについて、教えてくれる？

この本は、人の世界的な移動によって起こるいろいろな状況や課題を「ことば」という切り口から見て、韓国、台湾、シンガポール、ドイツ、フランス、そして、日本の研究者やことばの教育に携わっている人たちの報告や意見をまとめたものです。日本に住む外国人住民の日本語教育や、移民問題に関心のある人に読んでほしいな、と思って編集しました。研究者、学生さん、日本語ボランティアの方など、いろいろな方に読んでいただいて、これからの外国人受け入れについて広く議論ができたらうれしいです。

もともと私たちは、ドイツの移民の言語政策に興味があったんだけど、ドイツに行って様子を見ているうちに「移民がドイツ語を覚えるだけで、うまくいくのかなあ」と、疑問がわいたの。その後、フランス、韓国、台湾、シンガポールと調査対象を広げて、いろいろな人たちと意見交換を続けてきて、その成果のいくつかをまとめたのがこの本です。ところが、本の出版を準備しているうちに、アフガニスタンやシリアの難民問題が起きたり、一方で社会の保守化が進んで移民の受け入れに反対する動きが大きくなったり、と、状況は日々変わってきて、戸惑ってるところです。

本当にそうだよね……。そもそもの発端は二〇〇一年の9・11のテロとその報復としてのイラク戦争だろうけど、過激派たちの活発な動きは二〇一四年頃からはじまったのかなあ……。今では刻一刻と変化していって世界情勢についていけない……。私は日本語教師なので仕事や研修、また日本人との結婚などで外国からやってきた人たちのことがどうしても気になっちゃう。日本では、日本語や日本文化を十分に習得しないと生活するのは難しいと考えている人たちが多いようだけど……。松岡さん、本当に日本語がうまく使えて日本文化をよく理解していればそれですべて解決できると思う？

う〜ん、難しい問題だよね。たとえば、とある国の大使館員のAさんや、外国企業の駐在員のBさんは、職場の人や家族とは自分の国のことばが中心だし、日本語はほとんどできないけど、別に不自由してないんだよね。だから、日本語を覚える必要性がないんだよね。それから、エスニック料理店を経営するCさんは、接客や食材の発注なんかで日本語を使うことがあるけど、店員さんも家族も自分の国の人だし、決まりきった日本語を使うだけで、読み書きなんてしないって。こういう人たちは、日本の中で暮らしに必要なネットワークを

作っているし、日本語ができないことで不利益があるとは言えないなあ。

じゃ、別に日本語、勉強する必要がないのかな。

いやいや、そう簡単な話でもなくて、困る例も多いんです。たとえば、同じ国からおおぜいの人が働きに来て、みんなが近くに住んでいるケースでは、仕事や買い物なんかは同じ国の人たちとのつながりでなんとかなるんだけど、近所の日本人とごみの捨て方や、町内会の仕事なんかでトラブルが起こってしまっているというのもあるよ。この場合、外国人も日本人もお互いにうまくやっていけないと、同じ町に住むことができなくなっちゃうよね。それに、仕事だって、突然解雇されてしまうこともあって、そんなときに日本語ができないと立場が弱くなるみたい。

それは、日本語ができないとダメかも。

子どもの問題もあります。学校に突然、日本語がわからない子どもが入って来ても、学校がその対応方法がわからないことが多いの。だから、外国籍だと日本の学校に行かなくてもいいので、そのまま教育を受けないで大きくなってしまったという場合もあるよ。

やっぱり、日本語、勉強しなきゃだめだ！

子どもは、そうですね。ある田舎の町では、お見合いで国際結婚のお嫁さんが日本語ができなくて、ダンナさんやその両親とコミュニケーションできない。子どもが生まれても学校の先生に相談したり、子どもの宿題を見てあげたりできない。これは、家庭問題なんだけど、こんな家族が増えたら社会問題になるよね。

そうそう。でも、日本語を勉強するってそんなに簡単じゃないし、どこで、どのぐらい勉強したらいいの？

外国から来た人に、どんなところでどの程度の日本語を使ってもらいたいか、あるいは、使ってもらわないと困るか、ということを、国やコミュニティが示すべきなのかもしれない。この本で紹介されている各国の事情を見て、考えてほしいと思います。

ただ、日本に国際結婚で来た知り合いには、日本語を習うチャンスもなかったけれど、そのうち日常会話ができるようになって、もう二〇年以上日本に住んで、子育ても終わって、パートで働いて、という人がいます。日本語の読み書きはできないんだけど、必要な時には誰かに助けてもらうから問題ないんだそうです。

ああ、家族がいるから大丈夫なんだ。

そう。こんな事例を見ると、みんなが同じレベルの日本語力が必要だ、と言えるのか、難しいなと思います。ただ、二〇一一年の東日本大震災や二〇一六年の熊本地震のような大きな災害の時には、普段使わないようなことばが飛び交うし、情報は日本語の文字だけだし、日本語がわからない辛さを感じた

ようです。

それは、不安だったろうなあ。う～ん、結局、日本語ができたほうがいいの？　できなくてもいいの？

そもそも文化や習慣の違う人が接触すると、いろいろ問題が起こりがちでしょ？　それは、接触するときのルール（文化や常識）とツール（言語や非言語行動）が共有されてないから。つまり、一つのゲームを複数のルールで進めているのと同じことで、そんなのうまくいくはずない。それに、外から入ってきた人に対して、偏見や差別意識があると、もっと面倒なことになるでしょ。国連の国際移住機関は、そもそも移民は受け入れ社会に誤解されがちで、特に社会が不安定な時には、移民は嫌われる存在になる傾向があるという報告を出しているみたい。自分と違う人に寛容になるって難しいし、人は「知らない」ことを怖がったり嫌ったりする傾向があるよね。でも、実際に人は世界中で大きな移動をしているし、ことばや文化が違う人たちと暮らすための仕組みが必要な時代になったんだと思います。そのひとつが、移民がことばを学ぶことなんだけど……。

でも、ことばだけで、問題解決するのかな？

そんなに簡単じゃないでしょうね。そんなわけで、この本は、移民を受け入れたいくつかの国・地域の事情を知ることで、私たちが学べることは何か、考えるきっかけになるといいな、と思って編集しました。二〇一五年より前の報告が多いのだけれど、移民とことばの問題を考えるときに、普遍的に見ていく必要のあることが読み取れると思います。

この本は二部構成になっています。第一部は韓国、台湾、シンガポール、フランス、ドイツの二〇一五年頃までの報告です。アジアの結婚移民と外国人労働者の言語政策の違い、フランス、ドイツの移民の社会統合と言語の役割について知ることができます。第二部は、多文化政策や移民政策といった政策のあり方、言語教師の役割、そして、移民と暮らす社会の言語意識について、それぞれの現状と提言を示しています。

それから、この本では、今のように、ときどきガイドのうちださんが登場して、それぞれの報告の関係や課題の整理、日本との関わりなどについてつぶやきます。そちらも読みながら、興味を深めてもらえるとうれしいです。

私が興味を持っているのは、二〇一五年以前とそれ以降の状況を比べること。そして、二〇一五年以前からずっと変わらないことについても知りたい！　とにかく、さっそく読み始めようっと……。

読者の皆さまへ

1　国を越えた移動の時代

現代は、「移動の時代」である。人々は絶えず移動を繰り返し、世界の実にさまざまなところで言語や文化の異なる人同士が接触している。観光旅行やビジネス等の短期間の移動もあるし、留学、企業駐在などで一年を超えて外国に滞在することも珍しくない。二〇一五年には、シリアやアフガニスタンの紛争を逃れた難民がヨーロッパ諸国に大挙して押し寄せた。各地で頻発する紛争、世界規模の異常気象、経済状況の急激な変化……。国を越えた人々の移動はいつどこで起こるか予測不能だ。

日本も例外ではなく、多くの外国人が訪れ、また日本人も外国に渡航している。[1] 二〇一三年頃から円安を背景に訪日外国人観光客が激増し、二〇二〇年の東京オリンピック・パラリンピックに向けてさらに増加することが期待されている。技能実習制度の拡充や、特区制度を利用した家事労働力の受け入れ、エスニック料理店の急増などにより、外国人労働力の流入が進んでいる。気づいたら周りに外国人が住んでいた、ということが、日本各地で見られるようになった。

このような動きは、世界の政治、経済状況によって短期間でめまぐるしく変化するようになっている。国連人口部（UN Population Division）は、「出生、あるいは市民権のある国の外に一二カ月以上いる人」を「移民」と定義している。本書でも、基本的にこの定義にしたがって「移民」という用語を使う。国連の二〇一三年の資料によると、国際移住者は約二億三一・五万人にのぼる。[2]また、経済協力開発機構（OECD = Organisation for Economic Co-operation and Development）の資料では[3]二〇一三年のOECDの移民受け入れ諸国への永住型移民数は約四〇〇万人となっている。日本国内に目を向けてみると、一九九〇年の改定出入国管理及び難民認定法の施行以降、大勢の外国人が定住するようになった。二〇一六年末の中長期在留外国人数は二三八万二八二二人（日本の総人口の一・八七％）[4]で、一九九〇年当時の約二倍に増加した。他の先進諸国と比べると、移民比率はまだ少ないものの、日本全体の人口は減少に転じている中で、移民は増加しており、さまざまな場面で社会を支えている。しかし、未だに日本では移民の存在が認知されていない。

本書で取り上げる韓国、台湾、シンガポール、ドイツ、フランスの各国は、日本よりも人口当たりの移民比率の高い国々である。それぞれの状況は異なるところも多いが、類似点も見いだせる。本書では、「言語」に焦点をあてながら、移民と受け入れ社会の課題について報告し、考察を進める。

2　本書の構成

社会の大きな変化を「言語」という側面から検討し、解決の糸口を探る資料を提供するため、本書は、韓国、台湾、シンガポール、ドイツ、フランス、そして日本の研究者、実践者の報告、論考で構成した。本書の特徴はここで取り上げた国、地域を横断的に概観し、そこから普遍的な課題や解決方法を探ることにある。

第一部は各国事情報告である。前半はアジア、後半はヨーロッパからの報告で構成されている。アジア編では、結婚移住者に対する言語教育における同化主義の問題や言語教育の意味、国民と移民の境界としての言語、移民の価値と言語の関係について、韓国、台湾、シンガポールの事例を提示する。ヨーロッパ編では、移民の社会統合、社会参加をキーワードとして、そこで言語に期待される役割に関して論じ、具体的な教育実践を提示する。第二部では、多文化政策、移民の言語教育政策、言語教師、言語意識について、それぞれの研究者から現状分析と提言を示す。

本書のもう一つの特徴として、ガイドの存在がある。本書に掲載される各項は多様な立場で執筆されているため、相互の関係性や研究の位置付けが見えにくい。ガイドでは、それぞれのつながりを解説しながら、議論を喚起している。ぜひ、ガイドを参照しながら、問題点を整理し、読み進めてほしい。

（編著者　松岡洋子）

〈注〉

［1］二〇一六年一月の日本の出入国者数を見ると、日本に入国した人は四〇四七万四六五三名（うち外国人は二三二一万八九一二名）、日本を出国した人は四〇三〇万二八七名（うち外国人は二三〇一万七一五三名）である。

［2］International Migration Report 2013 (UN Department of Economic and Social Affairs Population Division) http://www.un.org/en/development/desa/population/publications/pdf/migration/migrationreport2013/Full_Document_final.pdf#page=7

［3］International Migration Outlook 2014（OECD）

［4］法務省　http://www.moj.go.jp/nyuukokukanri/kouhou/nyuukokukanri04_00065.html

うわぁ、ガイドの紹介まである……。責任重大だなぁ……。

目次

第一部 移民をめぐる言語教育政策に取り組む国々

第一部では、韓国、台湾、シンガポール、フランス、ドイツの順番で、それぞれの国の移民政策や言語教育等の状況についての報告を読んでいくんだけど、もう一回質問してもいい？　なんでこの五つの国なの？

韓国、台湾は、少子高齢化、労働力不足、低所得者層の結婚難という社会状況が日本とよく似ていて、日本にとっては労働力や結婚相手としての外国人を奪い合うライバルと言えるかも。それぞれのどんな政策がどんな外国人を呼び込むのか、また、課題の解決方法にどんな施策があるのか、と考えながらそれぞれの報告を読むと、同じような状況の日本にとって参考になることが多いと思うよ。

つまり、どんな点が共通していて、どんな点が違うかっていうことから、日本の将来像を考えてみるってこと？

そう。それから、シンガポールは、日本と同じように少子高齢化が進んでるけど、外国人労働者を大量に受け入れてものすごい経済発展をしてるでしょ。きっと日本の経済界はうらやましいと思ってるんじゃないかな。ただ、このごろシンガポール社会では、移民との言語問題がクローズアップされつつあって、それに対応する施策や事業が少しずつ展開してるよ。徐々に多文化化が進む日本にとって、その施策の中にヒントとなることがないのか、報告から見つけられるかもしれないね。

ふーん、じゃあ、フランスやドイツについては？

フランスには昔から大量の移民がいるけれど、フランス国籍だけどフランス語が十分にできない人が結構いるって。でも、政府は「フランス人なんだからフランス語が話せて当たり前でしょ」という自己責任論の放任主義。実にフランスらしいよね。ところが二一世紀になって、急に態度を変化させて、移民の言語教育政策を始めたの。このあたりの変遷の背景や理由、対応は、成人移民の言語教育政策のポイントを理解するためにいい事例だよ。

じゃあ、フランスのところは、なぜ二一世紀になって積極的に移民の言語教育政策を始めたのかをちょっと意識して読んでみるね……。ドイツの場合は？

ドイツは、日本と制度も環境も全く違うけど、労働力として結構長い間、外国人を受け入れてるのに、ずっとお客さん扱いして市民として認めようとしなかった。それに、外国人に対して結構、排他的だし。こういうところが日本と似てるなあ、と思ったの。じゃあ、誰がどうやってこういう外国人にドイツ語教えてるのかな、ひょっとして、日本と同じようにボランティア頼みなのかなあ、と二〇〇〇年初め頃から調べはじめた。ところが、二〇〇五年に「移民を受け入れます、でも、六〇〇時間ドイツ語を勉強してくださいね」って急転換。へえ、移民を受け入れるんだ！　でも、ドイツ語は必須なんだ！ってびっくりしました。移民の公的なドイツ語教育ってどうやって進めるんだろう、その効果はどんなものだろう、という視点で読んでみてほしい。

ふうん……。そういう意味ではドイツって、将来の日本の参考にもなるかな……。

一章　韓国における移民を対象とする韓国語教育の現況と課題

ジャン・ハノプ［西山教行訳］

1　移民送り出し国から移民受け入れ国へ

歴史的に見て韓国は、多数の移民を外国へ送りだした国の一つである。在外同胞財団[1]によれば、国外に居住する在外同胞は二〇一〇年現在六八二万人に達する。統計に含まれない人々を合わせると七五〇万人に及ぶと推定される（イ・ソンミ、二〇一〇、二八九頁）。六八二万人は韓国人口の一四％にあたり、この割合を見る限り韓国は世界的なディアスポラの国である（イ・テジュ、二〇〇八、一六七頁）。

ユン・インジン（二〇〇四、八—一五頁）は、韓国人のこのような移住の歴史を四つの時期に区分している。第一期は、一八六〇年代から一九一〇年の日韓併合までである。この時期には、朝鮮時代末期の圧政とひどい飢饉を避けるため、海外への移住が行われた。第二期は、日本が韓国を支配した一九一〇年から一九四五年までである。この時期には日帝の弾圧を避けるため、また独立運動のために多くの人々が外国へ出た。第三期は、一九四五年の光復（終戦）から最初の移民政策が樹立された一九六二年までである。この時期には戦争孤児の養子縁組、米軍人との国際結婚、移民、留学などを理由に、主にアメリカとカナダへ移住した。第四期は、一九六二年から現在までである。一九六二年二月、政府は「海外移民法」を制定し、韓国経済発展のため積極的に移住を奨励した。

このような移住の歴史に大きな変化が見られたのは一九八〇年代である。それまで移民を送りだす側であった韓国が、一九八〇年代末からは移民を受けいれる国に変わったのである。一九九〇年には五万人に過ぎなかった外国人が、二〇〇七年には一〇〇万人を越え、二〇一一年には一四〇万人に迫った。これは国内人口の二・八%に達する。この外国人の割合は国内における出産率の低下や高齢化現象とあいまって、二〇二〇年には五%、二〇五〇年には九・二%にまで上昇すると思われる。

2 韓国における移民の略史

韓国に移住してきた外国人は主に、結婚による移民女性（以下「女性結婚移民」）と外国人労働者である。移民の流入は、一九六〇年代から一九八〇年代の間に起こった韓国の社会的変化と密接な関連がある。

まず、女性結婚移民の場合を見てみよう。韓国は一九六〇年代、七〇年代に近代化と産業化を推進し、大都市周辺に工場を建設した。そのための人員は主に農村から充当されたが、その数は男性よりも女性の方が多かった。これには大きく二つの理由があった。一つは、都市部に女性を好む単純労働、サービス業が多かったからであり、もう一つは、先祖代々の土地を守り、親に仕えなければならないという儒教的伝統が男性側に強くあったからである。このような男女比不均衡により、農村に婚期を過ぎた独身男性数が増加すると、一九八〇年代後半に農村振興庁は、彼らと都市部工場団地の独身女性を結ぶ結婚事業を推進した。一九九〇年代に入り、この事業にも限界が見え始めると、次に中国朝鮮族女性との国際結婚が推進されるようになった。このような国際結婚は一九九二年の韓中修好以後に活発化することになる。その後、結婚相手の出身国は、中国、ベトナム、フィリピンなどに広がった。二〇一一年一月、行政安全部（日本の総務省に相当）が発表した「地方自治体外国系住民現況」によれば、中国朝鮮族が約六万三〇〇〇人で三〇%を占め、以下中国人約五万八〇〇〇人で二七・五%、ベトナム人約四万二〇〇〇人で二〇%、フィリピン人約一二万人で五・七%、日本人約一万一〇〇〇人で五・一%、カンボジア人約四五〇〇人で二・一%を占める。[2]

次に、外国人労働者の場合を見てみよう。一九八〇年代初半における教育政策の変化により、韓国人の大学進学率が上昇した。また、その時期の経済成長は韓国人たちに「3D（Difficult, Dangerous, Dirty）」と呼ばれる業種を忌避させた。くわえて、一九八七年に起きた激しい労働運動がブルーカラーの賃金を大幅に上昇させた。これらの要因が重なり、財政的に苦しい中小企業や零細企業は深刻な労働力不足に陥った。一種の「労働力の構造的空白」（パク・ギョンテ、二〇〇九、七二頁）が生じたため、その空白を埋めるべく引き入れることになったのが外国人労働力であった。その頃開催された一九八六年のアジア競技大会と一九八八年のソウルオリンピックは、韓国の経済成長と国際的威信を国内外に示す契機となり、中国と東南アジアの若者が韓国をまた一つの「チャンスの場所」と捉え、大挙して押し寄せるようになった。特にオリンピックを成功させる目的で出入国管理が緩和されると、彼らは観光ビザで入国したあとすぐに中小企業や零細企業で不法に就労した。

一九九一年、政府は漸増する不法労働者を管理し、中小企業の求人難を軽減するため「産業研修生制度」を導入した。この制度は産業研修を通じて発展途上国に技術を移転するという主旨であったが、実情は異なり、若い外国人労働者を低賃金で雇い入れ、国内の労働力不足を解消するための便法であった。しかし、これが国内外で強い批判を受けたため、政府は二〇〇三年八月、外国人労働者の雇用に関する法律を制定した。二〇〇四年八月から適用されたこの「雇用許可制」も、外国人労働者の職場移転を規制し、雇用契約を毎年更新させるなどの問題点があるが、少なくとも既存の産業研修生制度よりは多少改善されたものである。

二〇〇七年、産業研修生制度の完全廃止以降、全ての新規労働者は雇用許可制を経て入国している。二〇一〇年六月現在、外国人労働者は（不法滞留者を含み）約五五万七〇〇〇人であるが、この中で教授、技術者、芸術家のような専門的人材は約四万四〇〇〇人（八％）に過ぎず、残りは全員が単純労働従事者である。

3　韓国内の外国人の特徴

韓国社会は実に多様な国々の人間が共存する社会になった。二〇一一年、法務部（日本の法務省に相当）の発表によれば、一八〇カ国一三九万五〇七七人が韓国に入国した。少し前まで「世界の中の韓国」を提唱していた韓国が、今では「韓国の中の世界」を実感するようになった。

国内に滞留する外国人の国籍は多様であるが、実際にはいくつかの国の出身者が圧倒的に多い。中国、アメリカ、ベトナム、フィリピン、タイ出身者だけで全体の七〇%を占めている。この中でアメリカ出身者を除けば、みなアジアからの移民である。したがって韓国社会は「多人種社会」というよりは「多民族社会」と呼ぶ方が適切である。

韓国人は、外国人移民を出身国と職種によって明確に区分しており、この基準により差別待遇をする。S. Sassen (1998) の分類によれば、先進国から来た専門職移民は「デニズン」(denizen)、発展途上国から来た単純職移民は「マジズン」(margizen) ということができる。デニズンは一時的に他国にとどまり出身国の国籍を放棄しないのに対して、マジズンは可能な限り長期間他国に留まり滞在国の国籍を取得しようとする。これらの人々はたいてい、法的、政治的、社会的権利を十分に保障されず、常に社会の片隅で生きることになる。韓国人はデニズンに対しては必要以上に友好的で、彼らと親しくなろうと努力するが、マジズンに対しては非友好的で彼らとの接触をできるだけ避ける。この差別的な態度は、韓国人が使用する言語にもそのままあらわれている。デニズンとの会話では、相手の話す言語を使用し、それが無理な場合は国際語である英語を使用する。したがってデニズンは韓国に住みながら韓国語をあえて学ぶ必要性を感じることがない。一方、マジズンとの会話では韓国語を使うので、マジズンは韓国語を学ぶ必要がある。

上記の分類を我々の主な関心事である言語問題と関連づけると、外国人労働者と結婚移民は大部分がマジズンに属し、自身の職務遂行と円満な家庭生活のために必ず韓国語を学ばなければならない人々であることがわかる。したがって韓国に入国した成人移民の言語問題は、彼らを対象とする韓国語教育問題として焦点を絞ることができる。しかしながら、デニズンとマジズンでは、滞留目的及び期間、活動範囲、期待されるレベルなどが顕著に異なるため、韓国語教育にかかわる問題もそれぞれ別個のものとして検討する必要がある。

4 外国人労働者の現況と韓国語教育

外国人労働者に対する処遇は、徐々に改善しているとはいえ、先進国と比較した場合、依然見直すべき点が多い。

［1］外国人労働者の生活

二〇〇五年、韓国労働研究院が外国人労働者の生活実態を調査した結果、七四%は社員寮に、一七・三%は一般住宅に、そして六・七%は社内にある（非住居用の）簡易宿泊施設に居住していることが明らかになった。また外国人雇用許可制を通して入国した就業者の賃金及び労働時間を見ると、一般労働者が平均六八万三〇〇〇ウォン（二〇一三年二月末現在、日本円にして五万七六〇〇円相当）、特例労働者が九一万八〇〇〇ウォン[3]の支給を受け、一日平均九時間働いており、必要に応じて一日平均三時間程度の超過勤務についている。一般外国人労働者を採用する会社は九七・七%が製造業で、特例外国人労働者を採用する会社の場合、八一・一%が飲食業であった。

転職回数は一回（三九・八%）＞三回（二五・四%）＞二回（二二・一%）＞四回以上（一二・七%）の順で

あった。離職事由を見ると、低賃金（三九・三％）＞賃金未払（二四・三％）＞不当待遇（一三・三％）＞上司との軋轢（二二・一％）＞同僚との軋轢（一一％）の順であった。在職中の問題としては、韓国人との意思疎通の問題（三六・三三％）＞指示事項の理解困難（二六％）＞労働条件交渉における困難（二一・一％）＞労働者間の意思疎通困難（一六・七％）という順であった。

以上を総合して見ると、外国人労働者は在職時に韓国語能力不足のため多くの困難を経験しており、低賃金や他者との軋轢により何度も転職をしていることがわかる。実際これまでに出された報告書や論文[4]でも、一様に外国人労働者の韓国語教育不足を指摘している（ソル・ドンフン、二〇〇三・ユ・ギルサン、二〇〇七）。

［2］外国人労働者の韓国語教育

二〇〇四年八月以前に入国した外国人労働者は、出身国で一五〇時間の事前教育を受け、その内八〇時間は韓国語教育を受けた（チェ・ヘジン、二〇〇九、三〇七頁）。これ以降に入国した外国人労働者は、雇用許可制韓国語能力試験（Employment Permit System Korean Language Test（EPS-KTL））[5]に合格する必要がある。この試験は、二〇〇四年の試行後、名称、内容、試験回数などがたびたび変更された。二〇一三年一月二十七日現在の基準は次の通りである。

まず、韓国内企業に就職しようとする外国人労働者[6]は、雇用労働部（日本の厚生労働省に相当）が主管し韓国産業人力公団が施行して出身国で実施される雇用許可制韓国語能力試験に合格しなければならな

表1　事前就業教育の教育時間

区分		試用未適用労働者	試用適用労働者
総計		45時間（1.5週）	30時間（1週）
素養教育	韓国語教育	20時間	15時間
	韓国文化理解	7時間	5時間
	雇用許可制の理解	13時間	3時間
技能教育	産業安全等基礎教育	5時間	7時間
	業種別教育	0時間	0時間

い。この試験は「外国人労働者雇用許可制の一環で、外国人求職者に対する、韓国語運用能力、韓国社会及び産業安全に関する理解などを評価する試験[7]」である。試験問題は、聞き取りと読解の二領域で構成されており、客観式四肢択一形式の筆記試験である。試験時間は、読解が四〇分、聞き取りが三〇分の合計七〇分で、設問数は読解二五問、聞き取り二五問の合計五〇問である。合格決定基準は二〇〇点満点中八〇点以上を得点した受験者の内、高得点取得者の順に選抜する。

次に、この試験に合格して労働契約を締結した外国人労働者は、出身国で実施される事前就業教育を受けなければならない。この教育の目的は、就業能力の養成と韓国での早期適応を誘導することにある。この教育時間と内容については、韓国語能力試験及び試用制度の有無により異なる。表にすると表1の通りになる。

次に、入国後は二〇時間の就業教育を受けることになるが、この内韓国語教育が占める時間は三~四時間に過ぎない。結局、就職先が確定し、職場に配置されるまでに受ける韓国語教育時間は二〇~二四時間程度でしかなく、外国人労働者の韓国語レベルは雇用許可制韓国語能力試験を準備する過程でどれだけ熱心に学習したかにかかっている。
最後に、外国人労働者はいったん韓国に入国すれば民間団体と政府が運営するサポート機関[8]で韓国語教育を受けることができる。しかしこの教育は義務ではないため、教育を受けない場合もあり、たとえ受けたとしてもその期間は非常に短い。

チョ・ソンギョン（二〇〇七、四四頁）によると、外国人労働者の韓国語学習期間は一カ月未満（三三・三％）＞なし（三〇・四％）＞一〜三カ月（一五・六％）＞六カ月以上（一一・八％）＞三〜六カ月（八・九％）となっている。これは、外国人労働者の三分の二が、韓国語教育を一カ月未満しか受けない状態で職場に投入されていることを意味する。一方、韓国語教育を受けてよかったこととして、作業情報の獲得（三八・四％）＞生活上の便宜（三七・一％）＞課業遂行及び認定（三七％）＞給与調整及び協議（八％）の順で回答があった。

また韓国語教育を受けることができなかった理由を問う質問には、時間不足（四九・三％）＞教育施設への移動が困難（二四・二％）＞教育施設に関する情報不足（二二・七％）＞必要なし（三・八％）の順に回答が多かった。回答者の過半数が「時間不足」と答えたが、これは彼らが平日平均九時間（超勤がある場合一二時間）程度勤務している事実を勘案すれば十分に理解することができる。

チョ・ソンギョン（二〇〇七、七九―九四頁）は、以上の分析を土台に、外国人労働者を対象にした韓国語教育の改善方案を提示した。まず、第一段階として外国人労働者に相応しい韓国語教材を開発・普及し、第二段階で韓国語教育を中・長期の次元で改善するというものである。その提案をもう少し詳しく紹介すると、第一段階では次の原則に忠実にすべきであるとされている。まず、教育内容を外国人労働者の日常生活を中心に構成する。次に外国人労働者の時間不足を考慮して学習量を最少化し、挿し絵をたくさん活用する。三番目に、外国人労働者間の能力差を考慮して、それぞれにあわせた教育課程と教材を開発する。四番目に、対話中に発生しうる文化的軋轢や誤解を減らすために、文化的要素も十分に反映させる。

第一段階で開発した教材の後続教材を開発し、より水準の高い韓国語教育を模索する第二段階においては、特に次のような点を考慮しなければならない。一番目に、外国人労働者の母語、教育水準、韓国語レベル、滞留目的などを考慮し差別化された教材を開発して、翻訳がついた補助教材、辞書、単語集などを開発・普及する。二番目に、教材の内容を職場での日常生活をこえて韓国人との日常的な意思疎通レベルにまで拡大する。三番目に、韓国語を教える教師やボランティアの専門性を継続的に強化しなければならない。教授者が外国人労働者に合わせて特化された韓国語プログラムを正しく理解することができなければ、期待する成果をおさめることは難しいからである。四番目に、外国人労働者を対象とする韓国語教育を、民間団体中心から公共機関中心にしたものに変えていかなければならない。現在のように民間団体に任せたままにした場合、教材開発や教師養成問題を解決するのは困難である。

以上、詳述したチョ・ソンギョン（二〇〇七）の提案は、チェ・ヘジン（二〇〇九、三〇九―三一〇頁）の提案にもほぼそのまま受けつがれている。チェ・ヘジンの提案を要約すると、第一に、外国人労働者を対象とする韓国語教育プログラムは、労働者の就業周期、すなわち入国前、入国後、帰国前等で分けて考えなければならない。第二に、韓国語能力試験に、スピーキングとライティングを含め、本物の意思疎通能力を評価すべきである。第三に、就職先決定後、職場に配置する前にビジネス韓国語教育を集中的に実施しなければならない。第四に、外国人労働者対象の韓国語教育プログラムを統一的に運営しなければならない。第五に、韓国語能力を滞留期間延長と連携させることで、外国人労働者たちが韓国語能力を持続的に伸長できるようモチベーションを与えなければならない。最後に、韓国語教育を帰国プログラムに含める必要がある。上述の教育を受けて帰国した人々は、韓国での経験と韓国語能力を土台にして、新たに韓国に入国する自国の人材を教育することができる有能な講師として働くことができるであろう。

チョ・ソンギョン（二〇〇七）とチェ・ヘジン（二〇〇九）の提案は、外国人労働者の韓国語能力向上には、明らかに有用な提案ではあるが、これには一つ残念な点がある。それはまさに、韓国語教育問題を被雇用者である外国人労働者のものとして捉え、韓国人雇用者には関連づけていない点である。言い換えれば、外国人労働者の不十分な韓国語能力問題を、彼らの個人的・自発的努力によってのみ解決しようとすることである。前述の通り、彼らが入国後の韓国語学習をなおざりにするのは、たいてい教育を受ける時間がないか、教室まで移動する手段がないからである。このような問題は、韓国人雇用者側の配慮の問題である。従って政府と地方自治体は、韓国人雇用者に外国人労働者の韓国語学習を支援する義務を課す方案を模索すべきである。例えば、作業時間を調整し、外国人労働者が週ごと、もしくは月ごとに一定時間以上韓国語教育を受けることができるようはからい、彼らが教室まで移動できるよう便宜をはかることである。

5　結婚移民の状況と韓国語教育

二〇一一年一月現在、結婚移民として六七カ国から二一万一〇〇〇人が入国し、このうち八九・一%は女性である。外国人女性は、過去には主に農村や漁村の独身男性と結婚したが、最近では都市部の貧困層とも結婚している。

[1] 女性結婚移民の状況

女性結婚移民の生活環境は実に劣悪である。イ・ソンミ(二〇一二、四八―五三頁)によると、何よりも経済的に非常に脆弱である。月平均世帯所得は、一〇〇~二〇〇万ウォン(二〇一三年二月末現在日本円にして八万四〇〇〇~一六万八〇〇〇円相当)が三八・六%と最も多く、その次は五〇~一〇〇万ウォンで一六・四%、五〇万ウォン未満が五・一%となっている。次に、夫婦間の年齢差も非常に大きい。国籍ごとに多少異なるが、カンボジア人女性の場合は一八・六歳、ベトナム人女性の場合、一七・二歳となっている。家族の中に障害者がいるケースも一七・九%あり、一般的な韓国人家庭に比べ四倍も高い。このような状況であるためか、彼らが円満な結婚生活を営むことは困難である。これは、彼らの離婚率が、二〇〇二年には一・二%、二〇一〇年には九・六%と増加しているという事実にもよく表れている。彼らの離婚は単に個人の不幸にとどまらず、子どもの養育問題、青少年の非行問題のような社会問題につながり、国家と社会の負担になるだけでなく、国のイメージまで失墜させることになりかねない。このようなことから政府と地方自治団体は、女性結婚移民たちに大きな関心を寄せ、様々なサポートを提供している。[9]

［2］女性結婚移民の韓国語教育

女性結婚移民に対するこのようなサポートの中で最も大きな割合を占めるのは、当然ながら韓国語教育[10]である。職場という限られたスペースで一時的に滞在して帰国する外国人労働者とは異なり、女性結婚移民は、家庭、地域、職場等の広い範囲で将来的にもずっと生活をしていくため、一般的な韓国人と同等レベルの韓国語能力を持つ必要に迫られるからである。女性結婚移民のための政府事業の中で、韓国語教育が最初に着手されたのは、まさにこのような理由からである。実際に「多文化家族政策が本格的に始動する前から公募事業の一環として、結婚移民を対象にした韓国語教育が各機関を通じて推進されたことがある」（チョン・ヘスク他、二〇一二、一八頁）。しかし、全国レベルで韓国語教育が実施されたのは、多文化家族支援センターが全国に拡大してからである。多文化家族支援センターの増加にしたがい、韓国語教育への参加者も増え続け、二〇〇七年には四二〇〇人程度だった数が、二〇〇八年には一万人を超え、二〇一〇年以降は二万人以上と大幅に増加した。二〇一一年の時点で韓国語教育を受けた結婚移民は二万八四八八人に達しており、結婚移民の子どもや親戚なども一部参加

表2　多文化家族支援センターにおける韓国語教育

段階	内容	運営時間
第一段階	基礎的な単語および文章、簡単な表現教育	100時間
第二段階	基礎的な単語および文章、多様な表現教育	100時間
第三段階	日常生活に必要な標準語教育等 日常的なコミュニケーションを 可能にする教育	100時間
第四段階	上級会話クラス運営等 韓国語で問題なくコミュニケーションを 可能にする教育	100時間
特別クラス	韓国語能力試験受験対策クラス、 教材研究クラス等の運営も可能	教材に あわせて設定

している。

二〇一二年現在、多文化家族支援センター[11]における韓国語教育は、結婚移民と一八歳未満の中途入国子女を対象としている。その教育課程は表2の通りである。

上記の第一、第二段階は、すべてのセンターが共通に運営しており[12]、第三、第四段階と特別クラスは、センターの状況に応じて開設することができる。第一段階から第四段階までは国立国語院が開発した「女性結婚移民と共に学ぶ韓国語第一～四段階」という教材を使用するが、特別クラスはセンターが独自に開発した教材を使用する。

以上のような政府レベルでの支援にもかかわらず、女性結婚移民の実際の韓国語能力と一般人が期待する韓国語能力の間には少なからぬ乖離がある。主な原因は、入国前の不十分な教育と入国後の非体系的で断続的な教育にあると思われる。

チョ・ソンギョン（二〇〇七、一二四―一三〇頁）は、二〇〇六年三月、女性結婚移民一五八人を対象にアンケート調査を実施した。その結果、回答者のうち五七％のみが入国前に韓国語教育を受けたことがあると答え、残りはまったくなしと回答した。韓国語教育を受けたケースであっても、一～二カ月受講が五三％、一カ月未満が二三％におよび、教育が不十分であることがわかる。韓国語を学習した場所は、結婚仲介所（四六％）、韓国人の知人（二八％）、韓国語学院（八％）であった。また、韓国語の学習方法は、韓国ドラマ（四一％）、韓国語教材（二六％）、韓国語テープ（一三％）の順で多かった。一方、入国前に韓国語を学ぶことができなかった理由として、時間不足（四三％）、教育機関の不在（二八％）、韓国で学ぶつもりだった（一七％）という回答であった。最後に、入国前韓国語教育は必要と思うかという質問には、回答者の九二％が「そうだ」と答えた。以上の結果から、女性結婚移民は入国前韓国語教育が非常に重要だという認識がありながらも、学習時間と教育機関が不足しているため、韓国語をほとんど学習することなく入国していることが分かる。

このような状態で入国した女性結婚移民は、入国後も韓国語教育を十分に受けることができないことが明らかになった。一五八人を対象にした入国後韓国語教育を受けた経験があるかという問いに、「ある」と答えたのは三二％だけであった。また韓国語教育を受けたと回答した者であっても、大半が一～二カ月（四八％）であり、一カ月未満も二七％とあった。韓国語を学んだ場所について、独学（三一％）、外国人労働者センター（二二％）、移住女性人権センター（一三％）の順に多かった。入国後韓国語教育を受けることができなかった理由として、費用の負担（三〇％）、教育機関不在（二九％）、時間不足（二一％）があげられた。皮肉なことに、このような結果であるにもかかわらず、入国後も韓国語教育が必要だと回答した人が九四%もいるのである。以上を総合すると、女性結婚移民のほとんどは、入国後にも韓国語教育が必要だと思っているが、教育費用、教育機関の不在、時間不足などの理由により、約七〇%の人が韓国語教育を全く受けることができないという事実が分かる。

女性結婚移民の韓国語教育問題も、外国人労働者の韓国語教育問題と同じく、彼ら個人の自発的な努力のみで解決することは困難である。外国人労働者の韓国語教育のためには、韓国人雇用者側の協力と配慮が必要であるように、女性結婚移民の韓国語教育にも、夫をはじめとする婚家の家族全員の関心と配慮が必要である。韓国語学習にかかる費用が問題である場合には、政府、地方自治体、民間団体が適切な割合で補助する必要がある。

一方、韓国語教育関係者たちは、女性結婚移民の実情に合わせた韓国語教育課程と教材の開発が喫緊の課題であると主張している。そのうちの一人、イ・ウニ(二〇一二、六三―六四頁)は、女性結婚移民を対象にした韓国語教育課程を開発する場合、次のような事実を考慮しなければならないと述べている。以下はイ・ウニの主張に筆者の見解を加味して再構成したものである。

第一に、教育内容は女性結婚移民が日常的に接する場所、主題、状況、難易度等を考慮した上で構成することで、彼女達の学習動機を高め、効率的に教育できるようにしなければならない。

第二に、口語能力だけではなく文語能力も向上させなければならない。女性結婚移民は日常生活で新聞、告知書、案内文のような文語媒体や資料に接する機会が多く、保護者として子どもの宿題をみる必要もあることから、読解やライティング能力もなければならない。したがって、初級段階では家族との基本的なコミュニケーションのためにリスニングと会話能力に比重を置くが、中級と上級段階では読解とライティングにも力を入れなければならない。

第三に、方言と敬語も疎かにしてはいけない。地方に住む女性結婚移民にとってその地方の方言は重要であるため、ある程度教える必要がある。また韓国語の敬語は外国人学習者にとって難解であることや、敬語の言い間違いは――たとえ外国人の間違いであれ――他人を不快にさせることもあるため、教育内容を構成する際には決して疎かにしないことが重要である。

第四に、文化的内容は相互文化主義的観点で扱わなければならない。周知の通り言語と文化は共生関係にあるため、韓国語の授業で韓国文化を度外視することはできない。しかし、この場合留意すべきことは、韓国文化だけを強調して学習者の文化を無視する同化主義的アプローチである。同化主義的アプローチは、学習者の心理的拒否感を引き起こすだけでなく、韓国語学習の動機をも低下させる可能性がある。したがって韓国文化を紹介したり教えたりする場合には、学習者の持つ固有の文化を考慮に入れ、それを尊重する相互文化主義的配慮が必要である。

第五に、韓国語教育は生涯教育としてアプローチしなければならない。女性結婚移民は韓国での永住を決意した人々である。そのため自身の韓国語能力を絶えず伸長させる必要がある。したがって、韓国語教育を人生の周期に合わせたオーダーメイド型サービスのレベルで実施すべきである。保健福祉家族部(二〇〇八)が発表した「多文化家族生涯周期別オーダーメイド型サービスサポート強化計画」によると、その段階は全四段階で構成される。第一段階は入国前結婚準備期、第二段階は入国初期の家族関係形成期、第三段階は子どもの養育及び定着期、第四段階は能力強化期、そして全四段階を通して形成される多文化（異文化）間能力強化期である。韓国語教育は各段階に合わせて内容とレベルを決めなければならないが、特に第二段階の入国初期の家族関係形成期には集中的に力を注ぐ必要がある。

6　今後の課題

韓国で外国人が暮らし始めた歴史は、古くまでさかのぼることができる。それは、三国時代（紀元前五七〜六六八）には四〇あまりの帰化氏姓が、高麗時代（九一八〜一三九二）には六〇余の帰化氏姓が、最も閉鎖的であった朝鮮時代（一三九二〜一八九七）にも三〇余の帰化氏姓が生まれたという事実だけをみてもよく分かる。しかし、韓国の歴史上どの時代にも、このように多くの外国人が、様々な国から短期間に入国したことはこれまでなかった。その意味で「同一の空間に多様な民族と文化が混在することは、歴史的にみれば全く新しい現象ではなく、現代社会の特徴は変化の速度が非常に早く、変化の範囲もまた非常に広いことである」（デ・カルロ、二〇一一、四三頁）という指摘は、いま一度吟味してみるに値する。

一連の急激な社会的変化は、韓国人の日常生活にますます拡散している。韓国政府、地方自治体、民間団体等はこのような社会的変化に効率的に対処するための努力はしているものの、教育哲学と実務経験の不足により、さまざまな問題点を見せている。その中の一つは、ほとんどすべての対策が同化主義的色彩を帯びていることである。この同化主義的アプローチの背景には韓国人の強い単一民族意識と、開発途上国からの移民に対する蔑視がある。我々の関心事である韓国語教育も例外ではない。これまでに行われた韓国語教育をみても、韓国のことばと文化だけを強調し、外国人の母語や母文化についてはあまり考慮しない雰囲気が支配的であった。外国人学習者のニーズや能力に対して、高すぎる韓国語レベルを期待すること、授業で外国人の母語や母文化に対して何の関心も寄せない態度、外国人学習者の自発的な努力だけを強調する韓国人配偶者の家族や、雇用主の無関心と無配慮についてなおざりにすることなどは、その代表例である。

幸い、このような雰囲気は一部の研究者の批判と努力により徐々に改善を見せているが、いまだ十分とはいえない状態である。同化主義的な韓国語教育を早急に改善するためには、なによりもまず、他言語を外国語で教える教授や教師達と幅広く交流し互いに協力する必要がある。彼らはアメリカ、カナダ、オーストラリアのような英語圏やフランス、ドイツ、ベルギーのようなヨーロッパ圏において、移民への言語教育をどのように実施すべきか、ということに精通する人々である。これらの人々との積極的な交流と相互協力は、韓国語教育に携わる教師にとって韓国語教育を今以上に客観視するためのきっかけとなるだけでなく、諸問題の効率的な改善にも役立つであろう。

*この研究は二〇一一年度政府財源（教育科学技術部社会科学研究支援事業費）の韓国研究財団支援により行われた（NRF-2011-330-B00211）

〈注〉

[1] この財団は、在外同胞の民族的連帯感の強化と、居住国における地位向上を目的として、一九九七年一〇月、外交通商部傘下に設置された。

[2] 統一教会（訳者註・宗教団体）を通じて多くの日本人女性が入国した。二〇〇〇年以降も韓国人男性と日本人女性との結婚は、毎年九〇〇～一二〇〇組程度ある（イ・ソンミ、二〇一二、三三頁）。

[3] これは月給制の場合の給与であるが、ここに超過勤務手当、特別賞与を合わせると、外国人労働者の月平均賃金は、推定一四六万五〇〇〇ウォンである（イ・ソンミ、二〇一〇、一九五頁）。

[4] ソン・ヒャングン他（二〇一二、二九〇頁）によれば、外国人労働者の教育に関して発表された論文の現況は次の通りである。教育課程全般に関する論文は八本（ファン・ソンフン、一九九九・ビョン・ヘギョン他、二〇〇二・アン・ソルヒ、二〇〇五・チョン・ジヒャン、二〇〇五・イム・スンソン、二〇〇八・リュウ・ヨンソク、二〇〇九・イ・ジョンソン、二〇〇九・シン・ソクホン、二〇一〇）、学習者のニーズ分析に関する論文が三本（アン・ソルヒ、二〇〇三・チュ・ヘジョン、二〇〇四・パク・ソンス、二〇〇六）である。

[5] この試験の名称は二〇一〇年、Employment Permit System-Test of Proficiency in Korean (EPS-TOPIK) に変更された。

[6] この試験の対象国は、フィリピン、ベトナム、タイ、インドネシア、スリランカ、モンゴル、ウズベキスタン、パキスタン、カンボジア、中国、バングラデッシュ、キルギスタン、ネパール、ミャンマー、東ティモールの計一五カ国である。

[7] http://www.hrdkorea.or.kr/3/3/3/2/1

[8] 外国人労働者を対象とする韓国語教育は、非営利団体（NGO）や宗教団体が中心になり行われている。支援団体の三分の二程度が、韓国語教室を開講している（チョ・ソンギョン、二〇〇七、五一・七九頁）。その数は一五〇あまりに達する（キム・ジェウク、二〇一二）。

[9] 女性結婚移民とその家族に対する財政的、物理的支援は時に、同様の状況で生活する韓国人に、ある種の逆差別ととられる場合がある。

[10] ソン・ヒャングン他（二〇一二、二九三頁）によると、女性結婚移民の韓国語教育に関する論文は全部で一五本ある。教育課程全般に関する論文は七本（ファン・ソンヨン、チョ・ソンギョン、二〇〇六・キム・カッピョン、

二〇〇七・キム・イルラン、二〇〇七・チョ・ソンギョン、二〇〇七・キム・イルラン、キム・ナミョン、二〇〇八・イム・ソヨン、二〇〇九・イム・ジヒョン、二〇一〇）、学習者のニーズ分析に関する論文も七本（ペ・ジョンファ、二〇〇八・シン・ヨンオク、二〇〇六・イ・オンスク、二〇〇八・キム・ミラ、二〇〇九・キム・スョン、二〇〇九・ファン・ヘギョン、二〇一〇・Hoang Thi Hai Anh 2010）、授業モデルに関する論文が一本（チョン・ソミン、二〇〇九）である。

［11］女性家族部傘下に設置された機関として、二〇一二年現在、全国に二〇一カ所で活動している。

［12］多文化家族支援センターの韓国語教育課程と教材が標準化されたのは、二〇一〇年以降である。

〈参考文献〉

김재욱［キム・ジェウク］（二〇一二）「이주 노동자를 위한 한국어 교육 현황과 정책에 관한 소고［移住労働者のための韓国語教育の現況と政策に関する小考］」『새국어생활［新国語生活］』二二巻三号

박경태［パク・ギョンテ］（二〇〇九）「소수자와 한국사회［少数者と韓国社会］」서울, 후마니타스［ソウル、フマニタス］

설동훈［ソル・ドンフン］（二〇〇三）「외국인 노동자 실태 및 지원서비스 수요 조사［外国人労働者の実態および支援サービス調査］」서울, 한국국제노동재단［ソウル、韓国国際労働者財団］

송향근 외［ソン・ヒャングン他］（二〇一二）「한국어 교육 연구의 이해［韓国語教育研究の理解］」부산외국어대학교출판부［釜山外国語大学校出版部］

윤인진［ユン・インジン］（二〇〇四）「코리안 디아스포라［コリアン　ディアスポラ］」서울, 고려대학교출판부［ソウル、高麗大学校出版部］

이성미［イ・ソンミ］（二〇一〇）「다문화 코드［多文化コード］」서울, 생각의 나무［ソウル、センガゲナム］

이성미［イ・ソンミ］（二〇一二）「다문화 정책론［多文化政策論］」서울, 박영사［ソウル、パクヨンサ］

이은희［イ・ウニ］（二〇一二）「한국어 교육과정［韓国語教育課程］」신현숙 외（シン・ヒョンスク他）『한국어와 한국어 교육 I［韓国語と韓国語教育I］』서울、푸른사상［ソウル、プルンササン］

이태주［イ・テジュ］（二〇〇八）「국경을 넘어 세계로 나간 한국인들의 다문화 경험［国境を越えて世界にでた韓国人たちの多文化経験］」『다문화 사회의 이해［多文化社会の理解］』유네스코 아시아・태평양 국제이해교육원［ユネスコアジア太平洋国際理解教育院］、서울、동녘［ソウル、トンニョク］

장한업（역）［ジャン・ハノプ訳］（二〇一一）「상호문화 이해하기［相互文化を理解すること］」서울、한울［ソウル、ハンウル］M. De Carlo（1998）L'interculturel. Paris: CLE International.

정해숙 외［チョン・ヘスク他］（二〇一二）「결혼이민자 한국어교육 효율화 방안［結婚移民に対する韓国語教育の効率化方案］」여성가족부［女性家族部］

조선경［チョ・ソンギョン］（二〇〇七）「특수목적 한국어 교육 연구—이주노동자、이주여성 및 그 자녀에 대한 한국어 교육을 중심으로［特殊目的韓国語教育研究—移住労働者、移住女性、ならびにその子ども達に対する韓国語教育を中心に］」서울、이화여자대학교 대학원 박사학위논문［ソウル、梨花女子大学校大学院博士学位論文］

최혜진［チェ・ヘジン］（二〇〇九）「외국인 근로자 고용제도와 한국어 교육의 과제［外国人勤労者雇用制度と韓国語教育の課題］」『한말연구［韓国語研究］』二五

Sassen, S.（1998）*Globalization and Its Discontents: Essays on the New Mobility of People and Money*. New Yorl Press.

日本って韓国と共通する点が多いけど、韓国は将来自分の国に帰る外国人労働者と、たぶん生涯韓国で暮らす結婚移民に対する支援がはっきりわかれているんだね。日本では文化庁が、外国人定住者を「生活者としての外国人」というまとめ方で日本語教育の対象としてるね。

そう。韓国のように法的根拠を持って国が韓国語教育の基準を定めたり、予算化している、という点は大きく違う。でも、ハン氏も韓国での言語教育の内容や方法についての課題を指摘してるよね。

韓国で二〇一五年以降、大きく変わったこと、ある？

各省庁がばらばらに施策を進めていることで二重行政になったりしている課題を解決するため、省庁横断の仕組み作りが進んでいます。それから、これまで結婚移住者中心だった支援をすべての外国人に対応するように進めるようです。

また、結婚移住者の支援は韓国人家族と同様の枠組みに統合されていくみたい。どんどん対応が変わってきているから、これからも注目したいです。二〇一七年九月に韓国にちょっと行ってきたんだけど、今の新政権（文在寅大統領）がどんな政策をとるのか、まだわからないみたいだけど。

ふーん、政治体制が影響するんだね。いろいろ難しいなあ……。

二章　台湾の「新移民」の動向と言語教育の意味

松岡洋子

1　急増した外国人居住者と言語教育

台湾は、一九八〇年代後半から、日本や韓国と同様に、「新移民」と呼ばれる結婚移住女性が急増し、移住女性本人やその子どもたちをとりまく社会で、言語や文化の違いに起因する課題が顕在化している。本章では、超少子高齢化社会台湾が人口減少対応の一環として進めている新移民に対する言語教育施策等の現状を理解し、ここから日本の多文化家族をとりまく言語課題を考えるヒントを得たい。

台湾の外国人居住人口は、一九九二年にはわずか四万五〇〇〇人弱だったが、二〇一五年一二月現在、六三万六〇〇〇人を超え、台湾の人口に占める割合は二・七%で、この二〇年余りで一四倍以上に膨れあがった。その八割以上は、一九八九年以降[1]順次受け入れた外国人労働者で占められている。[2]外国人労働者の受け入れは、漁業、製造業、建築業などの一次、二次産業、ケアワーカーと呼ばれる介護労働者、家政婦等の職種で、三年から最長一二年間の滞在に限定されている。これらの職種では高学歴化した台湾人の担い手が少なく、それを補うために制度が導入された。

外国人労働者の受け入れ制度には中国語能力に関する取り決めがなく、多くても二〇〇時間程度の中国語学習を送り出し国でするのみで、台湾に来てからの学習機会もない。日常生活で使いながら、自助努力で中国語能力を習得するというのが現状である。言語がわからずに仕事や生活が成り立つのか疑問に思うが、言語学習は重視されていない。「習うより、慣れろ」ということだ。現実には、就労上あるいは生活上で、言語が通じないで困ることが外国人労働者、台湾社会の双方にあることは、さまざまな現場で指摘されている[3]。

これに対して、外国人労働者の人権保護などに関する言語的対応は徐々に整備されてきた。たとえば、給与明細は母語など労働者が理解できる言語で説明するよう義務付けられている。しかし、お金を稼ぐことが目的の外国人労働者と、安価で安定した労働力を確保することが第一の雇用側にとって、言語教育に対する時間的経済的コストはかける必要がないと捉えられている。これは外国人労働者はいずれ帰国する人材で台湾社会に統合する必然性がないという姿勢の表れといえるかもしれない。

2 「新移民」が台湾社会にやって来た

もうひとつ、外国人労働者以外に台湾社会に新たに迎えられた外国人として、「新移民」と呼ばれる結婚移住女性の存在がある。人数は外国人労働者とは比較にならないが、新たに台湾人となる人々、台湾の将来を支える人々という認識で受け入れられるようになっている。以下、台湾に社会統合される存在としての新移民とその言語教育施策について中心的に取り上げていく。

台湾では、女性の高学歴化に伴う社会進出による非婚・晩婚化、都市部と地方との経済格差の広がりなどが、男性の結婚難を深刻なものにした。その結果、地方の一次産業従事者や都市部でも低所得者層の男性は、配偶者を外国の途上地域に求める動きが出た。この背景は日本、韓国と共通する。一九八七年に中国大陸への訪問が開放されたのを機に、「大陸配偶」と呼ばれる中国大陸出身女性と台湾男性との結婚が急増した。その後、一九九〇年代の終わり頃から「外籍配偶」または新移民と呼ばれるベトナム、インドネシア、タイ、フィリピン、ミャンマーなど東南アジア出身を中心とする女性との、仲介業者を介した国際結婚が増え始めた。二〇一四年には、このような大陸出身以外の新移民が約一〇万人居住しているといわれる。また、台湾に帰化する移住女性は二〇〇八年のピーク時には約一万三〇〇〇人、その後、減少傾向にあるが、二〇一四年にも約四〇〇〇人が帰化している[4]。一方、離婚も増加しており、台湾の二〇一三年の離婚件数約六万件のうち約二五%は国際結婚のペアで、国際結婚の離婚率は台湾人同士の場合より高い。このような動きは、東アジアの中では日本の農村で一九八〇年代に始まり、韓国、台湾にも続いて見られるようになった。

このような国際結婚を選択したアジアの女性は、いわば「永久就職先」として、日本、韓国、台湾という東アジアの経済先進地域の男性との結婚を選択しているともいえる。経済先進地域といっても結婚相手は低所得者層が多い。そのため、生活は楽ではないが、それでも移住女性が母国にいるときの生活と比べれば、恵まれている。つまり、地域間の経済格差がこのような結婚を生んでいるという背景があるのだ。

しかし、ことばも通じず、文化も異なる異国で、台湾の低所得者層の男性と結婚した新移民たちは、生計を維持するため、また母国の家族に送金するために働くことを余儀なくされる。しかし、学歴やことば・文化の違い等が障壁となり、就労機会が限られ、低収入の単純労働につく以外に選択肢がない。また、新移民の家庭で育った子どもたちが学齢期に達すると、言語の遅れや学習遅滞などの教育問題が顕在化してくる。これは、家庭での言語環境や学習環境に起因するものと考えられている。つまり、母親が子どもに対して使う中国語は限られたもので、そのため、就学前に十分に言語が発達していないということだ。教育部の統計によると、二〇一二年度の小中学生の約九%(二〇万人約)が移民的背景を持ち、離島や地方でその比率が高くなる傾向が見られる。その三分の一以上は東南アジア出身の母親を持つ新移民の子どもたちである。移民的背景を持つ就学児童生徒が一〇万人を超えたのは二〇〇七年だが、一〇年足らずで二倍に増えたことになる[5]。

台湾政府は韓国と同様に、結婚移住女性を社会統合支援対象と捉え、ここにあげたような課題の解決に向けさまざまな施策を講じている。日本が、国際結婚に伴う課題は「個人領域」のことで国が介入すべきではないという姿勢で、結婚移住女性やその家族の支援は政策課題として捉えていないのと対照的である。少子高齢化の進む台湾にとって、社会の基礎単位としての家族形成促進は重要課題と位置づけられ、その施策の一環として国際結婚家庭の支援がある。

3　新移民に対する社会統合施策としての言語教育

[1] 言語教育のはじまり

台湾政府は二〇〇五年に外国籍配偶者照顧補導基金管理会を設置し、「外国籍配偶者照顧補導基金補助作業要点」を制定して外国籍および大陸籍配偶者の生活調査、多言語による生活情報提供窓口開設などの支援事業を行うようになった。具体的には、台湾に移住して間もない移住女性に対する生活適応教育、識字教育を外部機関に委託している。

結婚移住女性に対する言語習得支援事業の始まりは賽珍珠基金会[6]の活動である。この会は作家のパール・バックに由来する民間機関で、移民的背景のある子どもたちの教育支援を中心に行う財団であるが、二〇〇〇年に新移民に対する言語教育事業を台北市内で開始した。その後、政府に働きかけ二〇〇三年から政府の援助を得るようになり、二〇〇五年からは小学校の受託事業に移行された。日本でも韓国でも同じだが、このような社会的課題に気づき、いち早く行動を起こすのは民間である。目の前にいる人を助けたい、という思いから活動が始まり、そこでのノウハウや知識の蓄積が政策の基礎として活用される例は多い。賽珍珠基金会によると、生活適応教育終了後は職業訓練を受け、工場や食堂などの単純労働に就労するのが一般的だということだ。これに対して、台湾では移住女性の教育に力を入れており、言語教育はその一環として重視されている。単なる生活適応のための言語ではなく、子どもの教育に関わるため、自らの学歴を高め生活の質を向上させるための言語教育と位置づけられている。

[2] 新移民センターでの指導

[2・1] 台湾で初の新移民センター

次に、台北市に隣接し、台湾の陸軍軍人と結婚した移住女性が多く居住する桃園県の状況を見てみよう。桃園県は、二〇〇六年には県内四〇余りの小中学校の付属補習校で新移民に対する中国語教育を実施している。この補習校というのは、移住女性だけを対象とするのではなく、学齢期に教育の機会を逸した台湾人を対象とする教育機関だが、最近は学習者の約半数が新移民というところが多いという。桃園新移民センターは、台湾教育部と桃園県教育部の出資で地元の小学校内に二〇〇五年に開設された、台湾で初めてのセンターである。台湾教育部から設備費二五〇万台湾ドル、桃園県から建築費一〇五〇万台湾ドルが出資され、小学校内に専用の施設が作られた。小学校の校長がセンター長を兼務し、スタッフも小学校教員が学校業務の一環として担当している。

台湾では現在、移住女性に対し身分証明証取得のために七二時間の生活適応教育および識字教育の受講が奨励されているが、このセンターではその教育を担っている。教員は第二言語としての中国語教育のトレーニングを専門的に受けているわけではなく、一般の非識字の台湾人に教えるのと同じような方法で教えている。新移民は台湾人の非識字者と違って中国語を話すこともできないため、いろいろな教材を作って工夫しているということだ。

授業は週二〜三回で一回二時間程度、受講料は無料で、七二時間の講座終了時には修了証が発行される。七二時間の基礎教育終了後も、夜間小中学校にあたる教育課程で就労につなげるための学習を継続するケースが多く、言語教育だけでなく、料理教室、自動車免許補習、コンピューター教育などがあり、移住女性の社会人基礎力向上を図っている。この背景には、新移民の七五％が小中学校卒業程度の学歴で渡航してきているという事情がある。[7] また、地域の人々に向け移住女性の出身国の文化等を紹介する事業や、新移民家庭の子どもたちへの継承語教育など多文化教育も行っているということだ。

［2・2］**大都市の新移民センター**

新移民センターには学校だけでなく、さまざまな形態のものがある。たとえば、台北市新移民会館では、言語教師を時間給で雇用し、一クラス五〇～六〇名という大規模教室での中国語教育、台湾語教育が行われている。また、移住女性自身が教師となって家族や地域の人々に移住女性の母国のことばを教える機会も設けられている。

台北市では、二〇〇三年に新移民の支援に関する条例（台北市新移民照顧輔導政策及実施方策）が制定され、労働局、衛生局、社会局、教育局、NGOが連携して、新移民とその家族を対象とした事業が実施されるようになった。また、台湾人の意識啓発を目的として、異文化紹介等のイベントも開催されている。台北市民生部の担当者の理解では、新移民のような国際結婚家庭では家族関係の形成が難しく、子どもが母親に対して誇りを持てない例が多いということだ。新移民が家族単位でさまざまなイベントに参加することによって、新移民を受け入れた家族は、新移民を、世間から「隠す存在」から、「外に出せる存在」として認識を変えるようになった。

［2・3］NGOによる支援

高雄県は新移民の多い地域である。ライチ農家が多い地区だが、農業従事者の収入は減少し、それに伴い人口も減少傾向にある。そのような地域で新たな家族を形成するために、新移民を受け入れることになった。そのためには、新移民に対する台湾人の偏見をなくし、新移民家族を孤立させないようにすることが大切だと考えられている。

高雄では当初、南洋姉妹会というNGOが新移民に対する言語教育支援を始めた。その後も行政の新移民センターと並行して、新移民とその家族を対象とした「国際家族支援センター」、子育て支援が中心の「物語母」、新移民やその家族の生活支援を重視する「魔法屋」など、さまざまなNGOが政府の助成を受けて、言語教育、子育て支援、料理教室、相談業務、就労スキルアップ教育などを行っている。このような支援施設で働く支援者は基本的にボランティアで、主婦や退職教員などが多い。

4　何を学ぶのか

結婚移住女性たちは、言語学習として何を学んでいるのだろうか。台湾での教育は文字が重視されている。台湾は文字社会であり、文字の読み書きができることが、社会参加の条件だと考えられている。東アジアを旅すると、つくづく「文字の国」だと感じるが、特に台湾では、漢字が読めることでかなりの情報を得ることができることを実感する。ということは、漢字が読めないハンディも大きいということだ。台湾の文字は漢字（繁体字）だが、非大陸系の移住女性たちの多くは漢字に慣れていない。

そのため、言語学習のはじめの七二時間の多くはこの漢字学習に費やされる。教材では台湾の日常生活で目にする頻度の高い漢字を単語単位で提示するような工夫がなされているということだ。日本に来る結婚移住女性も同じような学習負担を抱えるが、台湾の場合、覚えなければならない漢字数は日本の比ではないし、繁体字は画数も多く、習得に時間がかかる。そのため、注音符号という発音記号をまず覚えて、漢字の読み方を学習する。

台湾では二〇〇五年前後から各自治体で新移民のための教材作成が行われ、現在も各地でさまざまな中国語教材が使用されている。たとえば、台北市教育部は『成人基本教育教材』(全一六巻)を作成した[8]。はじめは自己紹介や近所の人との会話、時間、天候、食事など日常生活で使用する言葉を学んでいく。そして、台湾の社会事情や台湾人の金銭感覚、時間認識などの文化的要素、さらに、数学や英語など、社会人としての基礎教育を行っていく。これは、学歴の低い移住女性に対して、台湾社会で必要とする最低限の基礎的な教養を習得させるためである。日本や韓国で行われている言語教育は、生活場面を用いてはいるものの、言語知識の習得に比重がかけられているのに対して、台湾では、教養を身につけることそのものが目的となっていて、それに必要な言語を学んでいくという形をとっている。

韓国と台湾で使用されている移住者対象の言語教育教材の中で取り上げられている接触場面を比較してみると、家族に関する場面では、どちらも移住先社会に同化することが期待されている。また、妊娠、出産、母子健康など、子育てに関する項目が健康に生活するために取り上げられている点も共通している。一方、台湾では、運転免許、就職、子どもの文化継承教育などについての項目が見られるが、韓国の教材には見られない。台湾の教材は、多元的教育（多文化教育）の項目や、就労、財産管理など、家計維持に必要な知識などを多く取り上げていることが特徴だといえる。先に述べたように台湾に来る新移民は学歴が低いケースが多い。これに対して、単に言語能力を高めるのではなく、社会で生活する力を高めようとする姿勢が見られる。

5　台湾の結婚移住女性に対する言語教育の意義

移住女性に対する社会統合教育で興味を引くのは、既存の小中学校がその機能を担う例があることだ。特に台北県、桃園県など北部では、かなりの数の小中学校が教育事業に参画している。これは、日本や韓国では見られない。小中学校が地域の社会教育機関として、移住女性の教育機能を果たすことには、大きな意味がある。移住女性たちが地域の小中学校で学ぶことによって、学校を通じて地域とのつながりが生まれる。やがて母親となり、子どももその学校に通うようになったときに、移住女性たちは安心して学校と関わり、次世代の育成につながるという効果が期待できる。

また、高雄県などで見られるように、自治体活動の一環として新移民の家族の社会統合を支援する活動が行われている例も興味深い。地元に住む新移民を地域のメンバーとして迎え入れ、共に生活するという前提がそこには見られる。高雄のＮＧＯ魔法屋の支援施設には、施設内にライチ畑があり、畑の作業は新移民、家族、スタッフが共同で行う。そこから得られた収入は施設の運営費に充てられている。魔法屋の活動の背景には移住女性の持つ経済的事情や移住女性に対する地域社会の偏見がある。この地域では、移住女性が収入を得るために地域の風俗産業に入り込むようになった時期があった。このような状況を放置すると、町の雰囲気が悪くなるだけでなく、移住女性の子どもたちが地域で差別の対象になる恐れがあり、自治体の社会局がそれを危惧した。そこで、NGOに移住女性の支援を要請したという経緯がある。魔法屋のように、共同作業を地域の人々と行うことは、その仕事を通じて地域社会と結婚移住女性のつながりを必然的に生じさせる機能があり、コミュニティ作りのための意味は大きい。

6　日本の国際結婚家庭の社会統合への示唆

日本でも一九八〇年代頃から、農山村地域の男性の結婚難対策として、自治体が国際結婚を奨励する、いわゆる「官制お見合い」が始まり、それを機に地方にも結婚移住女性が増加した。この流れが、ここであげた台湾や韓国でも同様に起こっているわけで、つまり東アジアの中で結婚移住女性の争奪戦が起こっているということだ。このような状況で、これから日本を選択する移住女性が現れ続けるだろうか。

台湾では、結婚移住女性が台湾に定着するように、就労、子どもの教育への関与などの社会参加を目的として言語教育を支援している。一方、日本では、「ことばができなければ困るだろう」、「ことばができれば、家庭や地域にうまく溶け込んでくれるに違いない」、「ことばは時間がたてば覚えるだろう」という漠然とした期待を持つだけで、結婚移住女性を社会に受け入れるための施策は貧弱である。結婚は個人の問題であり、行政が手出しすることではない、というスタンスである。また、結婚移住女性を施策として受け入れ促進することに対して、女性の人権を軽んじている、あるいは、個人の領域に行政が踏み込むべきではない、という批判も見られる。しかし、現実に地域に定住する結婚移住女性が課題を抱えているなら、それに対して施策を講じ、支援を行うことは必要だろう。その際、台湾の施策が示した「結婚移住女性の自立的な社会参加」を目指すという視点は示唆深い。

日本のとある地方の町で国際結婚家庭の子どもたちが学齢期に達する一、二年前ぐらいから、子どもの日常の生活態度について問題視されたことがあった。保育所などで「外国人の母親だからしつけがなっていない」という声があがってきた。これに対して、教育委員会では子どもたちに対する就学前教育の必要性を認識したということだった。「しつけがなっていない」というのはどのようなことだったのだろう。生活習慣の違いが背景にあるかもしれないし、外国人の母親だけでなく日本人の父親のほうにも問題があるのかもしれない。あるいは、日本人家庭の子どもにも同様の問題がある可能性もある。地域社会全体で次の世代を育てていくという意識、そのために親の教育も必要だという認識は、日本の国際結婚家庭にはもちろん、多様化するすべての家庭を包摂する重要なものではないだろうか。

〈**注**〉

［1］台湾行政院が一九八九年に公布した「十四項重要建設工程人力需求因應措施方案」によって製造業等一四職種で外国人労働者の受け入れが始まった。

［2］台湾内務部移民署統計資料参照。http://iff.immigration.gov.tw/mp.asp?mp=2

［3］湯棋玥（二〇一二）「外国人看護師・介護士の言語教育政策に関する研究――日台の比較を中心に」参照。

［4］統計資料は中華民国内務部統計処資料を参照した。http://sowf.moi.gov.tw/stat/year/elist.htm

［5］統計資料は中華民国内務部統計処資料を参照した。http://sowf.moi.gov.tw/stat/year/elist.htm

［6］http://www.psbf.org.tw/。韓国にも同じ財団があり、同様の活動をしている（http://www.pearlsbuck.or.kr/eng/databank/pearlsbuck.html）。元々、アメリカ軍人とアジア女性の間に生まれた子どもをパール・バックがアメラジアン（amerasian）と呼び、その子どもたちを対象に差別や貧困から救済する活動を行ったことが財団の発端である。財団設立は一九六四年、台湾は一九六八年に開設。

［7］二〇〇九年に訪問調査を行ったときの、桃園県教育部の委託研究に基づいた担当者の談話による。

［8］台北市新移民専用コーナーには、新移民用の学習情報が掲載され、教材もダウンロードできる。http://nit.taipei/ct.asp?xItem=56165919&CtNode=66602&mp=102161

〈**参考文献**〉

布施昭雄ほか（二〇〇七）「台湾における外国籍及び中国大陸籍配偶者の現状とその展望」『福岡大学研究部論集A』六巻六号、一三九―一五四頁、福岡大学

台湾内務部統計資料　http://www.immigration.gov.tw//aspcode/index_ch_main.asp

台湾の状況も韓国と似ていて、外国人労働者と結婚移民に対する支援の方法が違っている。松岡さんが本文で書いているけど、日本が国際結婚に伴う課題は「個人領域」だとしているのに対して台湾も韓国も結婚移民やその家族の支援を政策課題としている点が印象的だなあ。地域社会全体で次の世代を育てていくという考えがうまくすすめば外国人だからとか日本人だからという考え方がなくなるんじゃないかな。

三章　成人移民、国家と「国語」——台湾の帰化テストを中心に

許《シュ》 之威《チウェ》

0　はじめに

本章は、台湾における帰化テストについて、その実施に関する政策形成の過程、またその実施方式と内容から、台湾における国家と「国語」、そして移民の関係を検討する。

帰化テストとは、外国人の帰化（国籍取得）や永住権など公民権取得の申請過程で、申請者の言語能力や、受け入れ国の歴史、文化や理念の理解度を測定し、評価し判定するテストである。

帰化テストの歴史は、一九〇〇年前後に遡ることができる。最も早く帰化テストのような制度を導入したのは、一八九七年のことで、イギリス植民地であったナタール（Natal、現在の南アフリカ共和国の一部）で実施された（Mclean, 2004）。その後、オーストラリアでは一九〇一年に、アメリカ合衆国では一九一七年に、カナダでは一九一九年に、帰化テストが開始されている。

ヨーロッパ諸国は、北米やその他の旧イギリス植民地に較べて、帰化テストに熱心ではなかったが、二〇〇〇年前後からは、成人移民への言語教育や帰化テストの導入に積極的になった。例えば、オランダは、一九九八年に成人移民を対象とする言語教育や国家の歴史文化教育プログラムとしての「統

合コース」を開始し、二〇〇三年に帰化テストの実施を開始した。その後イギリスは二〇〇五年、ドイツは二〇〇八年に帰化テストを導入した。欧州連合（European Union）では、現在のところ少なくとも一九カ国が帰化テストを実施している（Goodman, 2010）。

帰化テストの実施に至る過程、そして試験言語の決定や試験方式、出題内容は、各国の社会と経済、政治的文脈、移民事情に深く関連している。帰化テストについて、その制度の正当性や合理性を批判することもできるが、その一方で、帰化テストの検討を通して、国家、国語と移民の関係を把握することもできる。[1]

台湾は二〇〇五年に帰化テストの導入を決定した。これまで台湾の帰化テストに関する研究は皆無に近いが、これを検討することにより、台湾における国家、「国語」と移民の関係を把握することができる。そのため本章では一九四九年以降の台湾の移民政策の動向や、台湾における帰化テストの政策形成の過程を考察する。その上で、次の三つの課題を提起し、検討する。まず、帰化テストという「試験」の目的は、移民の帰化を制限することであるのだろうか。また、帰化テストで評価されるのは移民の国語能力であるため、台湾政府は移民の国語能力をどのように考えているのだろうか。さらに、台湾が帰化テストを必要とした理由は何かを考察する。

なお、本章では台湾の法的・政治的文脈に合わせる形で、「台湾人」「外国人」「中国人」という三つの用語を次のような意味で使用する。まず「台湾人」とは、台湾国籍を有し、かつ台湾戸籍を取得した者である。この定義によると、台湾国籍を有していても、台湾戸籍を取得したことのない者は「台湾人」に含まれない。しかし、帰化などによって台湾国籍と戸籍を共に取得した者はこの「台湾人」に含まれる。[2] 次に「外国人」とは、台湾国籍を持たない者とする。この定義によれば、中華人民共和国（以降、中国とする）国籍を有する者、つまり「中国人」は「外国人」に含まれる。ただし、香港・マカオ地域の永住権を有する者は「香港・マカオ人」として、「中国人」には含まれない。香港は一九九七年に、マカオは一九九九年にそれぞれイギリス、ポルトガルから中国に返還されたが、台湾政府は法律上、「香港・マカオ人」を「中国人」とは別のカテゴリーとして扱っているのである。

本章は、第1節において、台湾におけるエスニック構成と「国語」について、第2節において二〇〇〇年までの移民政策の推移を論ずる。第3節では、台湾における帰化テスト政策の形成過程について論じ、第4節でその実施方式と内容、特徴を検討する。そして第5節では帰化テストに対する評価について、第6節では帰化テストと移民の国語能力、第7節では台湾が帰化テストを必要とした理由を言語政策的な視座で考察する。

1　多民族・多言語国家としての台湾

台湾は、正式国名を「中華民国」と称する多言語・多民族国家である。このような多言語・多民族国家としての背景を理解するため、近世以降に台湾の辿った歴史を概観したい。

一七世紀前半、台湾はオランダなどヨーロッパ列強の植民地となった。列強は中国大陸の沿岸部在住の漢民族を労働者として雇い入れ、彼らを台湾に移住させた。それ以降、台湾では先住民族に加え、中国大陸から移住した漢民族が増加していった。その後、鄭成功（「国姓爺」、一六二四年生〜一六六二年）が樹立した鄭氏政権（一六六二年〜一六八三年）、清王朝（一六八三年〜一八九五年台湾の一部を領有）の統治を経て、台湾は一九世紀末に日本帝国の植民地（一八九五年〜一九四五年）に編入された。

日本による植民地統治が終了すると、植民地統治期に台湾に移住していた日本人のほとんどは日本本土に引き揚げたが、中国大陸で行われた中国共産党との戦争に破れた中華民国政府が、一九四九年一二月に台湾に拠点を移した。中華民国（台湾）政府は、中国共産党の支配する中国大陸、そしてモンゴル国の領土を自らの領土であると宣言しつつ、アメリカの支援を得て米ソ冷戦時代を凌ぎ、今日まで台湾、及び付近の諸島を実効統治している。

台湾のエスニック構成は、主に一六世紀以前から台湾に居住している先住民族[3]、そして一七世紀前後から一九五〇年頃までに中国大陸から移住してきた漢民族系の移民から構成されている[4]。一方、中華民国政府が一九四七年に制定し、台湾で施行された憲法は、中国大陸のみならず、モンゴル国、チベットなども自国の領土としており、それらを独立国として認めていない[5]。そのため、台湾政府はチベットとモンゴル国に関する事務を扱う部門を内閣に設置していた[6]。そこで極めて少数ではあるが、モンゴル族、チベット族の住民を台湾のエスニシティーの一つとして認めている[7]。

台湾の言語生活を概観すると、先住民族の話す二八の言語（行政院原住民族委員會、二〇一〇）、中国大陸の沿岸部に近い馬祖列島で話される「閩北語」などのほか、「閩南人」を主要話者とする「閩南語[8]」、「客家人」を主要話者とする「客家語[9]」、そして一九二六年にまだ中国大陸を支配していた中華民国政府が「マンダリン」に基づいて制定した「国語」が話されている。台湾の「国語」とは、社会言語学的な観点からみれば、中国の国語として「普通話」と呼ばれるものであり、日本では「中国語」と呼ばれる言語の一変種である。

一九四五年から台湾を実効統治している中華民国(台湾)政府は、成人教育や学校教育、メディアに対する管理や統制を通じて、「国語」を普及し、「国語」による言語統合によって絶大な成功を収めてきた。実のところ、一九四五年まで台湾においては「国語」の話者がほとんどいなかった。しかし台湾政府の行った「国語」による言語統合の結果、今日の台湾において「国語」は他の言語より社会的に優位に位置づけられており(行政院客家委員會、二〇一二)、台湾社会を支配する言語となっている。

しかし、この一方で、台湾では政治の民主化に伴い、一九九〇年代から「国語」による一極言語支配に対する批判が本格化した。二〇〇一年度に開始した、小学校における第二言語としての閩南語、客家語、そして先住民族諸言語の教科化などの取り組みにおいては、「国語」以外の台湾の諸言語復権の兆しも少しずつではあるが認められる。

2 一九四五年以降の台湾の移民政策

台湾の移民政策に目を転じると、これまで台湾は、移民送り出し国として数えられたことはなかった。一九七〇年代から国民の海外移住が注目されるようになってはいたが、移住者は留学生や一部の富裕層に限られ、その主たる移住先はアメリカ合衆国であった。

ところが、それ以前、台湾政府は政府主導の集団的海外移民政策を構想していたことがある（行政院、一九六九）。政府は高い出生率がもたらした過剰な人口に危機感を持っていたため、一九六〇年代にアメリカの支援を得て、受胎調節を中心とした人口政策を推進していた。その際、移民政策も人口政策の一部と考えられたのである。そして、台湾は海外に在住する中国系住民の「真の祖国」であるとし、「華僑政策」により在外中国系移民の支持を仰ぐものの、[10]彼らの「帰国」定住に対しては、消極的な態度を見せた（范、二〇〇五）。

一九八〇年代の半ばには、政治の民主化の始まりにともない、中産階級を中心とする国民の海外移住が話題となった。台湾政府は、この時、移民斡旋業者の規制に重点を置く移民対策の検討を開始したものの、「移民は推奨しない」という態度を崩さなかった（立法院、一九九八、一八三―一三二頁）。また、二〇〇四年には副総統（副大統領、以下同）呂秀蓮（任期二〇〇〇年五月～二〇〇八年五月）が台風七号による水害の被災者（その多くは先住民族）を中南米諸国に集団移住させる提言をしたが、これは官民双方の不評を買った。これらを考慮すると、実際のところ台湾からの集団移民は不可能に近い。

台湾で最初の移民法である「入出國及移民法」（出入国及び移民に関する法律）が一九九九年に施行された。一九九〇年代まで政府の移民政策は、国民の海外移住だけを対象としており、海外から台湾への移住に関する政策は欠落していた。政府は移民受け入れに積極的ではなく、一九九六年まで、台湾から海外へ移出する人口が、国内に移入してくる人口を上回っていたのである（内政部戸政司、二〇一六a）。しかし一九八〇年代末から行われた政治改革により、海外からの移住者が徐々に増えてきた。一九八七年一一月に緩和された中国への渡航制限は中台間の交流を盛んにし、中台間の人口移動にも拍車をかけている。

一九八九年には、経済界の要請によりブルーカラー外国人労働者の受け入れが始まり[11]、華僑学生を含む留学生や[12]、ホワイトカラー外国人労働者、外国人配偶者などさまざまなニューカマーの台湾への移住や定住も徐々に増えている。その中でも外国人配偶者の増加が顕著である。二〇一五年一二月の外国人登録者数（中国人、香港・マカオ人は含まない）は六三万七八四三人であり、総人口の二・七二％を占めている（内政部入出國及移民署、二〇一六a）。ただし、公表された統計資料だけでは把握しがたいものの、六カ月以上の中長期滞在が認められている中国人配偶者数は一〇万五二九九人、香港・マカオ人配偶者は七〇〇〇人である（内政部入出國及移民署、二〇一六b）。このことを踏まえると、台湾で住所を持つ外国人は実際、少なくとも総人口の三・一九％以上を占めていると推測される。

台湾政府は、二〇〇〇年頃から移民の受け入れや統合に注目し始めた。その時から、「移民」という用語は、一九九〇年代における国民の海外移住を指すだけではなく、海外から台湾への移住をも指すようになった。だが、移民が人々の注目を集めると同時に、移民は「問題」として議論されるようになる。

3　帰化テストの政策形成の過程

二〇〇四年一一月、移民や国籍、戸籍業務を所管する政府の内政部（内務省、ＭＯＩ）は立法院（国会）

に「國籍法」修正案を提出した。この修正案は、外国人の帰化に際して、台湾で話される言語の能力を有し、かつ台湾の国民たる権利と義務に関する常識を知ること、すなわち帰化テストに合格する要件を追加するものであった。内政部によれば、帰化テストの実施に踏み切った主な理由は、次の三点である。

まず、「アメリカ合衆国など多くの国の法律を参酌すると、それら国の法律のほとんどは「基本的な言語能力」を有することと、「国民としての権利義務についての規定」の理解を外国人の帰化要件としている」という点が挙げられる（立法院、二〇〇四）。

また、帰化を希望する外国人は少なくとも数年間は台湾で居住しているため、台湾の言語を理解できることが当然であると考えられる（立法院、二〇〇四）。

さらに、帰化テストの実施により、外国人に対しては台湾の言語学習への動機づけを高め、外国人配偶者に対しては台湾政府が実施する成人移民への言語教育の受講意欲を押し上げることが可能になる（立法院、二〇〇四）。

これらを見ると、政府は帰化テストの導入を移民の言語学習の動機づけのためと考えていることが明らかである。しかし、なぜ政府はこれほど移民の言語学習を重要視しているのだろうか。

台湾では、第二次世界大戦後まもなく、国民を対象とした「国語」統合を目的とし、義務教育制度の一環として国民補習教育制度が実施された。この一方で移民の「言語問題」が台湾社会で初めて明らかになったのは、外国人配偶者の激増した一九九〇年代中期のことである。そこで政府は、一九九九年に国会決議を受け、外国人配偶者の言語能力と社会生活への適応能力を強化するため、外国人配偶者対象の言語教育を開始した（内政部、一九九九）。しかし、こうした外国人配偶者対象の言語教育は、受講が必須ではなく任意であったため、受講者は実際には少なかった。

このため政府は、外国人の帰化、すなわち国籍取得の資格要件に、「基本語言能力（基本的な言語能力）」及び「國民權利義務基本常識（国民の権利や義務に関する基本的な常識）」という基準を設定し、帰化申請者の大多数を占める外国人配偶者の言語教育の受講率の向上を目指した。その結果、それ以降台湾に帰化を希望する成人移民は、台湾に一定期間居住していること、犯罪歴のないこと、自立できる財産を持つことなどの要件に加えて、帰化テストの合格を含めた意味での「基本的な言語能力」と「国民の権利や義務に関する基本的な常識」を備えるという要件も満たさなければならなくなった。「基本的な言語能力」と「国民の権利義務に関する基本的な常識」の両者について、台湾政府は次のように定義している。

日常生活において他人と会話し、意思疎通を図る能力を有しており、かつ社会における一般常識を持つこと。（内政部、二〇〇九）

政府は、帰化テスト（台湾では「歸化取得我國國籍者基本語言能力及國民權利義務基本常識測驗」と呼んでいる）に合格する者が上記の「基本的な言語能力」と「国民の権利義務に関する基本的な常識」を有するとみなしている。ただし、台湾の正規学校教育を一定期間受けた経歴がある、または台湾政府が主催・委託運営する成人移民への言語教育講座、あるいは成人教育や生涯学習講座を一定時間以上受講した者も、「基本的な言語能力」と「国民の権利義務に関する基本的な常識」を有するとみなされる。

帰化テストをめぐっては、台湾社会には賛否両論があった。与野党の国会議員は、基本的に帰化テストの実施に賛成していた。その理由は、教育レベルの低い外国人配偶者が帰化すると、台湾人の教育レベルが下がり、また、「後進国」からの移民は社会問題を引き起こしうるということで、帰化テストの実施により、それらの問題を阻止できると考えたのである（立法院、二〇〇五）。

しかし、有力な移民支援団体が結成したネットワークは、帰化テストの実施に疑問を呈していた。まず、帰化テストの内容は難しすぎて、台湾人ですら答えられないものもある。[13] そして、永住権者に対する権利の保障は、アメリカ合衆国のそれより明確さに欠けることである。すなわち、公民としての完全な権利を得るには、移民は台湾の国籍を取得するしかないと考えられるために、帰化テストの実施は彼らの帰化に難関を設けることになる（移民／移住人權修法聯盟、二〇〇五）。

移民支援団体の批判に対して、政府は終始、「アメリカ合衆国でも実施している」という態度で反論し、帰化テストの正当性を強調していた。[14] 実際、移民支援ネットワークは、アメリカが帰化テストを実施しているため、帰化テストの導入を放棄することを要求するのではなく、帰化テストの実施は時期尚早だと主張するにとどまっていた（移民／移住人權修法聯盟、二〇〇五）。

台湾では帰化テストが「國籍法」の改正で導入されたが、「國籍法」は、中国人、香港・マカオ人による台湾国籍の取得を規定するものではない。彼らの国籍取得は、それぞれ「臺灣地區與大陸地區人民關係條例」（台湾と中国大陸間の人的交流に関する法律）と「香港澳門居民進入臺灣地區及居留定居許可辦法」（香港・マカオ人による台湾での出入国及び滞在、定住に関する省令）の規定に基づく。ただしこれらの法令は、「基本的な言語能力」と「国民の権利義務に関する基本的な常識」を台湾国籍取得の要件としていない。政府は、その理由について明言を避けていたが、「同様にマンダリンを話していると思われる」ことを口実にし、回答を避けている（立法院、二〇〇五）。しかし、これは政府が中国人移民の移住を優遇することを表しているものではない。むしろ台湾での中国人移民に対する規制は、他の移民より厳格に行われている。一九九三年、政府閣僚は国会で、次のような発言を行なった。

台湾人と中国人の結婚は法律で制限することはできませんが、政府の政策方針として台湾人と中国人の結婚に賛同できないのです。（立法院、一九九三、一四一―一四二頁）

すなわち、中国人移民は「同様にマンダリンを話していると思われる」のだが、台湾にとっては中国人移民こそが最も排除すべき「他者」でもあるのだ。現在のところ、中国人、香港・マカオ人を除く外国人配偶者は、台湾に四年以上居住すれば、帰化の申請が可能になる。これに比べて、中国人配偶者は、二〇〇九年の法律改正案の成立まで、八年以上居住しなければ、戸籍（国籍）を取得することができなかった。しかも定住には人数制限が設けられており、就労権などの公民権も近年までは厳しく制限されていた。二〇〇九年以降、中国出身の台湾人配偶者の戸籍（国籍）取得の要件は台湾に六年以上住所を持つこととなり、同時に年間の定住許可者数の制限、就労権などの制限も大幅に緩和された。しかし、彼らは、依然としてその他の国出身の移民に比べて、台湾の法律によって多くの権利が制限され、差別を受けている（監察院、二〇一〇）。

政府は、中国人移民に対する差別的措置のために、これまで移民支援団体、そして政府内の監督機関からの批判を受けてきた。それを是正するため、政府は二〇一二年一一月に、中国人配偶者の台湾国籍取得にあたっての居住期間要件を最短四年に短縮し、外国人配偶者のそれと一致させる法律の改正案を国会に提出した。また同法の改正案では、中国人配偶者及び台湾政府の許可を得て中長期滞在をする中国人移民の国籍取得に、「国民の権利義務に関する基本的な常識」を有する要件を規定した（立法院、二〇一二）。言い換えれば、政府は中国人移民を帰化テストの対象に入れようとしているのである。

政府によると、中国人移民は台湾国籍を取得する前に、「近代市民社会の核心的理念に対する理解を深め、台湾の多元的民主主義に適応する」必要がある（立法院、二〇一二、政二一―政二二）。そのため、彼らに「国民の権利義務に関する基本的な常識」を有することを要求している。しかし、中国人を除く移民に対する台湾の「國籍法」では「基本的な言語能力」と「国民の権利義務に関する基本的な常識」の両者を帰化の要件としているのに対し、中国人移民に要求するのは後者のみである。[15]

4 台湾の帰化テストの実施方式と内容

台湾の帰化テストの実施方式と内容には、次のような特徴がある。

まず、外国人配偶者に異なる合格基準点を設けていることがあげられる。台湾人の配偶者、あるいは台湾人との婚姻関係を解消した後にも台湾人としての未成年子女に親権を行使する受験者は一〇〇点の中で六〇点（六五歳以上の場合は五〇点）以上を取得すれば、帰化テストの合格者とみなされる。一方で、その他の受験者の場合は七〇点以上を取得しなければ、合格者とみなされない（内政部、二〇〇九）。

また合格率の高いことも挙げられる。実施が本格化した二〇〇六年六月から二〇一五年一二月までの間で、帰化テストに受験した者は二万一二九四人であり、合格率は八七・九五%である（内政部戸政司、二〇一六b）。しかも、その合格率は徐々に上昇してきており、二〇一五年の合格率は、過去最高の九四・三九%であった（内政部戸政司、二〇一六c）。これは二〇一五年八月の時点で、アメリカ合衆国の帰化テストの合格率の九一%を少し上回っている（US Citizenship and Immigration Services, 2015a）。また二〇一二年七月から九月までカナダの帰化テストの合格率は七二・七%であり（Citizenship and Immigration Canada, 2013）、二〇一三〜二〇一四年度のイギリスの帰化テストの合格率は六九・六二%である（Home Office, 2014）。台湾政府は、さらに合格率を高めるため、全試験問題を収録した教材を配布するほか、インターネット上でも問題を公開している。さらに一部の地方政府は、受験者に無料の個別指導や模擬試験を実施している。

帰化テストの受験には免除条項がある。台湾政府は帰化テストに加えて、正規の学校教育や、政府の主催する、または運営を嘱託する成人移民への言語教育、あるいはその他の社会教育・生涯教育（生涯学習）講座での一定時間以上の受講も、「基本的な言語能力」と「国民の権利や義務に関する基本的な常識」の認定基準に定めている。外国人配偶者は、成人移民への言語教育、社会教育・生涯教育講座を七二時間以上受講すれば、この二つの基準を満たしていると認定される。[16]

実際、帰化を希望する移民の中で、帰化テストの受験を選択した者は少ない。二〇〇七年から二〇一五年までの九年間で、帰化により国籍を取得したのは六万六〇二一人である（内政部戸政司、二〇一六d）。それに対して帰化テストに合格したのは一万八七二九人に過ぎなかった（内政部戸政司、二〇一六c）。つまりその時期において、帰化により台湾国籍を取得した移民の七一・六三％は帰化テストの受験を選択しなかったことになる。

また、言語能力テストを行わないことも特色となっている。台湾の帰化テストは、移民の「基本的な言語能力」と「国民の権利義務に関する基本的な常識」の有無を確認する。しかしそれには言語能力テストがなく、一般常識テストだけが行われている。しかもこの一般常識テストは、筆記試験または口頭試験のいずれか一つを受験すればよいとされている。[17]

これに対して、アメリカ合衆国の帰化テストは、英語のリスニング・ライティングそしてスピーキング能力を測定する英語能力テスト、及びアメリカの歴史・政治制度・文化の理解度を測定する公民知識テスト（Civics Test）の二部より構成されており、筆記試験と口頭試験の両者が行われている。

さらに、台湾の帰化テストは複数の言語を対象としている。国語としての「華語」（マンダリンのこと、「国語」の別名の一つ）だけでなく、いまだ公用語として認められていない「閩南語」、「客家語」や先住民族の言語（またはそれら言語の変種）も含むのである。[18] 筆記試験の対象は華語のみであるものの、口頭試験を選択した受験者は、これら言語の中から一つの試験言語を指定することができる。

これに対して、アメリカ合衆国では英語が国語でないにもかかわらず、英語を帰化テストの唯一の試験言語と規定している。また多文化主義を国是としているオーストラリアでも、国語である英語を帰化テストの唯一の試験言語としている。

出題範囲が具体的な法律や実生活の関連情報に偏重していることも忘れてはならない。台湾の帰化テストの出題範囲は、政府組織や在留資格、法律などの二三分野に及んでおり、その中には家庭内暴力防止や交通安全、防災、消費者保護、環境保護などの移民の日常生活に関わる情報も含む。[19] またその出題範囲は、台湾の歴史、文化や特定の政治理念など、国家や社会の価値観についての質問をほとんど含まない（内政部戸政司、二〇一五a・二〇一五b）。

これに対して、アメリカ合衆国をはじめ、欧米諸国の多くは、自国の歴史、文化、そして特定の政治や宗教、価値観を帰化テストの出題範囲としている。

台湾の帰化テストは受験費用が安く、しかも再試験の制限がないことも特色であろう。一回の受験費用を五〇〇台湾ドル（二〇一六年二月現在、約一七七〇円に相当）としている。しかもその他の帰化手続きの費用は、約一〇〇〇台湾ドルである。それに対してアメリカ合衆国の場合、帰化テストの受験費用を含む帰化手続きの費用は約六八〇米ドル（約八万一〇〇〇円に相当）であり、これは台湾の帰化手続きに必要な費用の約二三倍にあたる（US Citizenship and Immigration Services, 2015b）。

また、台湾の帰化テストで不合格判定を受けた受験者は、いつでも再受験することができる。これに対してアメリカ合衆国の帰化テストは再受験の回数を一回にとどめており、アメリカ合衆国への帰化を希望する者は二回目の帰化テスト受験に合格しなければ、その後は帰化を申請することはできない。

5 帰化テストの役割

第3節で述べたように、台湾政府による帰化テストの導入の決定に関して、台湾社会にも反対の意見があった。その主な反対意見は、帰化テストは「試験」である以上、不合格者が出ることが避けられないため、移民の帰化が帰化テストの実施により阻まれるのではないかということである。

帰化テストは移民の帰化を阻むものなのか。それについて台湾だけではなく、北米とヨーロッパでも活発な議論が交わされていた。帰化テストの実施を肯定的に捉える意見については、帰化テストは移民に受け入れ国に関する知識や国語能力の取得を促進する道具であり、移民に教育を受ける動機を促し、教育の機会を提供する措置でもある（Hansen, 2010）。また移民にとって国語能力や受け入れ国に関する知識の取得は、参政権の行使の前提をなすものであるため、帰化テストは実質上移民のためになるものともいえる（Orgad, 2011）。しかも帰化テストは移民の受け入れ国に対する帰属感を高揚するものであり（Peucker, 2008; Home Office, 2002）、国籍そのものの価値を上げるものでもある（Hansen, 2010）。さらに帰化テストは移民の帰化を阻む措置ではないかということについて、一部の国では帰化テストの内容は困難ではなく、合格率が高いため、移民の帰化を妨害するものではない（Koppenfels, 2010; Orgad, 2011）。むしろ帰化テストの実施によって、移民の帰化が明確で計算可能なプロセスになる（Joppke, 2010）。

それに対して、帰化テストに反対する意見もあった。まず帰化テストは受け入れ国の歴史、自己イメージを再構築する道具として運用されており、その内容は受け入れ国が一方的で恣意に作ったものである（Carrera and Guild, 2010）。また一部の国は帰化テストに宗教、性的意識に関する質問を設けており、自国の主流とは異なる意見を持つ移民の排除につながる（Orgad, 2010）。さらに多くの国では帰化テストの難易度を高く設定したため、帰化テストの導入により、移民の帰化が困難になっている（Van Oers, 2010）。しかも近年の傾向としては、多くの国では帰化テストは帰化だけではなく、永住権取得の要件ともされていることから、移民に対する規制は実質上強まっている（Goodman, 2010）。

このように帰化テストに対する評価は実際、画一的ではなく、その実施方式と内容により左右されている。では台湾の帰化テストは、移民の帰化を規制するものであるだろうか。二〇〇五年以降になって新しい要件として追加された点から見ると、移民の帰化に新たな難関が設けられたといえるだろう。しかし、その実施方式と内容から見ると、台湾の帰化テストは、移民の帰化を妨害するものとはいいがたい。

その理由は、第一に、台湾では移民は帰化テストを受験しなくても、一定の条件を満たす成人教育コースを修了すれば、帰化テストに合格したとみなされている。第二に、導入当初から二〇一五年一二月現在まで、台湾では帰化テストの合格率が合計九〇％を超えている。これは世界の中でも比較的高い水準であるといえる。第三に、台湾の帰化テストは受験費用が安く、手続きが容易であり、不合格になっても再受験の回数についての制限が設けられていない。第四に、二〇一五年現在、台湾の帰化テストの出題基準には、特定の宗教観や政治思想、性的傾向などに関わる内容が見当たらず、移民に特定のイデオロギーへの支持あるいは反対の立場の表明を求めていない。第五に、台湾政府は帰化テストの出題基準を公開し、配布しているだけではなく、各地方自治体を通じてその合格率を高めるために積極的に支援を行っている。

実施方式と内容から見ると、台湾の帰化テストは移民の帰化を妨害するものではない。したがってその導入の目的は、移民の帰化に制限を加えるものではないと考えられるが、では、帰化テストを導入した理由は一体どのようなことなのだろうか。

6　言語能力の重要さ

台湾政府は、帰化テストを導入する最も重要な目的は、移民の言語能力を高めることと公言している。移民の中で、特に外国人配偶者の言語能力が最も注目されている。しかし、移民の中で人数が一番多いのは、ブルーカラー外国人労働者である。中国人と香港・マカオ人を除いて、二〇一五年一二月現在、外国人配偶者は外国人登録者数の八・一八％にすぎない（内政部入出國及移民署、二〇一六a）。では、帰化テスト政策が、ブルーカラー外国人労働者などその他の外国人を実質上の対象と定めないのは、外国人配偶者以外の外国人には「言語能力」という問題がないと認めているためだろうか。

　これまで、移民の言語権は、移民自らの属していると思う出身集団の言語を学習し、使用する権利だけでなく、移住先で広く使用される言語、つまり公用語または国語を学習し、使用する権利も含むと考えられてきた（木村、二〇〇六）。後者の権利は、民主主義国家において幸福追求権や、教育権などの基本的人権に基づいて保障されるべきだと考えられている（佐藤、二〇〇七）。もし外国人配偶者に移住先の国語の運用能力不足という問題があり、それを理由に国家が外国人配偶者のための言語教育を実施するのであれば、なぜ彼女らだけを成人移民への言語教育政策の対象とするのだろうか。

　二〇一五年の統計を見ると、台湾でのブルーカラー外国人労働者数は五三万三八六九人であり、中国人と香港・マカオ人を除く外国人登録者数の八三・七〇％を占めている（内政部入出國及移民署、二〇一六a）。しかし官僚は、最長一二年間働くことができるブルーカラー外国人労働者には言語学習の動機が乏しく、しかも彼らの帰化は法律による制限を受けているため、彼らを成人移民への言語教育政策の枠組みに入れる必要はないと発言している。[20]また、一九九〇年代の学生運動で活躍し、後に馬英九政権（二〇〇八年五月〜二〇一六年五月）の閣僚になった国会議員（当時）は、ブルーカラー外国人労働者の「言語問題」は雇用主、または仲介業者の責任であり、政府の責任ではないと主張している。[21]

それでは、帰化による国籍の取得が制限されていないホワイトカラー外国人労働者や投資移民の場合はどうなるだろうか。行政職員によれば、ホワイトカラー外国人労働者と投資移民の多くは、言語能力を要件としない永住権の取得を選択し、台湾国籍を取得しない。[22]二〇〇六年からの一〇年間で、帰化によって台湾国籍を取得した移民の中で、中国人、香港・マカオ人を除く外国人配偶者の割合は九六・六七%である（内政部戸政司、二〇一六d・二〇一六e）。しかも政府は、彼らを言語教育政策の対象として考えておらず、彼らの言語教育の受講は重要視されていない（監察院、二〇〇七）。[23]つまり、政府は、移民には言語能力不足の問題があると宣言する一方で、政府当局にとっての「移民」とは、限定されたものなのである。

政府で帰化に関する業務を所管する部門の幹部は、帰化テストと成人移民への言語教育を実施する真意を、次のように証言していた。

私たちの本意は、（外国人配偶者が）教室に行くことにあります。外国人配偶者、例えばベトナムからの花嫁は台湾に嫁いでくると、ほとんど家庭に束縛されます。（中略）（家庭を）離れることで、彼女たちは（教室で）誰に出会えるでしょうか。それは、彼女たちと同様に、故郷を後にした外国人配偶者です。（中略）教室での学習状況はともかく、私たちは（帰化の要件としての）時間数だけを見ていますから。（中略）料理や運転免許（の授業）なども（帰化の要件として）認めますよ。私たちは彼女たちが……台湾に来てから中国語（「国語」の別名の一つ）、台湾語（「閩南語」の別名の一つ）を話す人（外国人配偶者と同居する台湾人家族のことを指す）ばかりと一緒にいて欲しくないですね。しばらく同じ出身地の人と喋って、「ね、貴方の故郷の誰さんはいつになったら来るの！」とか、もしかしてそれは彼女たちが台湾でもっと落ちついた暮しをしていくための機会となるでしょう。私たちはこれを最も望ましいと考えているのです。[24]

この証言から、政府は帰化テストを外国人配偶者の言語能力の向上というよりも、社会秩序の維持を目標としていることがわかる。そのため、政府は移民に言語習得の成果ではなく、料理や運転免許、親子活動などの講座を含む成人教育、生涯学習講座を受講した時間数だけを帰化の要件としているのである。国会議員や研究者からの批判を受けても（立法院、二〇一〇）、政府は、成人移民への言語教育向けのカリキュラムや教材を意図的に指定することなく、「國籍法」における「基本的な言語能力」と「国民の権利義務に関する基本的な常識」の定義を明確にする必要性も否定している。[25] また、第二言語の学習者向けに「華語文能力測験（TOCFL）」及びその関連教材がすでに開発され[26]、応用されているにもかかわらず、政府当局はそれを学習成果評価基準として成人移民への言語教育に導入するならば、逆に移民の受講意欲は低下すると考えている。したがって、今後は有権者からの強い要請がない限り、いかなる形であっても、帰化要件の厳格化や言語能力検定など成果評価制度の導入などの政策方針の変更は「不可能」であると断言している。[27]

実際、二〇〇六年から二〇一五年まで、帰化テストにおける外国人配偶者の合格率は八八・七三％

であるのに比べて、国語能力の問題があると考えられていないホワイトカラー労働者の合格率は七七・九七%にとどまっているが、この事情は常に変化する（内政部戸政司、二〇一六c）。しかも、「同様にマンダリンを話していると思われる」中国人配偶者が、国語能力が不足する者として成人移民への言語教育の実施対象とされており、[28]これからも帰化テストの対象とされることが確実なのである。このことから、帰化テストを導入した真の目的は、移民の言語能力を高めるためではなかったことが判明した。

一方で、台湾の帰化テストは移民の帰化に制限を加えること、または移民の言語能力を高めることを目的としたものでなければ、その目的は何だろうか。Peucker（2008）によると、欧米諸国による帰化テストの相次ぐ導入は二つの傾向を示している。一つ目は、移民受け入れ国が、帰化というプロセスを受け入れ国の国民統合の理念の発展と結びづけるようにしている。二つ目は、帰化テストを導入した理由、また帰化テストの機能は、各国それぞれのコンテクストで理解しなければならない。つまりその機能は、特定の理念を示す象徴的な側面を持つものでもある。

7　帰化テストの機能

では、排除的ではなく、移民の言語能力の向上を公言したほど重視していない台湾の帰化テストは実際、どのような機能を果たしているのか。

言語政策の視点から見ると、台湾の帰化テストの主な特徴は、受験に免除条項があることに加えて、複数の試験言語を配置しており、しかもそれには、いまだ公用語として認められていない「閩南語」と「客家語」、そして先住民族の諸言語が含まれる。これは、近年の台湾において、「国語」の威信に翳りが見られていることを示すものである。

台湾憲法は「国語」についての規定がないが、「法院組織法」（裁判所法）などの法律には「国語」の使用を規定する条項が散見される。[29] しかしそれらも、「国語」の定義を明確に規定していない。とは言え台湾社会において、「国語」は一般的にマンダリンに基づいて制定され、教科言語である「国語」と一致すると考えられている。

第二次世界大戦後、政府の「国語」による統合は極めて高い成果を収めてきた。ところが、一九七〇年代後半から本格化した民主化運動の展開に伴い、「国語」の威信は他言語の復権により揺らいでいる。二〇〇〇年には、国会で少数野党の主導により、空港や地下鉄、鉄道などの公共交通機関ではアナウンスが「国語」のほか、「閩南語」と「客家語」または先住民族の諸言語で行わなければならないとの法律が可決された。[30] これにより「国語」以外の言語の地位が一部の分野において、はじめて確認されたのである。

二〇〇三年には、それまで「国語」の地位に疑問を持ってきた陳水扁政権（二〇〇〇年五月〜二〇〇八年五月）は、さらに国内の全ての言語の「平等」をめざす「語言平等法」（言語間の平等を保障する法律）法案を国会に提出した。この法案では、従来の「国語」が国家を代表する言語、つまり国語としての地位から降ろされ、東南アジアと北米などの地域を含む全世界の華人の言語を指す「華語」と改称され、

「閩南語」（この案では「台語（Ho-lo語）」と表記）、「客家語」や先住民族の諸言語と並列されるようになった。この「語言平等法」法案の提案目的は、「華語」と「台語（Ho-lo語）」「客家語」の三つの主要言語及び一一種類の先住民族の言語を「国家言語」、つまり国語にすることで、台湾で話されている諸言語の法制上の平等や各言語話者の自由を保障するものである（教育部國語推行委員會、二〇〇三）。しかしそれには、これまで「国語」の持ってきた支配的地位を突き崩す意図もある。結局、この「国語」に対する公然たる挑戦は、国会の多数派の反対を受けて成立しなかった。

二〇〇五年に国会の審議に付される帰化テストの実施に関わる「國籍法」改正案は、二〇〇三年の「語言平等法」とは異なる方向で「国語」の地位にもう一度、揺さぶりをかける試みであったが、結局この案は、あまり話題になることなく成立した。その法案の審議に出席した国会議員は少ないが、彼らは、まだ公用語の地位を得ていない「閩南語」や「客家語」そして先住民族諸言語を試験言語とする政府の方針を支持していた（立法院、二〇〇五）。しかし、この「國籍法」改正案では、国家を代表する言語としての絶対的地位を持つ「国語」が、台湾で話される主要言語の一つとしての「華語」に換えられた。しかもこの場合、「華語」は、従来の言語政策では抑圧の対象であったその他の言語と同じ地位に引き下げられたのである。つまり、国家を代表する言語としての「国語」は帰化テストにおける試験の唯一の対象言語になることなく、複数の試験対象言語の一つとなったのである。言い換えれば、帰化テストにおいて、移民は台湾の「国語」がまったく分からずとも、公用語として認められていない言語を習得することで、国籍を取得して台湾人になることが可能なのである。

さらに小中学校の「国語文」という教科名を「華語文」に変更しようとした政府は、二〇一〇年に反対に遭って挫折した。しかしながら、「国語」の国家を代表する言語としての威信が低下していることは否めない。[31] この点において、台湾の帰化テストは、台湾の国語を再定義する、というナショナリズム的な機能を持つといえる。しかしこれは、Joppke and Morawska (2003) がヨーロッパ諸国における帰化テストについて述べたような国民の結束性の強化や、すでに「統合した」国家としての自己イメージを再生させる機能を持っていない。つまり、台湾の帰化テストは国民間の結束を図ろうとするより、その特殊なコンテクストに合わせた新しいものであり、まだ不安定なナショナリズムに加担する試みとして導入されたと言えるのである。

8 おわりに

本章では、台湾の帰化テストの制度を振り返ることを通じて、台湾における国家、国語と移民の関係を考察した。台湾の帰化テストは、アメリカ合衆国の帰化テストを参考として、ヨーロッパ諸国とほぼ同じ時期に導入されたが、欧米諸国と異なる様相を示している。台湾の帰化テストは移民に特定の、自発的なコミットメントを求める措置ではなく、移民の言語能力を高める手段でもない。その真の目的はむしろ国民国家の理念に関わるものである。つまりそれは台湾における国語の再定義により、新たなナショナリズム的な理念と姿勢を示すものなのだ。

この帰化テストが成立に至る過程、またその実施方式、機能を検討するには、台湾における社会と経済、政治的コンテクストを照らし合わせて考えなければならない。すなわち、帰化テストについての研究は各国民国家の独自性に立脚する作業であり、この点で本章は、台湾の特殊性を出発点として、帰化テストや成人移民への言語教育政策についての従来の研究に新たな視点を提供するものである。とはいえ、帰化テスト、それも欧米以外の国家で実施される帰化テストについての研究はまだ不十分だと言わざるを得ない。特に東アジア諸国における帰化テストに関する検討は、今後の研究課題となる。

＊本章は許之威（二〇一六）『移民政策の形成と言語教育——日本と台湾の事例から考える』明石書店 に発表した原稿に加筆修正を加えたものである。

〈注〉

［1］ 国語とは、一般的に「特定の国家が連想され、しかも国家のアイデンティティの象徴と見なされる言語」(Llamas, Mullany and Stockwell, 2007: 223) のように定義されることが多いが、日本、台湾や朝鮮半島など東アジアの漢字文化圏に属する国家では、「国語」という用語はしばしば特定の言語の名称としても使われている。例えば台湾において「国語」とは、一九二六年に中国大陸を支配していた中華民国政府が「マンダリン」に基づいて制定した言語を指すもので、小中学校の教科としての「国語文」の教授言語を指すのが一般的である。本章では混乱を避けるため、このように国語が特定の言語の呼称となる場合、括弧つきの「国語」として表記する。

［2］ 台湾における戸籍とは、「台湾人」が台湾政府に登録する台湾国内における住所などの個人情報を意味するもの

で、これは日本における戸籍制度とは異なる。

［3］台湾の先住民族とは、アミ族、パイワン族、タイヤル族、タロコ族、ブヌン族、プユマ族、ルカイ族、ツォウ族、サイシャット族、タオ族、クバラン族、サオ族、サキザヤ族、セデック族、ラーアルワ族、カナカナヴ族の一六民族である。二〇一五年現在、これらの民族は法律によって先住民族の地位が認められている。二〇一五年一二月における、先住民族全体の人口数は五四万六六九八人であり、総人口の二・三三％を占めている（内政部戸政司、二〇一六f）。

なお台湾では、日本語では先住民族と呼ばれる人達のことを「原住民族」と呼んでいる。そのため、本章においては「原住民族」を使用する。

［4］これまで多用されてきた、いわゆる「本省人」や「外省人」、「閩南人」そして「客家人」のカテゴリーも、一般論にすぎない。台湾では一九九二年の「戸籍法」改正により、戸籍管理における「本籍」（通常は父親の本籍）の登録や掲載が停止されたため、「外省人」と「本省人」の区別がなくなり、これらの実体は確認できない。また、二〇一一年に成立した「客家基本法」の第二条は、「客家人」を「客家系の血縁を持ち、あるいは客家とのつながりがあり、または自らを客家人と考える者」と定義するもので、「客家人」を含む「漢民族」のカテゴリーは実際、自己認識に基づいて構築された概念でもある。

［5］ところが、憲法上の制約と一部の政治家からの反対意見にもかかわらず、政府は二〇〇二年にモンゴル国の首都ウランバートルに在外公館を設置し、実質的にモンゴルを独立国として認めている。それ以降、モンゴル国籍を有する者を台湾内部のエスニシティーではなく、外国人として扱っている。

［6］「行政院蒙藏委員會」（内閣のモンゴルとチベット省に相当）のこと。ただし内閣の再編により、二〇一二年一二月三一日をもって廃止された。

［7］台湾政府によると、二〇一五年六月現在台湾在住のチベット族は約六二二人（そのうち台湾国籍四九一人、外国籍一三一人）である（行政院蒙藏委員會、二〇一五）。

［8］「台湾語」、「ホーロー語」など複数の呼称があるものの、「閩南語」とは、台湾教育部が使用している用語である。そのため本章においては「閩南語」を使用する。

［9］台湾政府は「客家人」の伝統文化を保存する目的で、二〇〇一年六月に「客家委員会」（内閣の客家省に相当）を設置した。そして「客家基本法」が二〇一〇年一月に施行された。にもかかわらず台湾の「客家人」は、「原住民」のような少数民族としての地位を得ていない。

［10］二〇〇二年に行われた認定基準の改正により、台湾政府は「華僑」の定義を、台湾国籍を有し、中国や香港・マ

カオではない外国の永住権を取得して四年以上住所を持つ者、及び台湾から前述の外国に移住し、一〇年以上住所を持つ者と規定している（行政院僑務委員會、二〇〇二）。前者の多くは、中国や香港・マカオではない外国で生まれて、台湾国籍を出生により取得した台湾人移民の後裔と、一九四九年以前に中国大陸から台湾以外の地域（外国、ただし香港とマカオは含む）に移住した中国系移民の後裔のことを指し、後者は外国に移住した台湾人移民の一世を指している。これは、中国政府による「華僑」の定義とは異なる。

ただし、中国国籍を有したことがある者、あるいは中国国籍、香港・マカオ地域の永住権を持つ者は、台湾政府の定義する「華僑」に該当しない。

[11] 台湾政府はタイ、ベトナム、フィリピン、インドネシア、マレーシア、モンゴル（受け入れ人数順）の六カ国政府とブルーカラー外国人労働者の受け入れに関する協定を交わしている。彼らは仲介業者を通じて、台湾で海運業、漁業、工業、またはホームヘルパーに従事している。

ただし、彼らは自由に転職することはできない。しかもブルーカラー外国人労働者として居住する期間は、一般帰化、あるいは永久居留権取得の在留期間要件（台湾に五年以上住所を持つこと）に含まれない。

一方で台湾政府は二〇一五年一二月に、ブルーカラー外国人労働者が台湾で九年以上就労すれば、ホワイトカラー外国人労働者への在留資格変更が可能になる制限の緩和を検討していると発表した。このブルーカラー外国人労働者を対象とする規制緩和案は、ホワイトカラー外国人労働者の就労制限を大幅に下げる政策に内包されている。しかし、ホワイトカラー外国人労働者を対象とする就労制限の引き下げは若者の反発を招いている。当分の間、これら外国人労働者を対象とする規制緩和は導入しない見込みである。（「勞動部見風轉舵？放寬白領人才法規保留再議」二〇一六年〇一月二二日、聯合報）。

[12] 「華僑学生」は、「華僑」とは異なる概念である。「華僑学生」とは、中国系移民の血統を持ち、かつ中国と香港・マカオ地域以外の外国で連続六年以上居住し（大学の医学部や歯学部、漢方医学部への入学を希望する場合は八年以上）、そして居住国の国籍もしくは永住権、あるいは長期滞在ビザを持ち、台湾で正規の学校教育を受けることを希望する者である（教育部、二〇一二）。つまり「華僑学生」たる身分を認定するには、台湾国籍の有無は問われない。実際のところ「華僑学生」の大半は、外国人である。

[13] 二〇〇六年に公開された初版のクエスチョン・バンクの難度が高く、その中で最も批判された問題は、「何歳に達するまで、愛玩動物を飼育してはなりませんか？」、「愛

玩動物を飼育する者は、その動物の生後何カ月以内、居住地の県(市)の行政庁若しくはその委任を受けた事業者に飼育の登録をしなければなりませんか?」、「適齢期の未婚男女が正しい結婚観を身に付けるよう、県(市)政府は結婚前家庭教育を何時間以上提供していますか?」などがある。

[14] 「政府修《國籍法》訂語言檢定標準」(二〇〇四年一一月一八日、蘋果日報)。

[15] ただし現在のところ、この法律の改正案は、国会で居住期間要件の緩和に賛成しない政党の強い反対に直面しているため、施行時期が未定である。

[16] その他の申請者の場合は二〇〇時間である。

[17] 帰化テストの試験時間は三〇分である。試験問題は、筆記試験(二~四者択一式)や口頭試験(問答式)を問わず二〇問である。

[18] 口頭試験では、先住民族の言語やその変種のほか、「客家語」の「四県腔」、「海陸腔」など政府が公式に認める言語変種で受験することもできる。

[19] 現在のところ筆記試験のクエスチョン・バンクは二三二問、口頭試験は二二七問(内政部戸政司、二〇一五a、二〇一五b)。

[20] 教育部の上級幹部のインタビューより(二〇一一年二月一一日、台湾台北市)。

[21] ある国会議員のインタビューより(二〇一一年二月一七日、台湾台北市)。

[22] 内政部入出国及移民署の中堅幹部のインタビューより(二〇一一年二月一七日、台湾台北市)。

なお、「入出國及移民法」により、二〇歳以上の外国人(中国人、香港・マカオ人を除く)が台湾の永住権を取得する際の主な要件は次である。

まず、台湾でホワイトカラー外国人労働者として五年以上居住し、あるいは台湾人の外国人配偶者、実子として台湾で一〇年以上居住することである。

また、品行方正であること、自立できる財産または技能を持つこと、さらに台湾の国家利益に合致すると考えられることなどがある。

外国人配偶者は四年以上居住すれば、台湾に帰化することが可能になるが、一〇年以上居住しなければ、永住権を取得することができない。すなわち外国人配偶者にとって、永住権の取得は非常に困難なことである。

[23] 内政部中堅幹部のインタビューより(二〇一一年二月一七日、台湾台北市)。

[24] 内政部中堅幹部の担当者のインタビューより(二〇一一年二月一七日、台湾台北市)。

[25] 内政部中堅幹部の担当者のインタビューより(二〇一一年二月一七日、台湾台北市)。また内政部(二〇一〇)を

参照。

［26］「華語文能力測驗」は、台湾政府が二〇〇一年に開発した中国語能力試験である。

［27］教育部上級幹部の担当者のインタビューより（二〇一一年二月一一日、台湾台北市）。

［28］内政部中堅幹部のインタビューより（二〇一一年二月一七日、台湾台北市）。

［29］「法院組織法」（裁判所法）第九七条「裁判所では国語を使わなければならない」。

［30］「大眾運輸工具播音語言平等保障法」（公共交通機関での音声放送における言語間の平等を保障する法律）第六条「公共交通機関では国語のほか、閩南語、客家語での音声放送も流さなければならない。その他の先住民族言語での音声放送は、管理責任者が各地域に在住する先住民族のエスニック背景及び地域の特徴を考量する上で組み入れる。なお馬祖地域では、閩北語（福州語）での音声放送を入れなければならない」。

［31］小中学校の学習指導要領の改訂をめぐって、馬英九総統は二〇一〇年九月に総統府のスポークスマンを通じて、「国語」とは「自国の言語」のことであり、「国民は、自分が使う言語を「国語」と呼ぶ」との表現で、従来の「国語」という概念を「国民が使う言語」として再定義した（「府──本國語言正式名稱就是國語」、二〇一〇年九月二日、中央社）。

しかしこの定義によれば、台湾では「閩南語」と「客家語」「閩北語」、そして先住民族諸言語はもちろん、ベトナム語、広東語、韓国・朝鮮語など、台湾国籍を取得した移民が使う言語も台湾の国語になると考えられてしまう（「府──本國語言正式名稱就是國語」、二〇一〇年九月二日、中央社）。

〈参考文献〉

一　中国語（画数順）

内政部（一九九九）「外籍新娘生活適應輔導實施計畫」

内政部（二〇〇九）「歸化取得我國國籍者基本語言能力及國民權利義務基本常識認定標準」
内政部（二〇一〇）「國籍法第三條條文修正草案口頭報告」
内政部戸政司（二〇一五a）「歸化取得我國國籍者基本語言能力及國民權利義務基本常識測試（口試）題庫（一〇四年九月二五日修正版）」
内政部戸政司（二〇一五b）「歸化取得我國國籍者基本語言能力及國民權利義務基本常識測試（筆試）題庫（一〇四年九月二五日修正版）」
内政部戸政司（二〇一六a）「國際戸籍遷入、遷出人數按性別分」
内政部戸政司（二〇一六b）「各直轄市及縣（市）政府辦理歸化測試案件統計表（縣市別）」
内政部戸政司（二〇一六c）「九五年六月至一〇四年一二月各直轄市及縣（市）政府辦理歸化測試案件統計表（以是否係外籍配偶分）」
内政部戸政司（二〇一六d）「國籍變更統計表」
内政部戸政司（二〇一六e）「最近一〇年外國人為國人之配偶歸化、取得我國國籍人數統計表」
内政部戸政司（二〇一六f）「民國一〇四年一二月戸口統計資料分析」http://www.moi.gov.tw/chi/chi_news/news_detail.aspx?sn=10188（二〇一六年一月二九日にアクセス）
内政部入出國及移民署（二〇一六a）「外僑居留人數統計表（臺灣地區現持有效居留證（含在臺、離臺）外僑統計（按國籍及區域分）」
内政部入出國及移民署（二〇一六b）「各縣市外籍配偶人數與大陸（含港澳）配偶人數按證件分」
立法院（一九九三）「立法院司法，内政，法制，國防四委員會第二届第一會期第一次聯席會議記録」立法院公報
立法院（一九九八）「立法院第三届第六會期内政及邊政，交通，司法四委員會併案審査「入出國及移民法草案」案第一次聯席會議記録」立法院公報
立法院（二〇〇四）「行政院函請審議「國籍法部分條文修正草案」案」立法院第五届第六會期第十一次會議議案関係文書
立法院（二〇〇五）「立法院第六届第一會期内政及民族委員會第二〇次全體委員會議紀録」立法院公報
立法院（二〇一〇）「立法院第七届第五會期第一四次會議議案關係文書」
立法院（二〇一二）「行政院函請審議「臺灣地區與大陸地區人民關係條例　第十七條條文修正草案」案」立法院第八届第二會期第一

○次會議議案關係文書
行政院（一九六九）「中華民國人口政策綱領」
行政院原住民族委員會（二〇一〇）「族語教室」http://www.apc.gov.tw/portal/associate/dailyword/list.html?CID=7E2E68C485A6C497（二〇一六年一月三〇日にアクセス）
行政院客家委員會（二〇一一）「九九年至一〇〇年全國客家人口基礎資料調查研究」
行政院僑務委員會（二〇〇二）「華僑身分證明條例」
行政院蒙藏委員會（二〇一五）「在臺藏胞及居留藏人人口數」
范雅梅（二〇〇五）「論一九四九年以後國民黨政權的僑務政策——從流亡政權，在地知識與國際脈絡談起」國立臺灣大學社會學研究所（修士論文）
移民／移住人權修法聯盟（二〇〇五）「學語言，多鼓勵，不要壓力」——要求暫緩實施國籍法入籍考試規定」http://www.coolloud.org.tw/node/11863（二〇一六年一月二八日にアクセス）
教育部（二〇一二）「僑生回國就學及輔導辦法」
教育部國語推行委員會（二〇〇三）「語言平等法草案」
監察院（二〇〇七）「我國移民政策與制度總體檢案調查報告（二）」監察院公報
監察院（二〇一〇）「趙委員昌平、李委員炳南調查，為我國政府賦予大陸籍配偶之法律地位，是否違反「公民與政治權利國際公約」、「經濟社會文化權利國際公約」，及憲法關於基本人權之保障等規範乙案之調查報告」

二　日本語（五〇音順）

木村護郎クリストフ（二〇〇六）「「共生」への視点としての言語権——多言語的公共圏に向けて」植田晃次・山下仁編著『「共生」の内実——批判的社会言語学からの問いかけ』三元社、一一—二八頁
佐藤潤一（二〇〇七）「多文化共生社会における外国人の日本語教育を受ける権利の公的保障」『大阪産業大学論集 人文・社会編』一—三〇頁

三　欧文（アルファベット順）

Citizenship and Immigration Canada. (2013). *Citizenship Management Quarterly Report (Second Quarter of Fiscal Year 2012-2013)*. Available at: http://www.documentcloud.org/documents/713744-citizenship-and-immigration-canada-management.html (Accessed January 19, 2016).

Carrera, S. and Guild, E. (2010). Are Integration Tests Liberal? The "Universalistic Liberal Democratic Principles" as Illiberal Exceptionalism. In *How Liberal Are Citizenship Tests?*, European Union Democracy Observation on Citizenship, edited by C. Joppke and R. Bauböck. Rovert Schuman center for advenced studies.

Goodman, S. (2010). *Naturalisation Policies in Europe: Exploring Patterns of Inclusion and Exclusion*. EUDO Citizenship Observatory.

Hansen, R. (2010). Citizenship Tests: An Unapologetic Defense. In *How Liberal Are Citizenship Tests?*, Democracy observatory on citizenship, edited by C. Joppke and R. Bauböck. Rovert Schuman center for advenced studies.

Home Office. (2002). *Secure Borders, Safe Haven: Integration with Diversity in Modern Britain*.

Home Office. (2014). *Life in the UK test data*. Available at: https://data.gov.uk/dataset/life-in-uk-test-data (Accessed January 29, 2016).

Joppke, C. (2010). How Liberal Are Citizenship Tests? In *How Liberal Are Citizenship Tests?*, European Union Democracy Observation on Citizenship, edited by C. Joppke and R. Bauböck. Rovert Schuman center for advenced studies.

Joppke, C. and Morawska, E. (2003). Integrating Immigrants in Liberal Nation-States: Policies and Practices. In *Toward Assimilation and Citizenship: Immigrants in Liberal Nation-States*, edited by E. Morawska and C. Joppke. Houndmills: Palgrave Macmillan.

Koppenfels, A. (2010). Citizenship Tests Could Signal That European States Perceive Themselves as Immigration Countries. In *How Liberal Are Citizenship Tests?*, Democracy observatory on citizenship, edited by C. Joppke and R. Bauböck. Rovert Schuman center for advenced studies.

Llamas C., Mullany L., and Stockwell, P. (Eds.) (2007). *The Routledge Companion to Sociolinguistics*. New edition. Routledge.

McLean L. (2004). To Become Part of Us: Ethnicity, Race, Literacy and the Canadian Immigration Act of 1919. *Canadian Ethnic Studies 36*: 1–28.

Van Oers, R. (2010). Citizenship Tests in the Netherlands, Germany and the UK. In *A Re-Definition of Belonging? Language and Integration Tests in Europe, Immigration and Asylum Law and Policy in Europe*, edited by R. van Oers, E. Ersbøll, and D. Kostakopoulou. Martinus Nijhoff Publishers.

Orgad L. (2010). Five Liberal Concerns about Citizenship Tests. In *How Liberal Are Citizenship Tests?*, Democracy observatory on citizenship, edited by Joppke C. and Bauböck R. Rovert Schuman center for advenced studies.

Orgad L. (2011). Creating New Americans: The Essence of Americanism under the Citizenship Test. *Houston Law Review 47*: 1227–1297.

Peucker, M. (2008). Similar Procedures, Divergent Function: Citizenship Tests in the United States, Canada, Netherlands and United Kingdom. *International journal on multicultural societies 10*: 240–261.

US Citizenship and Immigration Services. (2015a). Applicant Performance on the Naturalization Test. US Citizenship and Immigration Services. Available at: https://www.uscis.gov/us-citizenship/naturalization-test/applicant-performance-naturalization-test (Accessed January 29, 2016).

US Citizenship and Immigration Services. (2015b). N-400, Application for Naturalization. US Citizenship and Immigration Services. Available at: http://www.uscis.gov/n-400 (Accessed January 29, 2016).

帰化テストを検討することでその国が国民と国語の関係をどのように考えているのか、少し想像できる。でも、台湾のように政治的な問題があるため、国語のあり方が変わる場合もあるんだ……。むずかしい……。

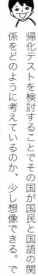

四章　シンガポールの移民と言語政策

郭　俊海

1　はじめに

シンガポールは、二〇〇七年に一人あたりのGDP（国内総生産）で日本を抜いて、世界有数の裕福な国となった。その背景には、建国の父である故リー・クアンユー初代首相をはじめとする歴代政府の強いリーダーシップや、人的資源を最重要視し外国人労働者を積極的に受け入れようという人口拡大推進の政策があった。資源小国であるシンガポールの今日までの発展には、外国人労働者が大きく寄与したことは否めない。

近年、シンガポールは移民の受け入れ政策の推進にともなって、外国人労働者が急増した。二〇一二年時点における外国人労働者数は、シンガポールの総人口の三分の一に達していた。しかし一方、急速な人口増加が多くの社会問題も招き寄せている。交通機関や公共施設の混雑によるインフラへの圧迫、物価や不動産の高騰、就業市場における激烈な競争といった問題が顕著化している。国民の間では、人口急増に対する不安が募り、シティズンシップやアイデンティティのゆらぎ、移民のシンガポール社会への統合などの問題に対する関心が高まりつつある。

しかし、このような状況にあるにもかかわらず、政府は二〇一一年二月に、国の総人口を二〇一三年までに六九〇〇万人にまで増加させるという内容の「人口白書」[1]を発表した。このことがシンガポール社会に大きな波紋を呼び、瞬く間にテレビ、新聞やインターネットなどにおいて、政府の移民政策をめぐる国民論争が活発に繰り広げられた。ついには、シンガポール建国以来初めて大規模な、移民の受け入れに反対する集会が開かれるに至ったのである。

シンガポールは移民の国である。移民受け入れの歴史は、一九世紀にまでさかのぼることができる。一九六五年にマレーシア連邦から独立した後も、移民への門戸を閉ざすことはなかった。しかし、今日において、移民の受け入れに対してこれほどの反響が巻き起こったのは、なぜなのだろうか。そこで、本章では、シンガポールの言語状況や言語政策を概観し、移民の受け入れに対して、政府と国民がどのように考えているのか、今後、移民に対してどのような言語教育策を施すべきか、などについて考えてみたい。

2 シンガポールの人口と言語事情

シンガポールは、多民族多言語の都市国家である。国土面積七一八・三平方キロメートルに対し、人口が約五四七万人、人口密度が世界で三番目[2]に高い国である。民族構成は中華系が七四・一%、マレー系が一三・四%、インド系が九・二%、その他が三・三%となっている（表1）。

シンガポールは、一九六五年に独立して以来、英語を第一言語、各民族語（華人系が華語「マンダリン」、

表1　シンガポール国民の民族構成

全体	中国系	マレー系	インド系	その他
3343.0（千人）	2457.0	501.1	247.4	47.4
100（%）	76.2	15.0	7.4	1.2

（Department of Statistics Singapore, 2014）

マレー系がマレー語、インド系がタミル語）を第二言語とする、バイリンガル政策を実施してきた。英語、マレー語（国語でもある）、華語（Mandarin）、タミル語（Tamil）がそれぞれ公用語（official language）と位置づけられている。学校教育では、「母語（mother tongue）」以外のすべての教科は英語で教えられ、生徒には英語と母語の学習が義務づけられている。

ここで言う「母語」とは、決して一般的に「幼時に母親などから自然な状態で習得する」（『広辞苑』第五版）というものではなく、むしろそれぞれの民族構成を象徴する言語であるという意味合いが強い。例えば、華人系シンガポール人はそのほとんどが、中国の福建省、広東省などからの移民であるため、その母語も福建語だったり、広東語だったりする。また、それはマレー系やインド系国民にとっても同様である。マレー語やタミル語がそれぞれマレー系、インド系の国民の民族構成を象徴する言語だということである。つまり、シンガポールのバイリンガル政策における母語とは、「決められた（designated）」母語であると言ってよい。

それぞれの言語の機能といえば、英語は、政治、行政、教育などにおいて使われる言語であり、各民族間のリンガ・フランカでもある。これに対し、母語は各民族の伝統文化や、アジア人としての価値観やアイデンティティを保持するために使用される言語であるとされている(Stroud and Wee, 2007)。

シンガポールは、多民族国家であるがゆえに、言語事情も極めて複雑だ。前述の四つの公用語のほかに、日常生活の中で様々な言語が話されている。華人系国民の間で使われている福建語、広東語、客家語、潮州語などがその例である。同様にマレー系ではボヤ語、ジャワ語、インド系ではベンガリ語、ヒンディ語などが話され、実際にシンガポールで話されている言語は二〇以上にものぼっている。

シンガポールは、二〇一五年に建国五〇周年を迎えた。約半世紀にわたって英語を主軸とする(English-knowing bilingualism)[3]バイリンガル教育を実施した結果、英語が国民の共通語となり、事実上、シンガポールはアジアの英語国になっていると言っても過言ではない。しかしその反面、長年の徹底した英語教育重視のあげく、英語と母語との間で大きな格差が生じた。母語は単なる学校教育の一教科に過ぎず、かつての教育大臣が言うように「我々は使わない言語を学んでいる」といった状態に陥っている。母語や母語の学習に対して嫌悪感を抱き、家庭内でもほとんど英語しか使わない英語単一話者(English monolingual)の若者が急増している。

近年、ネットなどで、英語をシンガポール人の母語にしようではないかという声も上がってきている。例えば、「英語がシンガポール人の母語になりうるのか(Can English be a Singaporean mother tongue?)」[4]と題した新聞への投書には、次のようなことが書かれている。

英語を自分たちの母語として使い、英語こそが母語であると認識する人たちは事実上、多くなってきている。二世代にわたってバイリンガル教育が実施された結果、英語は多くのシンガポール人の家庭内で使用される主要言語となりつつある。（以下略）（Today, 2013.7.15）

3　シンガポールの移民の受け入れの現状

シンガポールは、一九世紀の半ば頃から貿易港として栄え始めた。その後も、自由貿易港として急速な発展を遂げるにつれ、インドや中国（福建省、広東省など）およびインドネシアといった周辺国から多くの移民が新天地を求めて渡来し、二〇世紀の初頭には人口が五〇万人に増加した。さらに、一九六五年にマレーシアから独立して以来、工業化の急速な進行にともなって、熟練外国人労働者を、マレーシア、インドネシアなど近隣国及びインドや中国から受け入れ続けた。

表2は、八〇年代以降のシンガポールの人口推移を示す。シンガポールの人口は、大きく定住者（residents）と非定住者（non-residents）に分けられる。前者は国民（citizen）と永住者（PR: permanent residents）、後者はそれ以外の住民、例えば外国人労働者や外国人留学生などである。表2のとおり、国民の人口増加率は一九八〇、一九九〇年代にはわずか一・六％、一・七％にとどまっており、二〇〇五年以降も一％にも満たない状態が続いている。

一方、国民の人口増加率に対して、永住者や非定住者の場合は、高い増加率を見せている。例えば、永住者の人口増加率は一九九〇年にわずか二・三％だったが、一〇年後の二〇〇〇年には九・九％（約五倍）増となっている。その後も少しずつ減少傾向にあるものの、毎年約七％の増加が続いている。

表 2　シンガポールの人口推移

（千人、%は前年比）

年	総人口	定住者					非定住者	
		合計	国民	%	永住者	%	外国人	%
1980	2,413.90	2,282.10	2,194.30	1.6	87.8	-4.5	131.8	8
1990	3,047.10	2,735.90	2,623.70	1.7	112.1	2.3	311.3	9
2000	4,027.90	3,273.40	2,985.90	1.3	287.5	9.9	754.5	9.3
2005	4,265.80	3,467.80	3,081.00	0.8	386.8	8.6	797.9	5.9
2006	4,401.40	3,525.90	3,107.90	0.9	418	8.1	875.5	9.7
2007	4,588.60	3,583.10	3,133.80	0.8	449.2	7.5	1,005.50	14.9
2008	4,839.40	3,642.70	3,164.40	1	478.2	6.5	1,196.70	19
2009	4,987.60	3,733.90	3,200.70	1.1	533.2	11.5	1,253.70	4.8
2010	5,076.70	3,771.70	3,230.70	0.9	541	1.5	1,305.00	4.1
2011	5,183.70	3,789.30	3,257.20	0.8	532	-1.6	1,394.40	6.8
2012	5,312.40	3,818.20	3,285.10	0.9	533.1	0.2	1,494.20	7.2
2013	5,399.20	3,844.80	3,313.50	1.7	531.2	-1	1,554.40	11.5
2014	5,469.70	3,870.70	3,343.00	0.9	527.7	-0.7	1,599.00	2.9

（Department of Statistics Singapore, 2014）

特に二〇〇九年には、前年の二〇〇八年を大きく上回り、二桁増の一一・五％にも達した。また非定住者の場合も、永住者とほぼ同様の増加傾向を示している。例えば、一九八〇年から毎年前年比八％増を維持し、二〇〇五年に一旦下がったものの、二〇〇六年には前年比一〇％近くまで回復した。そして二〇〇七年にはついに前年比一五％（一〇〇万人）を突破し、二〇〇八年には二〇％近くに達した。

非定住者の割合を大きく占めているのは、中国とインドからの外国人労働者である。近年、シンガポールは中国やインドとの経済的、政治的結び付きが緊密になり、ビジネスマン、労働者、学生などが大量に中国とインドからやってきている。建設業で働く「中国人単純労働者（Chinese workers）」だけで約二〇万人に上っている（Asian Century Institute, 2013）。さらに、レストラン、ホテル、病院などの飲食業やサービス業の従事者を含めれば、その数は一〇〇万人とも言われている（Liu, 2014: 1229）。

また、インド人労働者数（Indian workers）も急増している。シンガポール生まれのインド人は約二四万人に過ぎないが、それに対して、近年のインド系永住者は約一一万人にまで増加してきている。その急増ぶりを、インド系シンガポール元大統領ナタン氏が述べているように、「シンガポールはインド人ディアスポラ（diáspora）のハブ」になりつつある。つまり、わずか三〇年で外国人滞在者数が約一〇倍に増加し、現在は人口の三人に一人が外国人、という状況となっている。

シンガポールで就労する外国人労働者は大きく、高技能（high-skilled）、中技能（skilled / semi-skilled）、低技能（low-skilled）の三つのカテゴリーに分けられる。シンガポールでは、外国人を雇用する場合、労働許可証を取得することが外国人雇用法（Employment of Foreign Manpower Act）で定められている。労働

表3　非定住者の内訳

ビザ種類	雇用許可証	Sパス	労働許可証	家事労働	学生	家族同伴
	EP	S Pass	Work Permit		Student	Dependent
100（%）	11	11	45	13	4	16

（Department of Statistics Singapore, 2015）

許可証は大きく、管理職・専門職向けの雇用許可証（EP: Employment Pass）、中技能向けの雇用許可証（Sパス／S Pass）、そして低技能向けの労働許可証（WP: Work Permit）の三種類に分類される（表3）。また、それぞれの許可証の取得には、所得や学歴、年齢及び出身国などの条件も定められている。

二〇一五年現在、EPの取得に必要な最低基本月給が三三〇〇シンガポールドル以上、またその学歴もシンガポールで認可できるものでなければならない。Sパスの場合は、最低基本月給が二二〇〇シンガポールドル以上、そして短大や高等専門学校に相当する学歴及びある程度の実務経験を有する資格者である。WPに関しては、指定された業種に従事する労働者である。最低基本月給の条件はないが、受け入れ出身国の制限があり、また外国人労働者雇用税や雇用人数などの制限がある。[5]

中高技能外国人労働者の受け入れ対象国は、イギリス、アメリカ、オーストラリア、日本、韓国などだった。しかし、九〇年代のITブームの影響による専門的な人材が不足していたため、中技能外国人労働者の受け入れの対象国の範囲は、インドや中国など新興国にまで拡大された（郭、二〇一四）。表4のとおり、二〇〇九年から二〇一四年まで、高技能、中技能と低技能のいずれにおいても、受け入れの外国人労働者数が右肩上がりの増加を示している。

表４　受け入れの外国人労働者数の推移（人）

労働許可証の種類	2009年12月	2010年12月	2011年12月	2012年12月	2013年12月	2014年12月
雇用許可証	114,300	143,300	175,400	173,800	175,100	178,900
Sパス	82,800	98,700	113,900	142,400	160,900	170,100
労働許可証（合計）	851,200	865,200	901,000	942,800	974,400	991,300
低技能向け就労許可証（家事労働者）	196,000	201,400	206,300	209,600	214,500	222,500
低技能向け就労許可証（建設業）	5,200	6,000	7,600	9,300	11,300	15,400
その他の低技能向け就労許可証	245,700	248,000	264,400	293,300	318,900	322,700
外国人労働者の総数	1,053,500	1,113,200	1,197,900	1,268,300	1,321,600	1,355,700
低技能向け就労許可証（家事労働者を除く）	857,400	911,800	991,600	1,058,700	1,107,100	1,133,200
外国人労働者の総数（家事労働者と建築労働者を除く）	588,300	638,900	699,100	731,300	748,100	764,500

高技能外国人労働者には、家族の呼び寄せ、永住権や国籍の取得、シンガポール国民や永住者との結婚、不動産購入などの権利が付与されている。一方、中技能労働者の場合は、その学歴、実務経験そして最低月給によって、前者と同様な権利を与えられることもある。しかし、これらに対して、高度な専門性、知識や技術を必要としない単純労働に従事する低技能労働者には、このような権利は与えられない。低技能労働者の出身国はマレーシア、インドネシア、フィリピン、バングラデシュ、インド及び中国などであり、業種も主に製造、建築、飲食（レストラン、フードコートなど）、サービス業（家事補助メイド、ホテルなど）である。

4　政府と国民は移民をどのように考えているのか

政府はなぜ、これまで移民の受け入れを積極的に推進してきたのだろうか。その背景には、人材不足と少子高齢化により労働人口が激減していることがあった。八〇年代中頃、シンガポールは経済が労働集約型から科学技術重視型への転換期にさしかかり、熟練技術者の不足が深刻だった。また、九〇年代に白熱化した世界規模の「グローバル人材」の争奪戦の波を受けて、人材こそ国の発展の唯一の決め手であるとした政府は、いち早く人材確保の争奪戦に加わり、ありとあらゆる手段を使って、世界中から「foreign talent」と称される優秀な外国人高度人材を積極的に誘致する活動を展開し始めたのである。

また、長年続く少子高齢化も政府を悩ませる問題の一つだった。シンガポールでは、合計特殊出生率（total fertility rate）[6]が一九八〇年以降三〇年連続一・二ポイントにとどまり、必要最低限の人口置換水準（replacement）とされる二・一ポイントを大きく下回っている（Department of Statistics Singapore, 2012）。これに加えて、高齢化も極めて速いスピードで進行しており、二〇一二年時点で総人口の約九％を占める六五歳以上の人口が、二〇一六年までには約一四％にも達すると予測されている（湯、二〇〇九）。

政府は、少子高齢化の進行を食い止めるために、出産有給休暇の延長、育児ボーナスや子ども手当の給付など様々な対策を講じてきているが、どれもが期待されるほどの効果は出ていない。人口増加に対する国民の不満が高まりつつある向かい風の中で、『人口白書』の発表に踏み込んだことは、政府の苦渋の選択だっただろうと思われる。

移民の受け入れを継続させるということを、一貫して、国の発展を維持していくための最重要課題とし、歴代首相や閣僚及び政府要人は、機会があるたびに国民に向けて移民受け入れの必要性と緊急性を訴えてきている。例えば、元首相ゴー・チョクトン（Goh Chok Tong）氏は、一九九七年建国記念日のテレビ演説で外国人高度人材誘致の重要性を、次のようにアピールしている。

世界の最も優秀な人材を誘致してきてこそ、シンガポール人にベストホームを提供できる。最優秀の学生と教育者を確保できてこそ、我々の子どもに世界レベルの大学を作ることができる。シエル、コンパックやソニーのような一流企業や有能な専門家、企業家を誘致できてこそ、国民に良い仕事を作り出すことができる。したがって、シンガポール人に最良の生活を提供するには、グローバル人材の受け入れが不可欠だ。

（ゴー・チョクトン、一九九七・郭、二〇一四、五八頁）

また、建国の父である故リー・クアンユー氏は、二〇一二年旧正月の祝賀晩餐会では、日本の少子高齢化問題を引き合いに行った国民向けの演説で、次のように警鐘を鳴らしている。

日本は移民の受け入れに消極的だった。日本人という単一民族であることに固執してきた。その結果が少子高齢化と経済の停滞の深刻化をもたらしている。しかし、われわれはそれと真逆の選択をしなければならない。それは移民の受け入れだ。このことについて、国民はけっして快く思っていないようだ。だが、我々には選択の余地はない。さもないと、シンガポールは経済が停滞し、今後高齢者の面倒を見てくれる人さえいなくなってしまうという最悪の事態にもなりかねない。したがって、政府がなぜこれまで必死に移民誘致にあたってきたかを、国民の皆に分かってもらいたい。

（Lee, 2012、訳は筆者）[7]

さらに、二〇一三年に発表された『人口白書』においても、「我々と共通の価値観を有し、我々の社会に融合し、我が国に貢献してくれる移民を引き続き受け入れる」（The White Paper: 3）とあるように、今後シンガポールにおける持続可能な人口水準を維持するために、移民の継続的な受け入れが必要だと強調されている。さらに、早急に移民に頼らざるを得ない理由については、次のように書かれている。

シンガポールでより良い仕事とより多くの機会を生み出すには、シンガポールだけでなく、ASEAN地域ないし世界に対しても商品やサービスを提供できるダイナミックな経済とビジネスが不可欠だ。……それには、シンガポールの労働人口を補完する労働力の受け入れが不可欠だ。
（The White Paper: 7）

一方、国民は移民の受け入れをどのように見ているだろうか。全体的には、少子高齢化による労働力が減少し、経済の継続的な発展を支えるために外国人労働者が必要であることに対して、国民は、理解のある態度を示している。しかし、前述したように、二〇〇六年以降、人口の急増により、公共施設の混雑、住宅・物価の高騰および就業市場での競争の激化などの問題が深刻化したため、国民は政府の移民政策に対する不満を高め、政府に対してはだんだん批判的な立場に変わってきている。国民は、『人口白書』の人口拡大政策が「シンガポール人に対する背信行為」「シンガポール人のアイデンティティの喪失」（ＭＳＮ産経ニュース、二〇一三）をもたらすなどと批判した。その結果は、二〇一一年に行われたシンガポール議会の総選挙の結果にも現れていた。与党である人民行動党（PAP: People's Action Party）は勝利したものの、野党に六議席も奪われ、一九六五年独立して以来最悪の選挙結果だった。

国民は、短期間に大量に受け入れられた移民によってもたらされた文化の違いや摩擦などに耐えられる状態ではない。シンガポールは、もはや自分たちの国ではなく、外国人で溢れる「外国」になってしまっているようだ。
(Liu, 2014: 1229)

国民と移民との間では、言語、文化及び風俗習慣の違いによる摩擦も起こるようになり、互いに誹謗中傷することもしばしばあった。例えば、「われわれ（中華系シンガポール人）は中国大陸出身者を田舎者と貶しているが、逆に彼らはまた、ろくに中国語ができない我々を見下している」(Liu, 2014: 1229)という新聞への投書にあるように、中華系の国民と移民は、同じ中華系だからといっても互いを決して同一視しようとしない。

インド系コミュニティにおいても、同様の傾向が見られる。ニューカマーとしてやって来たインド系移民と区別しようとして、インド系シンガポール人は次のように述べている。

俺はシンガポール生まれのインド人だ。ところが妙なことに、このごろはインドから来たかとよく聞かれる（五四歳、警備員）。
(The Straits Times, 2010・郭、二〇一四、六二頁)

5 移民の言語教育

シンガポールほど、言語の問題に悩まされる国はない。多民族多言語という状況にあるため、言語政策の問題は常にデリケートな、国の存続にもかかわる教育的政治的な問題ともなっている。シンガポールの言語教育について語るとき、英語や母語に関する教育の問題などがよく取り上げられるが、移民の言語教育について言及されることはあまりない。

理由の一つは、多様な言語が話されているという歴史的な言語状況である。英語、中国語、マレー語、タミル語が公用語と指定されており、総人口の七割を占める中華系の間では、中国語の他に福建語、広東語といった中国語方言も多く話されている。ほとんどの国民は二つ以上の言語を話し、例えば、中華系で英語と中国語の他に、中国語方言、マレー語などを話す人もいれば、逆にマレー系でもタミル語や福建語を話す人も少なくない。英語やマレー語ができないからといって、仕事や日常生活の上でコミュニケーションが取れないということはあまりない。筆者らが行った、外国人支援者を対象としたインタビューの中で、「英語など共通言語を話さない人たちに対して、どのように彼らのコミュニケーション活動を支援しているか」という質問に対して、警察官の一人が次のように回答している。

シンガポールは多言語社会だ。ほとんどのシンガポール人は二つあるいはそれ以上のことばを話す。まわりには、中国語やマレー語を話す人もいれば、タミル語やマレー語を話す人もいる。互いに助けあい、ことばの問題で意思疎通ができないことはない。（四〇代、男性）

もう一つの理由は、シンガポールの移民の受け入れのシステムにある。前掲表3のとおり、外国人労働者がシンガポールで就労する場合は、就労ビザを取得しなければならない。就労ビザの取得には、雇用主の雇用証明が必要である。シンガポールでは、英語が公用語・仕事上の共通言語となっているため、英語が堪能であることが雇用契約成立の前提条件となっている。特に、九〇年代までの受け入れの対象となる外国人労働者は、英語に精通し高学歴や高度な専門的知識を持つ職業人であったため、オーストラリアやカナダなど移民を多く受け入れている国とは異なり、移民希望者に対しては英語能力に関して明確な条件が設けられていない。

しかし、近年、特に二〇〇九年以降、受け入れの移民の対象が拡大されることによって、状況は一変した。特に、家事労働者や建築現場の作業員のような低技能労働者の外国人労働者が急増した。これらの外国人労働者には、入国前と入国後に一定期間の職業研修（英語も含む）が義務づけられているが、量的にも質的にも必ずしも十分であると言い難い。前述したとおり、二〇〇九年以降、バス運転手やレストランの従業員といった低技能労働者を短期間に大量に受け入れた。これらの低技能労働者は英語力が不足していたため、国民との間でコミュニケーションの問題があらわになり、シンガポール社会で大きな懸念を引き起こしている。例えば、次のようなブログへの投書がその例である。

（店で）対応してくれたのは、中国出身の店員だった。彼女は英語ができないため、意思疎通が非常に困難だった。……バスの運転手も同じ状況だ。どこへ行くバスかと聞いても、ろくに説明できないほどだ。（Lai, 2012: 30）

また、これらの問題をめぐって、新聞やインターネットへの投書がしばしばみられるようになった。例えば、シンガポールで最大の購読者数を有する英字新聞（The Straits Times）への、外国人労働者の英語能力の不足を指摘する投稿がその例である。

不必要な混乱や誤解を避けるために、サービス業に従事している外国人スタッフには、英語を話す訓練を受けさせるべきだ。（ISN ETH Zurich, 2012: 8.12）

政府はこのような国民の声を受け、様々な政策を講じて対処している。例えば、低技能外国人労働者の英語力向上の一環として、コミュニティ・センター（CC : Community Centre）や公民館（RC : Residents Community）などで様々なレベルの語学コースを開講している。また、一定の出席率を満たした受講者やコース修了者に対して、受講料の政府補助といった奨励策も実施している。

さらに、政府は二〇一〇年七月一日に、低技能労働者の英語学習を奨励するために、小売業者やホテル、飲食業等サービス業に従事している外国人労働者（マレーシア人を除く）を対象に、リスニングとスピーキングの英語テスト（Service Literacy Test）を実施する制度を打ち出した。このテストに合格すれば、雇用者側の外国人雇用税を軽減するといったものである（Abdul Khamid, Hetty Musfirah, 2010）。

また、シンガポール全国労働組合（NTUC : National Trades Union Congress）は、全島にある傘下の研修センターなどで、低技能外国人労働者を対象とした様々な英語コースを開講している。しかし、規模や数量においては充分であるとは言えない。また、勤務時間や勤務地による物理的な制約があるため、外国人労働者が気軽に受講できる状態に至っていないのが現状である。

このように、政府や政府系団体は外国人労働者の言語教育の重要性を認識し、それに積極的に関与しようとしているが、その効果は必ずしも期待されるほどのものではない。外国人労働者の言語教育は雇用者側に委ねられているという現状はさほど変わっていない。これは、次のような報道で報じられた政府の方針からも窺える。

> 政府は、今後も雇用者にそれぞれのニーズに応じた必要な言語の要件を独自の意思決定で行ってもらう方針だ。
>
> (IntellAsia, 2010)

実際、シンガポールの外国人労働者に対する言語教育は、かなりの部分、民間団体やボランティアによる支援に頼っている状況である。例えば、NPO(Goducate)が二〇一四年の一月から、シンガポール全島にある四〇あまりの外国人労働者宿舎で、彼らを対象に「Happy Happy English」と呼ばれる英語教育プログラムを開始した。その目的は、低技能外国人労働者に基礎的な英語を教えることを通し、彼らを孤独感から解放し自信を持たせ、よりよい労働環境や人間関係の構築に寄与することであるという[8]。

筆者らが外国人労働者支援者を対象に行ったインタビューにおいても、同様のことが指摘されている。例えば、シンガポール大学に勤めているＬ・Ｋ氏は二〇年前から、英語を教えたり、就労トラブル相談に乗ったりするなど、外国人労働者支援のボランティア活動をしている。彼女の話では、中国人労働者に英語を教えることで、彼らは同じ職場のインド人やバングラディシュ人など他国の人たちとコミュニケーションができるようになった、という。簡単な英語を覚えることで、仕事上のトラブルが減り、生活も楽しくなった、そして、シンガポールの文化や言語、風俗習慣などに対する理解が深まり、シンガポール人との交流もできるようになった、ということだった。

この事例が示唆しているのは、低技能外国人労働者に対する言語教育がいかに重要か、ということである。言語力がアップすれば、仕事の効率が上がり、仕事に対する達成感を享受でき、そして彼らと国民との意思疎通や相互理解を促進し、シンガポール社会への融合にもつながる、ということが言えるのではないだろうか。

6　結語と今後の言語教育の課題

シンガポール政府は、移民のスムーズな統合を実現することを目的として、二〇〇九年に「国立移民統合局（National Integration Council）」や「コミュニティ統合基金（Community Integration Fund）」を設立し、また国籍の新規取得者を対象とした「Singapore Citizen Journey」という国民教育プログラムへの参加も義務化した。しかしながら、言語教育に関しては、明確な方針や実施方法の言及はなかった。

政府は、バイリンガル政策の実施によって、国民統合、シンガポーリアンとしてのアイデンティティの構築を完成させた（奥村ほか、二〇〇六）。しかし、継続的な発展を推進していくために、今後も引き続き外国人労働者の受け入れが必要であるならば、外国人労働者に対する言語教育が緊急課題として考えられなければならない。そして、国民統合を常に進行中の問題としてとらえ、移民受け入れ後の言語教育を国民統合の重要課題として取り組んでいく必要があるのではないだろうか。

そのために、まず政府が主体となって、全面的に移民の言語教育の問題を専門的に司る機関を設置し、そのためのシステムの整備や、政策の立案から実施に至るまでの全過程を射程範囲とし、移民の言語教育を社会教育の中に位置づけていくことが必要になると考えられる。

また、移民が受け入れ国の文化や言語に馴染むのに長い時間を要することは、周知のとおりである。そのために、移民を対象とした長期的で総合的な言語教育のシステムの構築が必要である。第3節で見たように、現在外国人が総人口の三分の一も占めており、彼らの言語状況も決して一様ではない。効果的な教育を実施するには、外国人労働者の言語状況や言語に関するニーズがどのように変わっているかを、定期的に調査・研究することが必要である。

現在のシンガポールのバイリンガル教育システムでは、英語が第一言語、中国語、マレー語、タミール語が母語と位置づけられている。しかし、今後他の言語（ヒンディー語やタガログ語など）を母語とする移民が増えてきた場合、その母語をバイリンガル教育システムの中でどう位置づけるかなどの問題が出てくる可能性も考えられる。移民をシンガポール社会へどのように統合していくかを考えたときに、言語政策と言語教育が極めて重要な課題の一つとなるだろう。

〈注〉

[1] "A Sustainable Population for A Dynamic Singapore: Population White Paper", National Population and Talent Division, 2013

[2] 二〇一四年時点の人口密度は、一平方キロメートルにつき七八一三人。http://www.globalnote.jp/post-3741.html による。

[3] Pakir (2004: pp. 254-278).

[4] http://www.todayonline.com/commentary/can-english-be-singaporean-mother-tongue

[5] Singapore Ministry of Manpower (http://www.mom.gov.sg/Pages/default.aspx)

[6] 女性の年齢別の出生率を合計したもの。一人の女性が生涯に産む子供数の平均。合計出生率ともいう（『大辞林』三省堂による）。

[7] https://www.youtube.com/watch?v=fc-nYlG7_Aw

[8] http://www.goducate.org/happy-happy-english-introduced-in-third-foreign-workers-dormitory-in-singapore.html

〈参考文献〉

Abdul Khamid, Hetty Musfirah. (2010). Foreign workers must pass English test to qualify for skilled status. *Channel NewsAsia* (2010.1.23). http://.channelnewsasia.com/stories/singaporelocalnews/view/1032593/1/.html

Asian Century Institute. (2013). *Singapore's migration dilemmas.* (2013.2.22)

Department of Statistics Singapore. (2012). *Singapore's Census of Population 2010.*

Department of Statistics Singapore. (2012, 2014). *Population and Population Structure.*

Department of Statistics Singapore. (2015). *Population in Brief.*

Goducate. (2015). http://www.goducate.org/happy-happy-english-introduced-in-third-foreign-workers-dormitory-in-singapore.html
IntellAsia. (2010). Singapore sets English test for foreigners in service industry. *IntellAsia.net*. (2010.1.26)
ISN ETH Zurich. (2012). Singapore: English and the social fabric. *International Relations and Security Network*. (2012.8.12)
Lai, A. E. (2012). *Viewing ourselves and others: Differences, disconnects and divides among locals and immigrants in Singapore*, Report prepared for the CSC-IPS The Population Conundrum Roundtable on Singapore's Demographic Challenges.
Lee K. Y. (2012). *Singapore should not follow Japan's footsteps*. Former Prime Minister Lee Kuan Yew speaks at the Tanjong Pagar GRC & Radin Mas SMC Lunar New Year Celebration Dinner 2012.
Liu, H. (2014). Beyond co-ethnicity: The politics of differentiating and integrating new immigrants in Singapore. *Ethnic and Racial Studies, 37*(7): 1225–1238.
National Population and Talent Division. (2013). *A Sustainable Population for a Dynamic Singapore: Population White Paper.*
Pakir, A. (2004). English-Knowing Bilingualism in Singapore. In *Imagining Singapore*, edited by Ban Kah Choon, Anne Pakir, Tong Chee Kiong, 2nd ed. pp.254–278. Singapore: Eastern Universities Press by Marshall Cavendish.
Singapore Ministry of Manpower (2010). *New service literacy test for work permit holders*. http://www.mom.gov.sg/documents/services-forms/faqs_wpl_assessments.pdf#search='New+service+literacy+test+for+work+permit+holders'(2010.7.1)
Stroud, C. and L. Wee (2007). Consuming identities: language planning and policy in Singaporean late modernity. *Language Policy, 6*: 253–279.
Today. (2013). *Can English be a Singaporean mother tongue?* http://www.todayonline.com/commentary/can-english-be-singaporean-mother-tongue
奥村みさ・郭俊海・江田優子ペギー（二〇〇六）『多民族社会の言語政治学——英語をモノにしたシンガポール人のゆらぐアイデンティティ』ひつじ書房
郭俊海（二〇一四）「シンガポールの移民政策——「人口白書」をめぐるディベートを中心に」『九州大学留学生センター紀要』二二号、五五—六八頁
湯玲玲（二〇〇九）「年をとっていくシンガポールの人口」柴田幹夫・郭俊海企画『シンガポール都市論』四二—四八頁、勉誠社

産経ニュース（二〇一三）「「人口白書」の移民拡大政策に揺れるシンガポール」（二〇一三年二月九日）

少子高齢化の問題で日本も移民を受け入れるかどうかの議論が最近活発になっているよね。またそれに連動してかどうかわからないけど、二〇一六年の十一月に超党派の国会議員による「日本語教育推進議員連盟」ができたよね。
　ところで、松岡さん、シンガポールの現在の外国人状況ってどんな感じ？

景気が低迷してきていて、外国人労働者が多すぎるという批判が国民から起こっているようです。だから、企業に対して、シンガポール人労働者の解雇に対する規制も強くなっているみたいだし、外国人労働者の受け入れ条件を厳しくしている。結局、外国人労働者は景気変動による労働力の調整弁として機能しているんだなあ、と思います。

五章　フランス語による移民の統合とは何か

――フランスにおける成人移民への言語教育政策の変遷と課題

西山教行

0　はじめに

本章は、フランスにおける成人移民への言語教育政策について、その変遷および現在の政策課題を解明する。フランスはヨーロッパの地理的要所に位置することから、これまでの歴史の中でも、さまざまな民族の交差する場となり、移民は国家の形成に関わってきた。

しかし、長年にわたって移民には自発的な同化が期待されるのみで、ホスト社会からの移民に対する働きかけは乏しかった。ところが、二一世紀に入って、フランス政府は放任主義から介入主義へと大幅な移民政策の転換を図っている。そこで本章では、その変化を浮き彫りにするために、歴史的観点より移民への言語政策をたどり、その上で、二〇〇〇年以降に導入された新たな移民統合政策を検証し、その課題を明らかにしたい。

1　移民とは誰か

フランスにおいて移民は、行政上、明確な規定を受けている。移民の統合問題を協議する統合高等評議会によると、「移民」immigréとは「外国において外国人として生まれ、この資格でフランスに入国し、永続的にフランス領土に居を定めようとする人」であり、移民は出生地と出生時の国籍という二つの条件によって規定されている。しかし、申請あるいは結婚によりフランス国籍を取得し、帰化する移民も少なくない（Haut Conseil à l'intégration のウェブサイト参照）。

これに対して「外国人」étranger とは「フランス領土内においてフランス国籍を有せず、別の国籍を有するか、一切国籍を有しない（無国籍）人」を指す。したがって、移民と外国人は完全に同一のものではない。移民には外国籍の人もいれば、フランス国籍の人もおり、またフランスで生まれた外国人、とりわけ未成年者も存在する。つまり、移民を規定するものは出生地であり、出生時の国籍ではないことになる。

フランス国立統計・経済研究所によれば、二〇〇九年のフランスの総人口六二四六万人のうち、生まれながらのフランス人は五六〇四万人（八九・七％）、フランス国籍取得者は二七五万人（四・四％）、外国人は三六五万人（五・九％）、移民は五三二万人（八・五％）となっている（INSEE サイトより）。この数値を合計すると一〇〇％を越えるが、これは移民がフランス国籍の取得者と外国人から構成されているからである。

移民を出身国に従って分類すると、アルジェリア、モロッコ、ポルトガル、イタリアの順となっており、マグレブ（アルジェリア、モロッコ、チュニジア）を含むアフリカからの移民が最も多く、次いで、ヨーロッパ、アジアの順となっている。

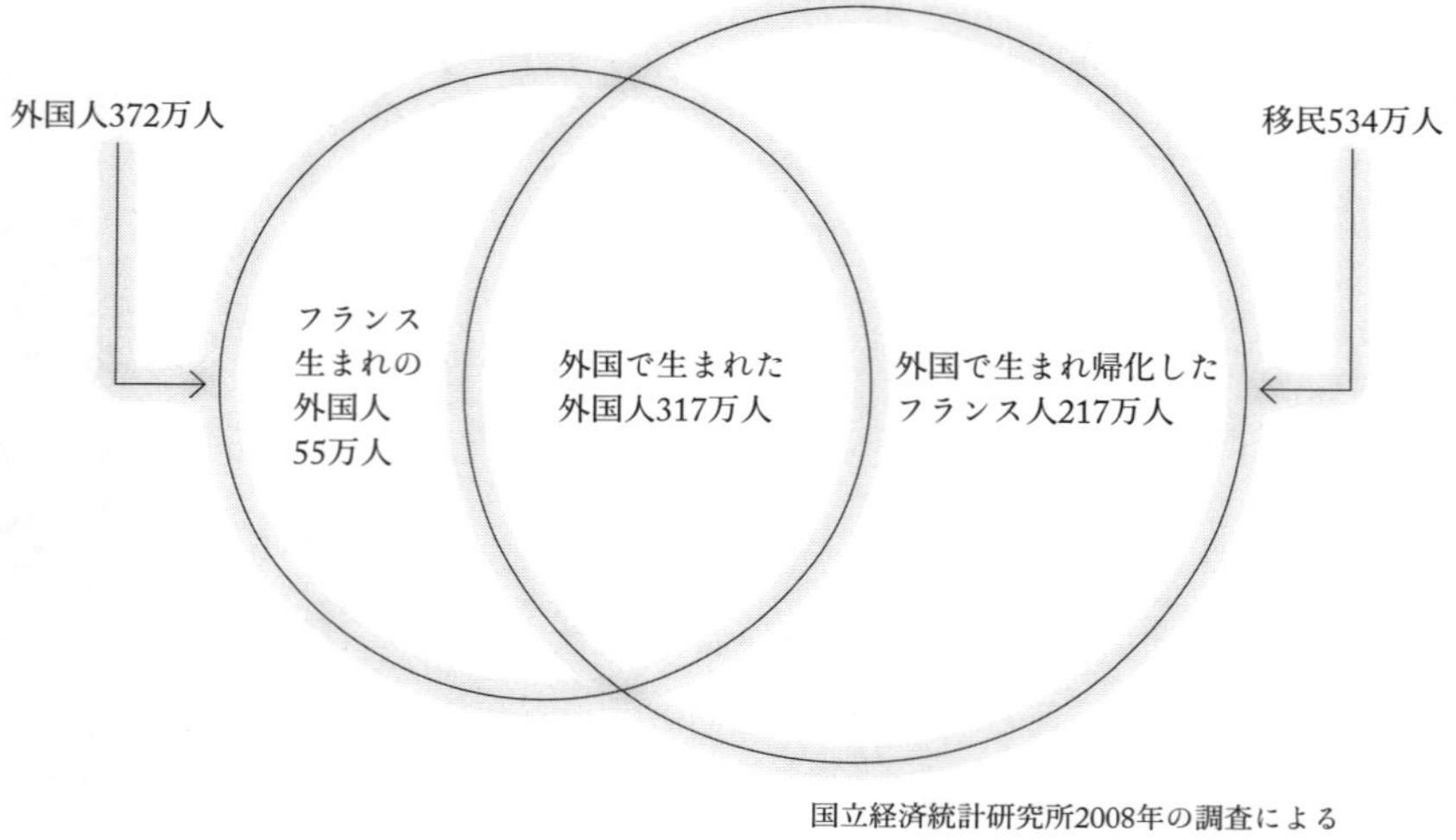

国立経済統計研究所2008年の調査による

図1　移民と外国人

フランスへの移民の流入は一九世紀半ばから始まったが、一九世紀から二〇世紀にかけてはヨーロッパ近隣諸国、すなわちポーランド、イタリア、スペイン、ポルトガルなどからの移民が中心であった（Dewitte, 2003）。その後、フランスは二〇世紀前半に人口の停滞と経済発展のため労働力不足に直面し、北アフリカに展開していた植民地から労働力の移入を推進した。とりわけ、第二次世界大戦からの復興と戦後の経済成長を支えるための労働者の移入は、一九七四年のオイルショックの時期まで続いた。一九七四年以降、フランスは単純労働者の受け入れを実施していない。しかし、一九七六年に家族の呼び寄せが法制化されたことから、移民労働者は母国に残してきた妻子を呼び寄せ、彼らは次第にフランスに定住するようになる。

一九九九年以降、グローバル化の進展に伴い、それまで主流を占めていたマグレブやブラックアフリカなどの旧植民地とは異なる地域、すなわち中国、スリランカ、パキスタン、トルコ、コモロから移住する人々が増え、さらには欧州連合の拡大により東ヨーロッパ諸国からのニューカマーが増加する。そして移住の中心は新たな形態による家族の呼び寄せとなる。

それまでの家族呼び寄せの方法とは、当初は男性が単身で移住し、その後に配偶者や子どもを呼び寄せるものであった。ところが、現在は移民の第二世代に関わる呼び寄せ方法が採られている。つまり、移民の第二世代の多く、とりわけ宗教文化を共有する配偶者をフランス国内で見つけないといわれているムスリムの若い男女は、両親の出身国へ一時帰国し、親族や、場合によっては斡旋業者があらかじめ手配しておいた相手と現地で結婚し、配偶者やその両親などの親族をフランスに呼び寄せているのである。これはとりわけマグレブの出身者に著しい傾向である（Tribalat, 2009）。移民二世はフランスで生まれたため移民ではなく、フランス人として扱われるため、移民二世の家族はフランス人配偶者や家族の資格でフランスに入国することができる。フランス人が外国人の家族を呼び寄せるという形態は、単身の男性移民が移民の資格で家族を呼び寄せてきた従来の形態とは全く異なる。

フランス人となった移民二世や移民の結婚に伴う家族呼び寄せが続く限り、フランスへの移民は増加してやまない。そのために、彼らに関わるフランス語政策を絶えず改訂し、現状にふさわしい措置をとる必要が生じてくる。というのも、呼び寄せた家族は、フランス語圏出身でない場合はもちろんのこと、フランス語圏出身であっても、フランス語が話せないばかりか、識字教育をも受けていないケースもまれではないからである。

2　移民政策の変化

フランスの移民政策は大別すると「同化」assimilation、「編入」insertion、「統合」intégrationに分けることができる。一九世紀以降、移民政策は「同化」のもとに実施されてきたが、八〇年代半ばのファビウス政権下で進められた「共生キャンペーン」のもとで、多文化主義を背景として「編入」が唱えられ、その後、一九九〇年代になって「統合」が主流になった（Costa-Lascoux, 2005）。ここで、この三つの移民政策を概観する。

まず「同化」とはそもそも生物学的含意を有し、対象へと同一化し、もとの存在の特質を失わせてしまうことを意味する。フランスはイギリスなどの多文化主義と異なり、基本的には同化主義を国是とし、それはとりわけ過去の歴史において同化主義的植民地政策として展開されてきた。同化主義には、他者の社会的文化的属性を否定し、多数派の論理を少数派に強制するとの表象があり、フランスでは植民地主義時代にフランス語教育を通じて言語文化同化主義が実践され、植民地人の言語・文化などが否定されてきたと言われている。これは言語教育による同化が可能であるとの確信に基づき、外国人のメンタリティや行動様式をホスト社会の規範に完全に従わせる制度で、言語習得を通し、学習者をホスト社会の規範に適合させる考え方である。

これに対して「編入」とは、この三つの政策の中で最も中立的であり、ホスト社会に個人が導入されるという事実を示すに過ぎない。「編入」は、ある一定の社会的・経済的基準に個人が達するよう、個人を支援するにとどまる。編入された主体は、そのアイデンティティや特徴をそのまま保持し、場合によっては、ホスト社会からその主体を切り離すこともできる。その場合、ホスト社会はいかなる欠損も負わない。言い換えれば、編入された移民とはアイデンティティを保持すると同時に、ホスト社会と一体化することなく、外国人性を維持し続けるのである。

ところが「統合」とはその主体を保ちながらも、他の存在になることを意味するもので、移民は出身文化を保持しつつ、フランス社会に参画する。「統合」は、社会の構成員間で活発な交流が行われることを想定し、移民は社会全体の活動へ積極的に関与し、また社会の規則や価値観を受け入れ、ホスト社会の有する共同体としての統一を尊重する。統合はこのようないくつかの条件に基づくもので、一度の行為によって完成するものではなく、むしろ絶えざるプロセスの内にある。現在のフランスの移民政策はこのような統合を追求するもので、そのために言語教育は不可欠なものと考えられている。

フランス語の能力は就労に必須の能力であり、フランス語能力がなければ、フランス社会への統合は困難となる。そのような意味で、フランス語能力の獲得は移民の言語権に属するということになるのである。

移民の言語権には、移民の出身言語を保持する権利もあるが、フランスでこの意味での言語権が問題となることは比較的少ない。それには次のような理由が挙げられる。フランスにはフランス語能力を統合原理と考える伝統があることに加え、移民の出身言語数が極めて多く、すべての言語を平等に取り扱うことは技術的に困難だからである。また移民の出身国は一五〇カ国以上に及ぶが、一人の移民が複数の言語を話すこともまれではなく、さらにその言語には地域差も大きく、相互理解性のないものすら見られる。このため、言語数を同定することすら容易ではない。さらにフランス人自身が移民の言語文化にあまり関心を払わない自民族中心主義に陥っていることも理由の一つとしてあげられる。

3 成人移民への言語教育政策の変遷

成人移民への言語教育が国による言語政策として策定されるには、ほぼ半世紀にわたる歴史を必要とした。

フランスにおける成人移民への言語教育政策の変遷を包括的に理解するためには、移民を送り込んできた旧植民地における言語教育の事情までをも振り返る必要がある。なぜ旧植民地からの移民に対して言語教育が必要とされたのか、その原因は植民地政策と深い関連があるものと思われる。

フランスは、第二次世界大戦後一九七四年まで「栄光の三〇年」と呼ばれる経済成長を経験する。しかし、これを支える労働力を十二分に確保できなかったため、アルジェリアを中心とする北アフリカの植民地から労働力の移入を推進した（Dewitte, 2003）。アルジェリアは、一八三〇年の軍事攻略以来、フランスの植民地であり、一八八九年以降は行政的同化政策を受けて、フランス本土の県と同じ扱いとなった。つまり、アルジェリアは北アフリカに存在するフランスそのものであり、フランス人にとっては植民地ですらなかったのだ。このような北アフリカに展開したフランスからの労働者の移入は、フランス国内の労働者の移動と同じ論理に従って進められた。たとえば、マシフ・サントラル（中央山地）地方の農民がパリに出稼ぎに来る場合、農民はフランス人なのだからフランス語使用に問題はない。これと同様の論理が北アフリカの原住民に対しても向けられ、労働者の国内移動に言語問題は介入しないと考えられたのである。

しかし、実際のところ、北アフリカの原住民にこの論理はあてはまらなかった。これはフランスの植民地政策に起因している。フランスはイギリスと異なり、直接支配による植民地経営を進め、同化主義的な植民地経営を推進してきたと語られている。この表象は間違いではないにせよ、正確ではない。言語文化面から見ると、同化主義は原住民の言語を奪い、宗主国の言語を強制するといった表象で語られることが多い。このような言語同化主義はパリの中央官庁で語られてきたにせよ、これが植民地で実践されることは不可能に近かった。

フランスはアルジェリアのコーラン学校を反乱の温床になるとの理由で破壊したが、それに代わる学校の新設には極めて消極的で、ムスリム原住民に対するフランス語普及に積極的ではなかったのである。そのためアルジェリアにおいてフランス語を話すことのできた人口はごく一部であり、一九六二年の独立時にも人口の九〇%が非識字者であったといわれている（Benrabah, 1999: 70）。このような文脈でフランスが移入をはかったアルジェリア人労働者は、アルジェリアの山岳地帯に暮らす少数民族のベルベル人が中心で、フランス語の能力に乏しいものが多く、フランスに労働者として移住しても言語能力を必要としない単純労働に従事していた。フランス語を必要としない職種についたため、教育が不要だったのか、フランス語の能力を欠くために言語能力の不要な労働についたのか、おそらくいずれも事実であろう。フランス政府は長い間これを改善するための積極的な政策を採ることはなかった。

国立移民史博物館
© Ministère des Affaires étrangères et européennes.
Photo: A. Arraou

第四共和制下でドゴール大統領の提唱により、間接的であれ、フランス政府が成人移民への社会政策に取り組み始めるのは、アルジェリア戦争下の一九五八年のことだった。政府は「フランス本土に働くアルジェリアのムスリム労働者ならびに家族に向けた社会福祉活動基金」Fonds d'Action Sociale pour les travailleurs musulmans d'Algérie en métropole et leur famille（FAS）を創設したのである。これは社会問題省の管轄で、植民地アルジェリアに対する社会経済発展計画の一環として設立されたものだった[1]。

アルジェリアの独立後、一九六四年になると、「フランス本土に働くアルジェリアのムスリム労働者ならびに家族に向けた社会福祉活動基金」は「外国人労働者社会福祉活動基金」Fonds d'Action Sociale pour les travailleurs étrangers（FAS）と名称を変え、労働省の管轄となり、アルジェリア人以外の外国人にも対象を拡大した。この頃から、移民へのフランス語教育が民間のボランティアにより進められ、移民への言語教育を実施する民間団体に対する財政支援が始まる。その中には、「外国人への教育友の会」Amicale pour l'Enseignement aux Étrangers などがあったが、この団体は年間およそ二万人の移民の言語教育に関わっていた。しかし一九六七年には二六六万人の移民労働者がフランス全土で働いていたことを考えると、民間団体による移民教育は実に微々たるものであったと言わねばならない。

行政が成人移民への言語教育を直接に実施することのなかった原因には、植民地政策の影響に加えて、所轄官庁の問題もある。国民教育省が管轄していたのは一六歳までの子どもの教育であり、成人教育は対象外だったのである。社会福祉活動基金はこのような文脈で設立されたのである。

一九六六年にこの基金は「移住労働者社会福祉活動基金」Fonds d'Action Sociale pour les travailleurs migrants（FAS）に改組され、移民労働者ならびにそれに類似した社会層を対象とすることとなった。一九六〇年代に基金は、移民の住宅問題やフランス語教育、職業教育などの改善を図った。これらの活動の財源は、移民労働者のための家族手当の流用により支弁されていた。移民労働者たちは家族を母国に残して単身でフランスにやってきていたため、家族手当は家族には還付されないものと考えられ、その経費が基金の原資となったのである。とはいえ、このような措置は移民の不満を高める結果を招き、何度も論争が巻き起こされた（Math, 2000）。

六〇年代の成人移民へのフランス語教育の特色に、新たな教材の開発があげられる。五〇年代にフランス国民教育省はユネスコとの協力の下で、植民地やフランス国内の移民、また外国人へのフランス語教育の改善を目的として、「基礎フランス語」le français fondamental を開発した。これは口語フランス語の習得をめざした語彙と基礎文法のリストで、このリストに基づき六〇年代には「全体構造視聴覚法」SGAVという教授法が開発され、この教授法は外国人に対するフランス語教育を中心に、八〇年代まで活用された。

基礎フランス語は成人移民への言語教育に対しても活用され、これに基づき『北アフリカの成人向けフランス語読本』La méthode de lecture pour les adultes d'Afrique du Nord（一九五七年第一段階、一九五九年第二段階）が編集された。これは学習者の日常生活を素材とした教材で、移民向け教材として最も初期のものである。しかし、この教材はあまりにも学校教育の枠組みに準じており、識字化されていない移民のニーズに適応したものではなかった。特にこの教材は、書記言語と口頭言語を同時に教えるもので、フランス人の子どもが母語であるフランス語を学校で学ぶ学習法を想定して編集されていたために、フランス語の口頭能力を必要とする移民や、識字化されていない移民への教育に対応したものではなかった。

一九七〇年代に入っても移民の流入は続き、一九七二年には七九万人のアルジェリア人と七四万人のポルトガル人が入国した。しかし一九七三年からフランス経済を直撃したオイルショックは、繊維業、自動車産業、ならびに公共事業に従事する職能の低い移民労働者を失業に追い込み、政府は一九七四年以降、単純労働者の入国を規制する。この効果は顕著で、それまで年間およそ二二万人入国していた移民は、この措置により三分の一に減少する。とはいえ、新たな成人移民の入国が制限されたからといって、成人移民のための言語教育が法的に整備されたわけではない。基金の財政支援を得た民間団体やボランティアが言語教育を細々と行うという事情に大きな変化はなかった。

八〇年代に入っても成人移民をめぐる環境に大きな変化は認められない。一九八三年に基金は「移民労働者ならびに移住家族のための社会福祉活動基金」Fonds d'Action Sociale pour les travailleurs immigrés et leurs familles（FAS）と改組され、移民の家族への支援も含め、移民の社会編入の推進に努めるようになった。しかし、それでもなお行政が成人移民の言語教育を政策課題とすることはなかった。

この頃、フランスの言語教育が新たな社会的課題として取りあげるようになった事案に「識字困難者」illettréの存在がある。[2]「識字困難者」とは、フランス国籍を所持するフランス語母語話者で、義務教育の修了する一六歳までフランス語による学校教育を受けていないながらも、フランス語の読解や書記に困難を覚える社会階層であり、場合によっては、非識字者に相当することもある。八〇年代に入って、このような識字困難者に関する研究や教材開発が進められていった。識字困難者と成人移民は親和性が高く、口頭表現能力という点では日常生活を送ることができるものの、文字言語の能力については、いずれも困難を抱えている。

九〇年代に入っても、基金が移民教育を実施する民間団体に財政支援を行うという構図は大きく変わらなかった。それでも民間団体による成人移民の言語教育には市場原理が導入され、基金の提示する条件に対して複数の民間業者が競争入札を行う形態へと変更された。それまでは、国が民間業者を指定し、言語教育を委託してきたのだが、その頃から成人移民への言語教育市場はいわば自由化し、教育の商品化が進んだのである。

二〇〇〇年代に入ると、グローバル化の進展に伴い、成人移民への言語教育にさまざまな変化が現れる。前述のとおり移民の中心となる移民の家族呼び寄せ形態が変化したことに加えて、庇護申請者(難民)や、滞在許可証や正規の労働許可証などを所持することなく、フランス領土に滞在する「サン・パピエ」と呼ばれる人々が増加する(竹沢、二〇一一)。そして、二〇〇一年に基金は「統合ならびに反差別のための行動支援基金」Fonds d'Action et de Soutien pour l'Intégration et la Lutte contre les

Discriminations（FASILD）に改組され、移民の社会統合および人種差別に反対する目的を明確にする。さらに二〇〇六年にこの基金は「国立社会結束・機会均等機構」Agence nationale de la Cohesion Sociale et l'Égalité des chances（ACSE）へとさらなる改組をとげ、これまでの反差別の事業に加えて、識字教育や、二〇〇五年の「郊外の危機」で大きな政治課題となった都市問題にも介入することとなる。

これと同時に、「統合ならびに反差別のための行動支援基金」が管轄していた移民の受け入れ事業は、二〇〇五年に設立された「国立外国人・移民受入機構」Agence Nationale de l'Accueil des Etrangers et des Migrants（ANAEM）へ移行した。「国立外国人・移民受入機構」とは、これまで移民や外国人の受け入れ業務に関わってきた二つの組織を統合したもので、第一の母体は、一九二一年設立の「移民支援社会福祉サービス」Service Social d'Aide aux Émigrants（SSAE）で、この民間団体は移民、とりわけフランス本土に入国したヨーロッパからの亡命者の厚生福祉に特化した組織である。第二の母体は一九四五年に設立され、第二次世界大戦後のフランス社会の発展に不可欠となった移民労働者の確保を担当する「国立移民庁」Office National de l'Immigration（ONI）である。「国立移民庁」は植民地からの労働者の斡旋を担当していたが、これは一九八八年に「国際移民庁」Office des Migrations Internationales（OMI）と改組し、外国人や移民の行政手続きや健康診断を業務の中心とした。二〇〇九年になると「国立外国人・移民受入機構」は新設された「フランス移民・統合庁」Office Française de l'Immigration et Intégration（OFII）に吸収合併し、これが唯一の移民統合機関となり、ニューカマーならびにオールドカマーへの言語教育政策を一元的に取り扱うこととなった。

戦後フランスの移民教育行政の変遷を見ると、植民地政策の一環として策定された社会政策が、次第に移民とその家族の統合を包括的に取り扱う社会政策へと拡大され深化を遂げたことがわかる。成人移民のための言語教育は、これまでの植民地政策の欠陥や行政の間隙のため、長年にわたって民間の善意にまかせるのみで、国による言語的統合の意図は乏しかった。しかし、二〇〇〇年以降に次々に行われた制度改革は移民政策が新たな段階に入り、国が成人移民への教育に積極的に介入するようになったことを示している。

4　新たな移民言語政策の動向——受入・統合契約

二〇〇〇年以降グローバル化の進展と共に、成人移民への言語政策は新しい展開を示している。二〇〇二年にフランス共和国大統領は共和国統合のための新たなモデルの策定を提起し、これを受けて、二〇〇三年に閣僚間統合委員会が開催され、新しい行動計画が提示された。従来、国民を共和国市民へと統合する装置は学校やフランス語の習得にあり、国籍の取得もその一部であると考えられてきた。しかし新たなタイプの移民の増加に伴い、この統合に刷新が求められるようになったのである。新たな行動計画として、「受入・統合契約」Contrat d'Accueil et d'Intégration（CAI）が提起され、これは二〇〇三年七月より国内の一部で導入され、二〇〇七年以降本土のすべての県において義務化された（西山、二〇一〇）。

「受入・統合契約」とは共和国政府と移民の間で交わされる契約であり、これに署名することにより、移民には民主主義、自由、平等、友愛、非宗教性の原理（ライシテ）など共和国の原理の順守と、市民教育、そして必要な場合はフランス語研修の受講が約束される。政府はフランス社会への移民の統合を支援し、フランス語能力が不十分であれば、四〇〇時間までフランス語研修を無償で提供し、就労のための支援を行う。

「受入・統合契約」は次の項目から構成されている。

①集団説明会において、一六分ほどのビデオ「フランスに共に暮らす」Vivre ensemble en France（一六分）を視聴し、「受入・統合契約」ならびにフランス共和国全般について学習する。このビデオは移民の理解できる一〇言語、すなわちフランス語、英語、中国語、トルコ語、スペイン語、アラビア語、カビリア語、ロシア語、ポルトガル語、ボスニア・クロアチア・セルビア語を備えている。

②個人面接では、「フランス移民・統合庁」の担当者が「受入・統合契約」を説明し、面接者の個々のニーズを判断し、試験を行ってフランス語能力を測定し、必要であればフランス語研修を要求し、場合によっては「語学研修免除証明書」を発行する。またソーシャルワーカーとの就労に関する面談を設定し、市民教育や言語教育、フランス生活情報説明会の日程を定める。

③市民教育に関しては、フランスの歴史、共和国のシンボルや原理、制度、人権、帰化、ヨーロッパの中のフランス、「受入・統合契約」について移民の理解できる言語で学ぶ（Haut Conseil à l'intégration, 2009: 44）。通訳を介した一〇言語によるサービスが提供され、この研修は一日をかけて行われる。

④フランス語研修については、フランス語能力が不十分だと判断された移民は、居住地に近い移民教育研修センターなどにおいて、一〇〇時間から四〇〇時間の研修を署名後一カ月以内に開始しなければならない。この研修は、週に一八時間から二四時間の集中コースである。仕事などのために集中コースを受講できない場合には、週に六時間の夜間コースも設置されており、この場合は一年以内に完了しなければならない。

⑤フランス生活情報について、フランス社会の仕組み、とりわけ医療、社会保障、学校制度、庇護難民制度、職業研修、雇用、住居などに関する情報が周知される。この説明会が「フランス移民・統合庁」で実施される場合は一時間、当局の委託した研修機関で行われる場合は六時間が当てられ、移民の理解できる前述の一〇言語で行われる。

⑥ソーシャルワーカーとの面談では、就労による社会統合の可能性が検討される。

フランス語研修が必要と判断された場合には、フランス語研修を受講することが移民の義務となり、受講状況や研修の放棄について事業を管轄する「フランス移民・統合庁」に報告される。また研修の精勤者に対して、当局はその旨の証明書を交付する。受講義務を怠ると、知事は「受入・統合契約」の終了を通知し、一時的滞在許可証の更新を拒否し、一〇年期限の居住許可証の発行を行わないこともある。実際、二〇〇七年より知事は滞在許可証の第一回目の更新に当たって、「受入・統合契約」を遵守しているかどうかを必ず考慮することとなった。しかし「こうした制裁措置は、欧州人権条約第八条（私生活及び家族生活が尊重される権利）に照らした場合、実行するのは困難な措置であることが明らかになっている」（鈴木、二〇一〇、七二頁）ため、後述する入国前研修の導入が実施されることとなっている。

さらに一〇年間の居住許可証は、共和国的統合を基準として交付され、その基準の一つが、次節で述べる「フランス語入門学力資格試験」の取得である（Cochey, 2007）。フランス語研修の最終段階はこの取得に当てられ、受験費用は一度に限り国が負担し、再試験の場合は、受講者の負担となる。

「受入・統合契約」への署名は、初めてフランスに入国する一六歳以下の外国人や、ヨーロッパ経済地域（EU諸国およびアイスランド、ノルウェー）ならびにスイスの出身者をのぞく外国人に対して義務化された。ただし学生は一時滞在者であることから、署名を義務づけられていない。

「フランス移民・統合庁」の二〇一一年度報告書によれば（OFIIサイト）、二〇一一年に一〇万二二五四名が「受入・統合契約」の署名を行い、このうち三七・三％はマグレブ（アルジェリア一六・六％、モロッコ一三・三％、チュニジア七・四％）の出身であり、次いでトルコ（四・六％）、コンゴ（四・六％）、マリ（四・二％）が続いている。署名者の五三％は女性であり、平均年齢は三二歳と若い。

署名者の四九・五％がフランス人の家族、すなわち配偶者、親、子どもであるが、これは家族呼び寄せの枠内で入国した人々である。そしておよそ一〇万人の署名者の中で、個人面談の結果、フランス語研修が必要と認定された人々は二万四三五八名（二三・八％）に上る。これらの移民に対して、国費による無償の研修が実施されるが、研修を移民の自己負担にするよう求める国民からの要望はほとんど上がっていないという[3]。ドイツでは移民教育が移民本人の負担となっているのに対して、フランスでは国庫負担となっている。フランスにおいてフランス語研修を必要とする移民はドイツの移民に比べれば、はるかに人数が少ないため、移民教育への公費投入に対する国民からの疑義は現れていないようだ。移民教育のコストが共和国統合に必要だとの理解が一般化していると推測される。

5　「フランス語入門学力資格試験」の導入

移民の言語能力の認定は滞在許可に連動することから、その制度化は容易ではない。フランスでは長い間、帰化に必要とされる言語能力の基準は「フランス語の十分な知識」(二〇〇三年一一月二六日付民法典第二一条二四項国籍の取得)のように、曖昧かつ緩やかに規定され、移民統合政策の一環として客観性や検証性を保証するものではなかった。

「受入・統合契約」が導入されるまでは、社会問題・雇用・連帯省は「語学能力証明書」Attestation Ministérielle de Compétences Linguistiques(AMCL)を発行し、この証明書を取得した移民は、それまで国籍の取得申請にあたって、県庁で実施される「日常生活を一人で行うための言語能力試験」を免除されていた。しかし、これは教育を管轄しない官庁の発行する証明書であることから、国民教育省の発行する免状に劣るものと見なされてきた(Capel-Dunn, 2003)。そこで「受入・統合契約」の導入にあたり、国民教育省は新たに「フランス語入門学力資格試験」Diplôme initial de langue française(DILF)を創設した。これは、国民教育省が一九八五年以来、外国人フランス語学習者向けに実施してきた「フランス語学力資格試験」Diplôme d'études en langue française(DELF)、「フランス語上級学力資格試験」Diplôme approfondi de langue française（ＤＡＬＦ）に連携している。

「フランス語入門学力資格試験」は『ヨーロッパ言語共通参照枠』の共通参照レベルに準拠するもので、最も易しい段階であるＡ１よりも平易なＡ1.1に位置づけられている。このレベルでは、評価の七〇％が口頭でのやりとりと聴解にあてられており、文字言語の比率は低い。Ａ1.1はサバイバルレベルのフランス語能力を測定するものであると同時に、フランス社会への統合を暗黙の前提としているため、フランス社会の基本的価値観の学習も織り込まれている（AEFTI & Ecrimed, sd.）。このテストの新設により、それまで文字中心の学習を進めてきた移民教育の教育機関は教育内容の大幅な見直しを迫られることになった。

現在、「受入・統合契約」の枠内で実施されるフランス語研修は能力に応じて三段階に区分され、『ヨーロッパ言語共通参照枠』の共通参照レベルに準拠している。出身国において、中等教育あるいは高等教育を受けた移民は「フランス語学力資格試験」Ａ１をめざすコースに、また就学経験がほとんどないか、ごくわずかあるだけの移民、すなわち母語による読み書きを十分に習得していない移民は「フランス語入門学力資格試験」Ａ1.1をめざすコースに、また非識字者であるが、ある程度のフランス語口頭能力を持つ者や、それまでに官庁の発行していた「言語教育免除認定書」を所持する者は「フランス語入門学力資格試験」Ａ1.1から「フランス語学力資格試験」Ａ１コースのフランス語を学習する。受講生はこれらのいずれにおいても、四〇〇時間までの研修の受講が可能であるが、その平均受講時間は二六〇時間となっている。二〇一一年には、それぞれ一・七万人（七〇％）、六七〇〇人（二八

%)、五七〇人(二・五%)が受講した(Délégation générale à la langue française et aux langues de France, 2012)。「受入・統合契約」は二〇〇七年から義務化されたが、その前年までに入国した移民に対しても、「受入・統合契約」の枠組みの外で言語研修が無償で実施され、二〇一一年度については「統合のためのヨーロッパ基金」が経費を負担している。これは、二六歳以上の、フランスに合法的に滞在している移民で、フランス国籍を保持せず、フランス語能力が低く、フランスに入国したときに「受入・統合契約」に署名する機会を逸したり、「受入・統合契約」の提示する到達度よりも上位のレベルに到達することを希望している移民を対象としている。なかでも、フランスへの帰化希望者や、言語能力が不十分なことから、就労が困難となっている移民、さらには日常生活の中でフランス語を自立的に使用できないために困難を感じている女性移民を対象にしている。二〇一〇年までのこのプログラムの受講者の半数(五六%)は、就労のためにフランス語能力を取得したいと希望している移民で、国籍取得を目的とした移民はごく少数(二・二%)であった。

「受入統合・契約」の提示するフランス語研修はあくまでも移民の滞在許可に連動する言語能力の養成に関わるもので、帰化のための言語能力をめざすものではない。二〇一一年よりフランス国籍の取得にはB1オーラルレベルのフランス語能力が必要となったため、従来の「受入・統合契約」で到達目標とされてきたA1.1あるいはA1の能力では不十分になった。もちろん「受入・統合契約」の枠外の研修によってもB1オーラルのレベルに到達することもできるのだが、この手続きを踏む移民は少ないようだ。帰化に当たっては少なくとも五年間フランスに居住していることが求められることから、実際のところ、移民は帰化申請までにおよそ一〇年近い滞在経験を持つ者が多いようだ（Secrétariat général du comité interministériel de contrôle de l'immigration, 2012）。フランス社会での五年以上にわたる生活を通じて、B1オーラルのレベルに到達する移民も多いことから、アリアンス・フランセーズや国際教育学研究センターといったフランス語教育機関、ならびにパリ商工会議所、ケンブリッジ大学、およびTOEICの作成を行っているエデュケーション・テスティング・サービス（ETS）では帰化希望の移民を対象とするB1オーラルの試験を開発し、この試験制度は一つの市場を構築しつつある。

入国後の研修に加えて、さらに入国に先立つ事前研修制度も二〇〇七年に導入された。「フランス移民・統合庁」は、モロッコ、チュニジア、トルコ、マリ、セネガル、カメルーン、カナダといった移民の主要な出身国に事務所を設置し、入国前審査を行っている。ここでは入国を希望する移民に対して、A1.1のレベルを確認するフランス語テスト、ならびに共和国の価値観、すなわち非宗教性の原理、男女同権、法治国家、基本的自由などに関するテストを実施する。結果は一週間以内に在外公館などに通知され、成績がA1.1の基準を満たす場合には、ビザの交付が保証されている。成績が不十分である場合は、入国希望者は四〇時間以内のフランス語研修と、共和国の価値観に関する半日以内の講習を受講する。この講習は無償である。対象となる者は、家族呼び寄せの枠組みで入国を希望する者が多数を占め（七二・四％）、女性の比率が高い（八一・八％）（Délégation générale à la langue française et aux langues de France, 2012: 77）。

たとえ最小限のサバイバルレベルであっても、フランス語能力はフランスでの社会統合に不可欠の要因であるため、入国以前の段階でフランス語能力を問い、言語能力がフランス社会での居住に不可欠であることを入国希望者に周知させるのである。また入国以降のフランス語研修に関して、熱心に受講しない場合に滞在許可の更新を認めないなどの制裁措置をとることは、欧州人権条約に反する恐れのあることから、入国前に最低限の言語能力を求め、不合格者の入国を認めない措置をとる方が、より効果的であると判断されたのである（鈴木、二〇〇八、一八頁）。

入国条件は言語文化の知識だけにとどまらず、物理的経済的条件においても規制が加えられた。二〇〇九年以降、移民統合政策は呼び寄せ条件に関してより厳正になり、フランスに居住し家族を呼び寄せる移民について、その経済状態や住居環境などの最低条件が提示された。呼び寄せ移民は最低賃金以上の収入を証明し、その居住地域での最低限の居住面積を確保し、一夫一婦婚といったフランスにおける基本的な家族条件を満たしていなければならない。

6 「統合のためのフランス語」とは何か

移民の入国管理並びに統合政策を統括するようになった内務省は、二〇一一年に「統合のためのフランス語」le français langue d'intégration（ＦＬＩ）に関する省令を発布し、移民へのフランス語政策の枠組みを新設した。「統合のためのフランス語」とは、「外国語としてのフランス語」ＦＬＥや「第二言語としてのフランス語」ＦＬＳのような言語教育学上の概念を意味するものではない。これは、フランス語教育学の対象外であった成人移民への学習者を対象とするフランス語教育の参照リストであり、移民教育に従事する教育機関や教師に向けられたものである。

この参照リストは、認証評価の機能をあわせ持ち、民間の教育機関やボランティアが活動するアソシエーションに対して、組織運営、教師の資格、教材、教室、研修生（成人移民）の受け入れ方法、言語教育の内容、コーディネーターの能力などについて詳細な条件を提示し、それらの条件を満たすかぎりにおいて、国の認証を与える装置となっている（Vicher, 2011）。成人移民への言語教育は国の競争入札により実施されており、国の提示する条件に対して民間の教育研修機関が応募する形態を取り、「統合のためのフランス語」の認証が入札参加の条件となっている。市場原理にまかせるのみでは、移民教育の質が低下しかねないため、「統合のためのフランス語」を条件として移民教育の質を確保する方策が採られたのである。民間教育機関はその認証によって教育の質をアピールし、より多くの研修生を獲得し、国からの委託を受けることができるのである。ただしこの認証は二年ごとに監査が入るため、ひとたび認証評価を得たからといって、教育研修機関の運営が永続的に安定することにはつながらない。ベアコ（本書第十章）の主張するように、移民教育の質の向上は絶えず求められているのである。

また、認証を受けた教育研修機関は帰化を希望する移民への言語研修を実施し、その終了時の試験によって国籍取得に必要なB1オーラルのフランス語能力を証明することができる。つまり、国の認証を受けた教育機関は、国籍取得に必要な言語能力の証明という、本来は行政が行うべき業務の代替を行うのである。

同様に、ボランティアの関わる団体も、同じリストにある条件をいくつか満たすことによって国の認証を受け、これにより国に助成金を申請する資格を得ることができる。現在フランスにはおよそ八〇〇の移民教育センターがあるが、二〇一二年にはそのうち六〇〇のセンターが「統合のためのフランス語」の認証を受けた。さらにこれらの研修機関やNPO法人に勤める教員には、大学教育の中で「統合のためのフランス語」オプションを受講することを求めている。このために外国語としてのフランス語教育のコースを設置している大学に対して、修士課程において「統合のためのフランス語」オプションを設置するよう求め、現在四大学（ロレーヌ大学、ナンテール大学、ポー大学、リール大学）がこのオプションを設置している。また現役教師に対する職業研修コースも設置され、そのコースの受講は「統合のためのフランス語」オプションの代替措置となっている。

この新たな移民統合政策は、移民が習得すべきフランス語の地位を規定し、移民の社会統合に必要なフランス語の知識や、さらには共和国原理やその価値観の学習を含むものである。これはまた対象言語の社会言語学的規定だけではなく、教育機関の資格や教員資格をも規定している。

しかし、この新たな移民言語政策は、導入にあたり論争を巻き起こした。「統合のためのフランス語コース」は、省令により法的根拠を獲得したとはいえ、内務省が高等教育省との事前協議を行わずに、事実上、大学行政に介入したことから、民主的手続きに瑕疵があるとの批判が惹起した。さらに、「統合のためのフランス語」という概念そのものが言語教育学の観点からも疑義があるため、多くの大学人の反発を買い、フランス語教育学において論争となったのである（Aden et alii, 2011）。

大学人からの反発はイデオロギーや教育制度に関わる懸念から説明できる。[4] この政策を策定した内務省受入・統合・市民権局局長が保守政権下に任命された官僚であるため、右派の政治イデオロギーに対する反発があったのだ。また、これまで成人移民へのフランス語教育は、外国語としてのフランス語の中でマージナルな領域であったが、それが重要な政治課題として取りあげられるにあたり、フランス語教育の代表的研究者がこの事業への協力を求められなかったために、大学人の反発が高まったという事情もある。さらに「統合のためのフランス語」が新たな市場を創出することに伴い、これまでの「外国語としてのフランス語」の市場が侵略されるとの懸念がうまれたのである。

現在、フランスには四〇の大学が「外国語としてのフランス語」のコースを開設しているが、「外国語としてのフランス語」を受講する学生にとって、外国でフランス語を教えることは将来の重要な可能性を持つものであるが、それらのポストは期限付きであったり、待遇が望ましいものではないことが多く、決して安定した職種ではない。そのため、フランス国内の成人移民のための言語教育に携わることは、「外国語としてのフランス語」を学ぶ学生にとって、より安定した職場と映るのかもしれない。言い換えるならば、「統合のためのフランス語」オプションを設置した大学には、今後多くの学生を惹きつける可能性があるため、それに対する反発や懸念が顕在化したのであろう。つまり、このような反発は、成人移民への言語教育の是非そのものを疑問視するものではなく、むしろこの教育を取り巻く、ブルデュー的な意味での「界」に関わる利害から生まれたものといえよう。

「受入・統合契約」の導入に伴い、ニューカマー並びにオールドカマーに対する言語教育は整備されたが、このことによりフランスの成人移民の言語問題はすべて解決されるだろうか。ここで問題となるのはオーバーステイの移民だけではない。非正規移民は公的な言語政策からもれてしまう。しかしフランスにはフランス人でありながらも、フランス語の能力を持たない成人が一定数、存在する。その一例として、マイヨット人の言語事情を取りあげてみたい。

マイヨットはインド洋のマダガスカルとアフリカ大陸の中間に位置するコモロ諸島の一つの島で、一九世紀にフランスの植民地となったが、一九七五年にコモロ諸島の独立にあたってもフランス領にとどまることを選択し、二〇一一年にはフランスの海外県に編入された。住民は九七%がムスリムであり、スワヒリ語の変種であるマホレ語（シマホレ語）が主要な言語で、二〇%の住民はマラガシ語の変種を使用している。フランス共和国に属していることから、フランス語が国語（公用語）であるが、三五~四〇%の住民はフランス語能力を持たない。このような言語環境に暮らすマイヨット人の中にはフランス本土に移住するものも多く、マルセイユにはマイヨット人の重要なコミュニティが存在する（INSEE, 2001）。

マイヨット人はフランス国籍保持者であることから「受入・統合契約」の対象にはならず、公費による言語教育を受けることができない。そこでこのような人々や、また非正規状態にある移民に対して、民間団体による「社会・言語ワークショップ」atelier sociolinguistique（ASL）が開設されている。これは、フランス語の能力が乏しいために、自立した社会生活を送ることが困難な移民の女性の支援に向けられており、「受入・統合契約」を署名できない移民にとって実質的な意味でのフランス語教室となっている（ACSEサイト）。この事業が「学校」や「教育」「研修」といった用語を使用しないのは、これが教育事業であると認定されれば、国の管理を受け、オーバーステイの移民やフランス語の話せないフランス人など、本来「存在するはずがない人々」の所在を明らかにしてしまうためでもある。このような組織は一般の善意あるボランティアの努力により成立しており、主婦や退職した教員、元外交官などさまざまな経歴を持つ人々が人道的関心から言語教育に取り組んでいる。日本の地域日本語教育に比肩できる営みであるともいえよう。

7 結論

本章は、フランスにおける成人移民への言語教育を取りあげ、戦後の変遷をたどり、二一世紀に導入された新たな統合政策を検討した。

フランス政府は現在、成人移民への移民教育について、かつてのような放任主義を改め、積極的な介入を行い、言語教育を通じた共和国統合を実現しようとしている。これは、移民がホスト国の言語を習得するという意味での言語権を支える政策であるが、同化への強い圧力と解釈することもできるかもしれない。しかし、フランス語による統合は職業生活を中心とする社会生活に向けられており、私生活には一切介入していない。言語教育を通じた統合政策の強化はフランスのみならず、ヨーロッパ諸国の傾向であり、むしろフランスは他国に比して、言語教育による統合政策の後発国といえる。

フランスは、長い間にわたり、成人移民への言語教育を民間のボランティア団体などにゆだね、公権力の介入がなかった。この事情は、日本の移民教育が地域日本語教室を通じたボランティアの善意に支えられてきた事情に似ている。しかし、グローバル化の加速する社会で移民が多様化し、フランス語能力を持たない移民が増えるなかで、フランス政府は成人移民の言語教育に公費を投入し、成人移民へのフランス語教育に公共性を認めたのである。これはフランス語能力が共和国統合の要となることに加えて、対象となる移民の人数が二・五万人程度と他のヨーロッパ諸国に比べて比較的少ないという事情もあるかもしれない。一方、日本語は国際社会において孤立した言語であることから、日本語話者は国外にほぼ存在しない。ひとたび成人移民教育の制度化が行われれば、たとえ移民の流入に制限が加えられるにせよ、その規模はフランスに比較できないものとなるかもしれない。この点で、フランスの事例は参考になるものの、その相違点もかなり大きい。

成人移民教育に実効性を確保するには、総合的な言語教育政策を実施する必要がある。そこでは教員養成の制度化までも含めた言語政策を策定しないかぎり、移民教育の質を確保することはできない。さもなければ、移民教育は移民の受け入れ装置ではなく、移民をホスト社会から排除する装置となってしまう。この点で、フランスの言語政策は、総合的な段階へと到達したといえる。

とはいえ、現在のフランスが実施している移民教育政策は、制度として完成したものではない。社会党のオランド政権下にあって内務大臣に就任したマニュエル・ヴァルスは、既にその見直しを表明している。移民教育には新たな文脈への絶えざる最適化が求められているのである。

〈注〉

［1］成人移民への言語教育に関わる歴史については、渡辺（二〇〇九）、Leclercq（2011）、Leclercq（2012）、Vicher（2012）ならびにＯＦＩＩ、ＡＣＳＥなどのサイトを参照した。

［2］現在のフランスにおいても一六歳から六五歳までのフランス人の七％（二五〇万人）が識字困難者であると見なされている。そのうち、五七％が就業していることから、彼らへの啓蒙・教育活動は職業教育の重要な課題となっている（Agence Nationale de Lutte Contre l'Illettrisme サイト）。

［3］フランス語・フランスの諸言語総局代表グザヴィエ・ノルトへの二〇一四年四月二四日に実施のインタビューより。

［4］パリ第三大学客員教授アンヌ・ヴィシェへの二〇一四年四月二四日のインタビューによる。

〈参考文献〉

Aden, Joëlle et alii (2011). « Flic ? Le français, langue d'une intégration contrôlée », *Mediaspart*, le 9 novembre 2011, http://blogs.mediapart.fr/edition/les-invites-de-mediapart/article/091111/flic-le-francais-langue-dune-integration-contro

AEFTI & Ecrimed (sans date). *Français Langue d'Intégration – Mémo du formateur*, Paris : AEFTI & Ecrimed, 44 p.

Agence Nationale de Lutte Contre l'Illettrisme, http://www.anlci.gouv.fr

Agence nationale pour la Cohésion Sociale et l'Égalité des chances (ACSE). « Qu'est-ce qu' un atelier sociolinguistique? Note de présentation » http://www.aslweb.fr/static/documents/generiques/PP atelier sociolinguistique30-06.ppt

Benrabah, Mohamed (1999). *Langue et pouvoir en Algérie. Histoire d'un traumatisme linguistique*, Paris : Séguier, 350 p.

Capel-Dunn, Julia (2003). « L'apprentissage de la langue française : une prioirté gouvernementale », *La lettre de la Direction de la Population et des Migrations*, n. 55.

Cochy, Cécile (2007). « Création du DILF », *La lettre de la Direction de la Population et des Migrations,* n. 65, p. 2.

Costa-Lascoux, Jacqueline (2005). « Assimilation, intégration ou insertion? Querelles sémantiques et choix politique », in *Les immigrés dans la société française, Problèmes politiques et sociaux,* n. 916, Paris : La Documentation française, pp. 47–49.

Délégation générale à la langue française et aux langues de France (2012). *Rapport au Parlement sur l'emploi de la langue française,* Paris : Ministère de la Culture et de la Communication, 177 p.

Dewitte, Philippe (2003). *Deux siècles d'immigration en France,* Paris : La Documentation Française, 128 p.

Haut Conseil à l'intégration, http://www.hci.gouv.fr

Haut Conseil à l'intégration (2009). *Etudes et intégration - Faire connaître les valeurs de la République Les élus issus de l - immigration dans les conseils municipaux* (2001-2008). Paris : La Documentation française, 168 p.

INSEE (2001). « Les Mahorais vivant à la Réunion en 1999 », *INSEE INFOS* n ° 12 août 2001, http://www.insee.fr/fr/insee_regions/mayotte/themes/infos/infos13/infos13.pdf

Leclercq, Véronique (2011). « La formation linguistique des migrants : lignes de force en didactique », in J.- M. Mangiante (dir). *L'intégration linguistique des migrants : état des lieux et perspectives,* Arras : Artois Presses Université, pp.19–35.

Leclercq, Véronique (2012). « La formation des migrants en France depuis l'alphabétisation des années 60 », in Hervé Adami & Véronique Leclercq (éds.) (2011). *Les migratns face aux lnagues des pays d'accueil. acquisition en milieu naturel et formation,* Villeneuve d'Ascq : Presses universitaires Septentrion, pp.173–196.

Math, Antoine (2000). « Les allocations familiales et l'Algérie coloniale à l'origine du FAS et de son financement par les régimes de prestations familiales », GISTI (le Groupe d'information et de soutien des immigrés) : http://www.gisti.org/doc/presse/1998/math/allocations.html

Office Française de l'Immmigration et Intégration (2011). *Rapport d'activié 2011,* http://www.ofii.fr/tests_197/rapport_d_activite_2011_de_l_office_francais_de_l_immigration_et_de_l_integration_1294.html?preview=oui

Secrétariat général du comité interministériel de contrôle de l'immigration (2012). *Rapport au parlement les chiffres de la politique de l'immigration et de l'intégration, année 2011, neuvième rapport établi en application de l'article l. 111-10 du code de l'entrée et du séjour*

des étrangers et du droit d'asile, http://www.ladocumentationfrancaise.fr/var/storage/rapports-publics/134000159/0000.pdf

Tribalat, Michèle (2009). « Mariages « mixtes » et immigration en France », *Espace populations sociétés*, 2009/2, http://eps.revues.org/3657

Vicher, Anne (coordination) (2011). *Référentiel FLI français langue d'intégration* : http://www.interieur.gouv.fr/sections/a_la_une/toute_l_actualite/immigration/deplacement-cci-paris-prefecture-police-paris/downloadFile/attachedFile_1/FLI_LABEL_V20-1-1.pdf?nocache=1323450986.98

Vicher, Anne (2012). « Politiques, dispositifs et pratiques de formation linguistique des migrants en France : retombée des travaux internationaux des vingt dernières années», in Adami et Leclercq (2012), op. cit., pp.197–236.

稲葉奈々子（二〇一一）「〈サンパピエ〉の運動と反植民地主義言説」竹沢尚一郎編著『移民のヨーロッパ』一四六―一六九頁、明石書店

鈴木尊紘（二〇〇八）「フランスにおける二〇〇七年移民法――フランス語習得義務からＤＮＡ鑑定まで」『外国の立法』二三七、一四―三五頁

鈴木尊紘（二〇一〇）「移民に入国先の共同体理解を求める試み――フランス及びオーストラリアにおける法と実践を中心に」『レファレンス』六七―八五頁

竹沢尚一郎（二〇一一）「フランスにおける移民問題の複合性――サンパピエと移民第二世代の視点から」竹沢前掲書、九六―一三一頁

西山教行（二〇一〇）「共和国統合をめざす受入れ統合契約と移民へのフランス語教育の制度化について」『言語政策』第六号、一―一七頁

渡辺千尋（二〇〇九）「移民と移民政策の変遷――一九四五年から一九七四年まで」宮島喬編『移民の社会的統合と排除――問われるフランス的平等』三一―四五頁、東京大学出版会

「フランス語能力を統合原理として考える伝統」って日本にもあるかもしれないねえ……。「フランスに労働者として移住しても言語能力を必要としない単純労働に従事」というのも、日本の技能実習生の中に「いずれ自分の国に帰るから日本語は必要ない」っていう意見があるのと同じだし。うーん、いろいろ考えてしまうなあ……。

そうですね。でも、フランスは移民のフランス語能力習得について「自己責任主義」の立場から、「国の責任」というふうに方向転換したのは大きな変化。結局、言語ができないと、子どもの教育、労働者の質、社会保障などなど複雑な問題が起こる可能性が高くなると考えたんでしょうね。もちろん、移民の人権という観点もあるし。

将来のことを考えるのって、やっぱり大切なんだなあ……。日本の将来って、私、あんまりよく考えてなかった……。

六章　フランスにおける移民の言語統合と言語教育
――歴史や制度、および言語教育からの考察

エルヴェ・アダミ［西山教行訳］

1　統合の言語としてのフランス語

［1］市民の言語

はるか昔からフランスという土地は実にさまざまな人々の住むところとなり、人間生活が営まれ、文明化が進められてきた。この土地ではいささかの争いが生じたものの、フランスは客人をつねに「迎え入れ」、人々は最終的にフランスに定住した。また、フランスには他のヨーロッパ諸国のように、地域に特有の強力なアイデンティティという特徴があった。

大多数のフランス人がフランス語を理解し、話すようになるのは、一九世紀後半以降になってからにすぎない。それまでの王政は国内の多様な言語を甘受しており、フランス語の強制を試みたことは一度もなかった。それどころか、フランス語を道具とし、競争力の強い言語とするよう努め、フランス語を国内外のエリートの使う道具とした（Lodge, 1997）。この「古典」フランス語は啓蒙主義者の武器となったが、大多数の民衆の言語ではなかった。しかし大革命はこのような言語観を根底から変えてしまい、フランス語という道具は民主化した。革命期の国民公会議員バレール（1875–1841）やグレ

ゴワール（1750–1831）は、一七九四年に国民公会に提出された二つの報告書の中で、フランスの言語政策の展望をはっきりと述べている。そして、これはその後二〇〇年にわたり続くこととなる（Certeau, Julia et Revel, 2002 [1975]）。この二人の革命政治家によれば、フランス語は、政治の道具であり、また文化の解放の道具であるが、それと同時に国家統一の要因でもある。すなわち、フランス人は、もはや王の臣民ではなくなり、自由な市民となったのであり、一つの共通語を使って意思を伝達し、共和国という社会について討議を行うようになったのである。国語としてのフランス語が誕生し、フランス語は国民の言語、つまり市民共同体の言語になったのである（Schnapper, 2003 [1994]）。

これ以降、フランス語は国民アイデンティティと国家統一のための重要な要因の一つとなり、政治性を有するようになった。多くのヨーロッパ諸国や日本のように、フランスにおいても、共通語が国民アイデンティティと国家統一を作り上げたのである。共通語はアイデンティティの構築と国家統一の結果として生まれたものであり、共通語がその原因ではない（Thiesse, 2001; Baggioni, 1997）。フランスにおいてフランス語が作られ、標準化が進み、安定していった時期は一七世紀にほぼ完了したが、本当の意味でフランス語が国語として認められるようになったのは、一九世紀に共和主義の理念が普及する運動の中でのことだった。これは、とりわけ産業や経済の発展のためであり、政治面で、また言語について国内空間を統一する必要があったのである。

［2］言語文化の変容

前述のように、言語は国民アイデンティティの象徴であると同時に、統合を進める上での重要な道具でもある。これを論証するため、以下では移民統合のプロセスを検証する。

統合のプロセスには「編入」「統合」「同化」の三段階がある。「編入」とは、移民が受け入れ社会と初めて接触する段階を指す。移民は、社会や対人関係、経済など複雑な関係の中で自分の場を見いだそうとする。ここで、就労問題は「編入」の主たる要素となり、編入の根幹を構成している。「統合」とは、移民が受け入れ社会の中ですでに自分の場を確立している段階を指す。しかし、その場は決して決定的なものではない。なぜなら、経済状況が不安定になると移民の立場は弱くなり、たちまち移民の存在は疑問視されるためである。

最後に「同化」は、移民が移民であるとの事実からだけでは他の市民と識別されない段階である。このレベルになると、移民はカテゴリーとして「目に見えなく」なる。とはいえ、移民は、あらゆる点で現地に生まれ育った人と同じではない。

このようにして統合のプロセスはやがて同化にいたる。ここでの考察の対象は移民であって、移民の子どもではない。というのも、フランスの国籍の考え方に従えば、「生地権」がすべてに勝るからである。つまり、フランス本土ならびに海外県を含むフランス領土で生まれた人はみな、事実上フランス人なのである。フランスで生まれた子どもは、両親が外国人であれ、多数派であるフランス人となる帰化申請をするだけでよい。言い換えると、フランスで生まれた移民の子どもは外国人でも移民でもない。その意味では本章の論ずる統合の課題やプロセスとは一見するかぎり、関係がない。とはいえ、移民の子どもの課題は、その後に行われる両親の統合プロセスを理解し、その状況を考える上で重要である。

実際、言語生活をみると、移民の子どもは完全に出身国の言語文化をすっかり失っている。移民の子どもにとってフランス語は、第一言語であり、もっとも自然に、かつもっとも容易に自己を表現できる言語である。子どもたちは、両親の言語を理解し、話すという点で、二言語話者でもある。しかし、これは、フランス語が優位に立つ不均衡なバイリンガリズムである。というのも、移民の子どもは、両親の言葉を自分の子どもにもはや伝えないからである。

移民の子どもが、フランス語へと「文化変容」を遂げ、母語を失うのは、フランス語を通じた義務教育のためである。また完全にフランス語を話す環境で育ち、暮らしているために、完全な文化変容を遂げて、母語を失うのである。フランス語はあらゆる場に存在し、日常生活で二言語併用を行っている移民家庭においても、フランス語は存在する。両親が子どもに話しかけるとき、両親は自分の母語を用いるが、子どもたちはフランス語で両親に答える。フランス語は兄弟間でも支配言語となっている。移民の出身言語はやがて消滅し、フランス語への文化変容に抗しがたい（Héran, 1993; Tribalat, 1995; Simon, 1997; Héran et alii, 2002; Beauchemin et alii, 2010）。こうした文化変容のプロセスはフランスだけに固有のものではない。学校教育の制度が整備され、移民を受け入れている先進国に定住するすべての移民に同様の現象が起こるのである。

［3］言語の文化変容のたどる社会言語的経緯

移民の受講することのできる教育プログラムを別にすると、移民のフランス語学習の大部分は自然習得によって行われる。つまり日常生活の中でネイティブ話者に触れることを通してフランス語を習得するのである。本章はそれを四種類に区別するが（Adami, 2010）、受け入れ国で移民のたどる経緯に応じて、その重要性はそれぞれ異なっている。

a　社会言語面からみた職業生活の中での関係について

これは、職場でのやりとりや、同僚とのやりとりを指すもので、被雇用者とその上司のやりとり、社員と顧客、あるいはその言語を使う可能性のある人との間で行われるやりとりなどがあげられる。

b　社会言語面からみた商取引関係について

これは公共サービスや民間サービス、消費行動など、移民が日常生活で関わるさまざまなサービスを受けるときの関係を指す。

c　社会言語面からみた対人関係について

この関係は、人と人とのやりとりに関わるものであり、対話者は個人として発言する。また近所の人や友人、家族で交わされる会話や議論を指すもので、私的なあらゆるやりとりを指す。

d　メディアによる方法について

これは、社会への編入に関わる社会言語面からみた関係を指すもので、やりとりを伴うものではない。これは、音声・映像メディアや活字メディア、また文字化されたメッセージや口頭で伝えられる数多くのメッセージを指すもので、現代社会に生きる個人が受け入れるものである。たとえば、公共の場でのアナウンスや音声案内、ポスター、看板、ショーウィンドーなどがこれにあたる。

移民すべてがこのようなやりとりに同じように関わっていないために、移民のフランス語の習得レベルは多様なのである。

その上、移民の出身地に応じて、フランス語の習得レベルはさらに多様なものになっている。たとえば、サハラ以南の国やマグレブのようにフランス語圏国際組織（国際フランコフォニー機構など）に正式に属する国（チュニジアやモロッコ）や、フランス語圏組織に公的には属さないものの、実質的にフランス語圏の国（アルジェリア）から来た移民と、それまでフランス語に触れたことのない、トルコや中国のような国から来た移民を較べると、その違いは著しい。言語教育の主たる問題は、このように多様な学習者の管理にある。

2　移民の言語教育

［1］社会経済面からみた背景

フランスにおける移民向け言語教育は一九五〇年代後半から行われてきた。最初は識字化されていないアルジェリア人労働者を対象にしていたが、その後、すべての移民を対象とするようになった。今日、成人移民を対象とする教育は非営利組織や民間企業により運営されており、それぞれの組織は、公的資金の注入される市場において、競争入札の原則にもとづいて活動している。当初、移民教育の教師はボランティアだったが、現在、専門の教師がこの分野を担当するようになり、大学で外国語としてのフランス語教育科、あるいは第二言語としてのフランス語教育科の養成をうけた専門の教師が、言語教育の主要な部分を担当している。九〇年代後半から、さまざまなグループが結束して国に圧力をかけたために、政府はフランス語圏出身の移民、またそれ以外の地域からの成人移民への言語教育を管理するようになった。

a　七〇年代以降の移民は、それまでのように就労のため渡仏し、その後に帰国するといった、独身の若年男性だけではなくなった。家族が移住するようになり、最終的には受け入れ国に定住するようになった。そのために、統合が課題となり、これを解決するためにフランス語の習得が課題となったのである。

b　八〇年代以降のフランスにおける構造的不況下で教育を受けた移民の子どもは、生まれた時からのフランス語話者ではあるものの、書記言語において非常に困難な状態にあることが判明した。フランスではこのような人々を「識字困難者」と呼び、ユネスコではこれを「機能的識字困難者」と呼んでいる。

現代の先進国で生きる人々は、個人の生活や社会生活、また職業生活をおくるために、支配言語やそのリテラシー、ならびに基礎的な数学能力（ニュメラシー）を習得していなければならない。そのため、書記言語や口頭言語について言語不安を抱える人への教育は、それがフランス語圏出身者であろうとなかろうと、まぎれもなく重要な問題である。言語を習得していなければ、社会への編入や統合はできないのである。

c

言語習得とは実用的な課題であるが、それはまた象徴的な問題も含んでいる。本章は、大革命以後のフランスにおけるこの課題の政治的重要性を検討してきたが、その方向性は変わっていない。移民の支援団体は、移民への言語教育を政府に対して長いあいだ要求してきた。いくつかの支援団体は、移民の「言語権」を求めて活動している。つまり共通語の習得が移民の権利であるとして活動しているのである。共通語は、市民権の行使に無視できない道具と考えられている。このような支援団体は、「受入・統合契約」（Contrat d'accueil et d'intégration：CAI）と「フランス語入門学力資格試験」（Diplôme initial de langue française：DILF）の導入により勝利を収めた。しかし、そもそもこのような制度を設置した国は、言語習得を権利とみなしているだけではなく、これが移民の義務であるとも考えている。そのために「受入・統合契約」への署名を義務としているのである。

［2］新たな移民政策の導入

「受入・統合契約」は確かに、移民政策の中核であり、これは「フランス語入門学力資格試験」によって補完されている。この資格は移民の特殊な状況に対応するために新設されたもので、二つの論理に基づいている。まず、「フランス語入門学力資格試験」は、「フランス語学力資格試験」(Diplôme d'études en langue française : DELF) や「フランス語上級学力資格試験」(Diplôme approfondi de la langue française : DALF) といったこれまでのフランス語学力資格試験と同じように、語学力を証明するフランスの教育システムの一部となっている。これにより、移民の言語教育分野は制度の点でも正規のものとなった。

「フランス語入門学力資格試験」は、既存の二種類の免状の系列に位置づけられ、『ヨーロッパ言語共通参照枠』(CEFR) の論理に、すなわち最近の言語教育学に組み入れられるものである。また「フランス語入門学力資格」は移民政策の論理にも統合されており、フランス語習得の新たな最低レベルとなっている。これはCEFRを参照して設定されたが、その最低レベルのA1よりも下位のA1.1という特別なレベルに位置づけられる。「フランス語入門学力資格試験」の取得は、移民のフランス語教育の受講を証明すると同時に、帰化を容易にする手段の一つでもある。

二〇一二年一月に「統合の言語としてのフランス語」(français langue d'intégration : FLI) という制度が導入された。これは制度に関わると同時に、言語教育学に関わる新たな枠組みでもある。「統合の言語としてのフランス語」とは、まず成人移民への言語教育機関に向けられた参照枠である。この制度の新設により、以後、専門家によるフランス語教育であれ、ボランティアによるフランス語教育であれ、「統合の言語としてのフランス語」はフランスにおける成人移民向け言語教育の参照枠となった。この参照枠は、フランス語による統合政策を明確にするとともに、教授法や言語教育学の方法を定めた枠組みともなっている。

「統合の言語としてのフランス語」という参照枠は、成人移民に対する言語教育を行う専門の教師やボランティア団体への公的な認証ラベルの付与を第一の目的として設置されたすぐれた政策となっている。

この参照枠は、「統合の言語としてのフランス語」を「開かれた状態にある言語」として提示する。つまり、「統合の言語としてのフランス語」とは、フランス語を言語それ自体として、つまり学ぶべき言語として定義するのではなく、あくまでも一つのプロセスとして示しているのだ。「統合の言語としてのフランス語」とは、移民の体験するイマージョンの中で行われるフランス語学習のプロセスを指し示している。また、これは参照枠という大局から示された言語教育学的な展望でもあり、およそ以下の傾向がみられる。

a　移民は言語面でイマージョンの環境に置かれているため、「統合の言語としてのフランス語」は日常生活に役立つフランス語学習を重視している。

b　「統合の言語としてのフランス語」は、書記言語にも触れるとはいえ、口頭でのフランス語学習を重視する。「統合の言語としてのフランス語」は、コミュニケーション手段を提示するものであり、ネイティブ話者とダイレクトなやりとりを行うことができるようにすることをめざしている。

c 「統合の言語としてのフランス語」は「受入・統合契約」の延長線上にあるもので、市民権の獲得を課題としている。実際、移民に向けたフランス語学習を受け入れ社会の価値観と切り離すことはできず、フランスの場合、共和国の価値観へと関心を向けることに平行して進む。

d 「統合の言語としてのフランス語」は、労働市場への統合や雇用を重視する。

e 「統合の言語としてのフランス語」は、学校と移民の子どもの両親の関わりを重視するもので、移民と学校との接触を円滑にすることを狙っている。

f 「統合の言語としてのフランス語」は品質保証ラベルでもあり、これは実施されている移民教育の物理的条件、すなわち教材の質、教育スタッフ、場所などに関わるだけでなく、教員養成にも関わるもので、今後、「統合の言語としてのフランス語」の専門教育の受講が義務付けられる。

「統合の言語としてのフランス語」という参照枠は新たな制度であるが、これは成人移民を対象とする教育基盤全体を規定するものではない。「統合の言語としてのフランス語」は、移民教育を専門とする教師にすでに広く知られている言語教育学や教授法の実践の枠組みとなるものである。

[3] 社会に編入される成人移民

成人移民向け言語教育は、社会への編入を目的とするもので、社会や職場への編入や再編入の過程という、何らかの点で特殊な状況にある人をすべて受け入れる。なかでもここで取り扱う言語教育は教育研修のごく一部にすぎず、他の専門研修や職業訓練に入る前の、また労働市場に直接に参入する前の一段階にすぎない。

近年では、経済市場への編入が最重要の課題となっていることから、このような方向性はなおのこと明確になっており、職業訓練や就労を目指す教育の重要性が強調されている。移民教育の財源の提供団体、なかでも国や地域圏といった公共団体は、言語教育の民間委託にあたって、成人移民の経済統合を目標と定めている。言い換えると「それ自体として存在する言語教育」や「自分のために存在する言語教育」など、もはやほぼ存在しない。とはいうものの、このような目標設定は「受入・統合契約」の枠組みで行われるフランス語教育と関係があるものではない。「受入・統合契約」は、フランス社会への編入を最終目標とすることを忘れてはならない。

[4] 社会言語面からみた個人の言語プロフィールと言語不安

「受入・統合契約」という教育システムに編入された移民には、書記言語や口頭表現において「言語不安」があるといった特徴がある。ここでの言語不安には、フランス語を話したり、理解したり読み書きのできないレベルから、それほど読み書きに問題があるといった状態ではなく、ただ書記言語だけに問題があるといったレベルまで、さまざまな段階がみられる。一番大きな言語不安を抱いている人は、フランス語圏以外からの非識字者であり、最も不安の少ない人とは、フランスで学校教育を受けたフランス語圏の出身者である。このような人々は、いくつかの状況では書記言語にいささか問題があるとはいえ、識字困難者には相当しない。

さらに、言語不安という概念を検討することによって、成人移民への言語教育の多様で複雑な状況を想像することができるため、既存のカテゴリーにしたがって移民を単純化せずにすむ。たとえば、「外国語としてのフランス語」(FLE)や「第二言語としてのフランス語」(FLS)が取りあげる「非識字者」や「機能的非識字者」、「識字困難者」、さらに公的な呼称にしたがうならば「識字者」littérisme[1]といった概念は、連続する識字能力から考えると最適な指標であるとはいえ、移民を実際に分類するカテゴリーにはふさわしくない。このような用語は絶えず検討が行われてきたため、誰もが同意するものではない。そこで言語不安を感じる人々の特徴を、次のように分類してみたい。

(1)自分の第一言語であれ他の言語であれ、いかなる言語の読み書きもできない人々の特徴について、まず考えてみたい。このような人々は、基本的に学校教育を受けたことがない人々や、受けたとしても、ごくわずかであるため、ほとんど何も習得していない人々である。このような人々は「非識字者」と呼ばれ、この用語には誰も異義を唱えない。成人移民教育の観点からみると、彼らはほぼ全員が生まれながらのフランス語話者ではなく、フランス語の口頭能力はまちまちである。実際、フランスの学校教育は義務であることから、非識字状態のまま学校教育を修了する人はごく稀である。つまり、非識字者といった場合、ほとんどが出身国で学校教育を受けなかった移民を指すことになる。

（2）学校教育は受けたものの、書記言語の習得が十分でない人々は、複雑化する現代社会において、リテラシーの次元での多様な要求や条件に対応することができない。このような人々は、出身国で学校教育をわずかに受けただけの移民で、生まれながらのフランス語話者ではない。また彼らは、フランスで学校教育のすべてを、あるいは大部分の教育課程を受けたフランス語圏出身の移民である。このような人々は、ユネスコによれば「機能的非識字者」、またフランスでは「識字困難者」と呼ばれている人々である。

（3）出身国やフランス、あるいは外国において、学校教育のほぼすべてをほぼ普通に受けてきたものの、フランス語を習得していないために困難を感じている人々がいる。これは、機能的非識字や識字困難という問題ではない。なぜなら、彼らは、出身国で教育をきちんと受けてきた移民であり、また書記言語にはあまり問題がないためである。

この三つのケースをみると、ここには、「外国語としてのフランス語」FLEや「第二言語としてのフランス語」FLS、第一言語としてのフランス語教育・学習に関わる問題に対応する人々がいることがわかる。このような人々を区別するものは書記言語の習得レベルであり、これは学校教育のレベルと密接に結びついている。三つのケースのいずれにも、生まれながらのフランス語話者も入ることがあるが、第一グループに入るフランス語ネイティブ話者はごく稀である。

さらに、このようなカテゴリーの一つだけに該当する人も多く、また逆に複数のカテゴリーに該当する人もいる。筆者の経験によれば、このようなカテゴリーに基づいて考察をすすめる以上に、現場の実態はいっそう複雑である。このように考えると、「外国語としてのフランス語」や「第二言語としてのフランス語」と第一言語としてのフランス語というカテゴリーは、あまり現実的なものではない。そこで現場で役立つ特徴を把握するために、このカテゴリーをもう少し検討する必要がある。

まず言語習得の順序を考えると、母語の次にフランス語を学習する人にとって、フランス語は「第二言語」であり、人によっては、フランス語が第三言語や第四言語である可能性もある。いずれにせよ、このような学習者にとってフランス語は異言語である。この点で、フランス語圏出身ではない移民は、第二言語（あるいは第三、第四言語）としてのフランス語学習者であり、これはドイツ人やチリ人がそれぞれ自国で外国語としてのフランス語を学ぶのと変わらない。つまり、言語習得の順序からみると、「外国語としてのフランス語」と「第二言語としてのフランス語」の間に違いはないのだ。これに対して、同じ観点からみても、「母語」と「外国語」や「第二言語」の間には相違がある。しかし、ここでただちに専門用語に関する新たな問題があらわれる。というのも、「母語」という用語は多くの状況で適切ではないからだ。大部分の移民の子どもにとって「母語」はフランス語なのだが、フランス語は彼らの母親の言語ではない。つまり「母語」という用語は、話者がもっとも簡単に使用できる言語を指すもので、認知面からみてもっとも「負荷のかからない」言語を意味し、話者にとってもっとも広範にわたり、多様な言語レパートリーを有する言語を意味するのである。

ここでの「第一言語」という用語は「母語」の代わりになりやすいが、ここでも新たな問題が生じる。言語習得の順序にしたがって「第一言語」という用語を受け入れるならば、フランス語は必ずしも第一言語ではなく、第二言語か第三言語の場合もある。しかしフランス語は、話者がコミュニケーションをする時にもっとも多くの場面で、もっとも容易に、また自然に使える言語なのである。したがって「第一言語」とは習得の順序に関わるものではなく、話者がもっとも多くの場面で、もっとも容易に、またもっとも自然に自己表現のできる言語を意味する。このような観点からみると、第一言語が出身国で話されている言語で、成人になってからフランスに入国した、フランス語圏出身ではない移民に関する事情も、およそ理解することができるだろう。また、フランス語圏出身の両親から生まれた子どもで、フランスで生まれ、フランスで教育を受けた人についても、およその事情がわかるというものだ。

これとは逆に、年少期や青年期にフランスに来た多くの人や、また成人したばかりで渡仏し、その後フランスに長期間にわたり滞在している多くの人々は、「フランス語と母語の入りまじった中間言語」を作り上げており、それが第二言語とは思えないほど口頭で十分に通じることもある。さらに、サハラ以南アフリカの「公用語としてフランス語を採用している」フランス語圏出身の移民や、マグレブ三国（アルジェリア、チュニジア、モロッコ）のように「フランス語を公用語として採用していないも

の の、 フランス語がかなり通用する」 地域出身の移民、 またフランスの海外県や海外領土出身のクレオール語話者などもいる。 こうした話者にとってフランス語は、 国外の外国語ではないものの、 第一言語でもなく、 フランス語のレベルからみると大きなばらつきがある。 この二極間は連続しており、 それぞれの相違は非常に微妙であるものの、 そこには著しい多様性が認められる。 このように、 状況があまりにも錯綜しているため、「フランス語の習得段階」 を解明するのは容易ではない。

このようなフランス語の口頭表現の多様性に加え、 書記言語の問題がある。 この場合、 差異はさらに著しく、 フランス語使用者の間には大きなちがいがある。 ニューカマーの移民で、 フランス語を話すことも理解することもできないにもかかわらず、 一つあるいは複数の言語をやすやすと書くことのできる移民に出会うことがある。 しかしながら、 このような東欧からの移民を別にすると、 大多数の移民はほとんど学校教育を受けていないため、 書記言語の文化変容が起こることはなかったのである。

したがって、 ここでのフランス語習得の問題は、 これまでの評価で行われてきた用語とは異なる次元のものである。 第一言語での書記言語の習得は自明なことではない。 実際のところ、 能力は不均衡であり、 たとえば、 複数言語の識字能力を持つものの、 他の学習者と口頭では（まだ） コミュニケーションのとれない学習者もいる。 生まれながらのフランス語話者であれ、 ネイティブのフランス語話者でない者であれ、 口頭でのコミュニケーション能力があるものの、 書記言語に大きな困難を覚える学習者も存在する。 学習者の相違はネイティブか否かではなく、 他の要因に基づいている。 それは、 フランスや外国で最初に通った学校教育の継続年数や教育の質に関係しているのである。 ネイティブ話者でもノン・ネイティブ話者でも、学校教育を受けた期間が短期間で、学業に失敗したと思っている学習者は、どんなレベルでも困難を感じる。逆に、きちんとした学校教育を受けた学習者は、ずっとすぐれた進歩を遂げるという意識を潜在的に持っていることから、語学教育に先立つプレイスメントテストのレベルにあたっても、このような潜在意識を無視してはならない。このような「伸びしろ」を考慮に入れて、きめ細かな評価を行う必要がある。

成人移民の教育で印象的な点は、学習者集団が非常に不均質な点である。それは、移民が、過去や将来に、それぞれたいへん異なる人生経験を持つことに起因している。学校や大学の学習者集団は、年齢や教育レベル、目的を共有している。特定目的のフランス語を学ぶ成人移民学習者も、同じ職業に就いていたり、目的が同じだったり、また学習言語の習得レベルも似ていることがたいへん多い。そのため、言語教育研究者はまず「レベル別グループ」の作成を考える。しかし、先に述べた要素を考慮に入れると、社会への編入過程にある成人移民への言語教育では、このようにレベル別グループ編成は容易ではない。この点では、伝統的な「クラス」という考え方は、言語教育学で中心的な位置を占めるとはいえ、学習者のさまざまなニーズや社会言語的な観点からみた教育目的にこたえるにあたり、まったく役に立たない。

[5] 教室から社会言語教育へ

「教室」(フランス語では「クラスのための部屋」と呼ばれる)という概念は、学校教育の現場を想起させる。

しかし、この用語だけではなく、この概念もまた成人移民への言語教育の実情に対応していない。ここでは「部屋」という用語が問題となる。「クラス」とは複数のグループを想定するもので、これは学校教育の影響が強いため、成人移民教育の分野で使えない。「教室」という概念は成人移民教育には適しておらず、「教室」という用語の代わりに「社会言語教育」という概念を用いたい。

「社会言語教育」という用語は、社会を構成する複言語状況という社会言語的文脈に置かれた学校教育を分析することから生まれたもので、これにより研究者は、言語教育学の考察や実践にあたり、社会言語学の概念を考慮に入れる必要性を認識したのである。社会言語教育とは、まず複言語状態の社会における言語教育として定義されるが、これにとどまるものではない。社会言語教育とは、言語教育を社会的文脈との密接な関わりにおいて考えさせるものである。そこで社会言語教育を定義し、また「これまでの」言語教育からの貢献を分析するにあたり、社会言語学者ルイ＝ジャン・カルヴェの発言を敷衍したい。

カルヴェが「社会言語学は言語学である」(Calvet, 2005: 4) と述べたのと同じ意味で、社会言語教育学こそが言語教育学であると述べたい。言語を含めて、すべては社会的実践であり、そこには言語教育学も含まれる。カルヴェの言説に従えば、何よりも言語が構造だけではないように、言語教育学とは教授法の集成ではなく、社会空間の外部に展開する知でもない。言語教育学とは、ある固有の社会的関係に社会的主体を関与させる限りでの社会的実践である。そしてこの社会的関係は、他の社会的実践とも同じような資格で分析されるべきものなのだ。

しかし、言語教育学の関わる状況は、単に教育を授ける人と受ける人の関係や、また特定の時間・場所・行動といった関係を越えるものであり、社会的に限定された一連の時間や活動の中心にある。教室を固定的にとらえると、教室が生みだされた社会的制約から時間・場所・活動を抽出してしまうことになる。また「教室」を認識の対象として創出することは、教室の本質そのものが社会性との関連にあることを忘れさせてしまう。

こうした一連の社会的制約を、不完全に、また順序を整えぬままに名付けるならば、制度的で教育学的な「文脈」と呼ぶべきものである。それはまた、本章の検討するさまざまな教授法に関するイデオロギーの本質であるとも呼ぶべきものであり、知識やその伝達をめぐって教える者と教えられる者とが作り上げる関係と呼ぶべきものである。当然ながら、これらはすべて、複数の要因によって決定されている社会言語教育という枠組みの中で分析されるもので、イデオロギーの本質などはその中に位置づけられる。

そこで、教授法や言語教育の内容、また関係性を考慮に入れ、さらにあらゆる部分を社会全体に関連づけることによって、すべてを分析する必要がある。このような点で、社会言語教育こそが言語教育と言える。つまり、社会言語教育とは文脈化された言語教育でもあるのだ。

Nishiyama（2009）はこの方向を支持しており、外国語としてのフランス語教育学や『ヨーロッパ言語共通参照枠』を文脈化する必要性を訴え、言語教育学研究者の注意を引いている。『ヨーロッパ言語共通参照枠』などは、アジアの文脈に必ずしも適応しておらず、あまりにもヨーロッパ中心的であるため力を失いかねないと、Nishiyamaは考えている。行動中心アプローチを唱える言語教育学が普及に努める概念は、日本ではかなり慎重に受け入れられているようだ。日本人フランス語学習者が新たに学習したことを使用して行動に移せるといった意味での「言語行動」は、あまり受け入れられていない。というのも、日本ではフランス語を使って行動する文脈がまったく存在しないためである。たとえば学習者がフランス語圏のどこかに旅行する場合などが考えられるかもしれない。あるいは、ウェブビデオを使ったやりとりなども選択肢にあるかもしれないが、そこには時差の問題がある。そのために、日本人フランス語教育学者は、フランス語学習について「直接の利益に結びつかない」アプローチへと向かっているようだ。フランス語学習とは、言語を学ぶための外国語学習であり、フランス語圏の世界へと視野を広げることが目的となっている。

このような意味で、「世界共通の言語教育学」の定義は困難であり、現在はまだ確立された概念ではないものの、社会言語教育という概念こそ、今後の研究に活路を開くのではないだろうか。

3 成人移民教育における言語教育

［1］日常生活でのコミュニケーション

移民は受け入れ社会でイマージョンの状態にあり、自然習得の状況にある。移民の受講する言語教育は、言語変容という長期にわたるプロセスの一段階にすぎない。移民が言語教育で必要とするのは、まず実践的な知識である。移民はコミュニケーションができるようになり、日常生活のさまざまな場面で相手のことばを理解し、また自分のことばを理解してもらえるようにする必要がある。移民にとって、これは社会での生存をかけた課題であり、この点に関してフランスの移民に対する新たな言語教育制度の目的は明確である。つまり、行政や各種サービス、医療、消費活動など、日常生活の中での言語実践を通じて、受け入れ社会への編入を容易にすることである。言語教育の目標や教材、テーマの選択は、主としてこのような観点から決められ、また学習進度も同じように決められる。言語構造の習得が強調されるのではなく、言語の運用能力やコミュニケーションの習得が重視されるのである。このように、学習者が言語によって効果的に行動できるよう働きかけるかぎりにおいて、これは行動中心アプローチに属する一つの教授法といえる。

［2］学校教育を受けていない学習者や、わずかな学校教育を受けただけの学習者と書記言語習得

この課題は、移民の大多数に関わり、とりわけ重要なものである。フランスにおいて、「受入・統合契約」に署名した移民の三分の二の人々は、フランスのバカロレア（高校卒業・大学入学資格）に相当する学歴、あるいは学校教育の修了資格を何も持っていない。その全員が非識字者ではないものの、先進国の基準に従えば、相当数の移民は短期間の学校教育を受けたにすぎない。また移民の出身国での教育のレベルを考慮に入れると、就学期間が短いだけでなく、教育課程の質の多くもすぐれたものとは言えない。多くの移民は出身国の言語の書記言語に対して強く不安を覚えることから、書記言語の習得が課題となる。そのために書記言語としてのフランス語の習得には、二重の問題がある。このよう

な問題に対応するため、「フランス語入門学力資格」は移民に不利にならぬよう、書記言語の配点を低く設定している。また「フランス語入門学力資格」は、フランス語の口頭表現能力の習得を重視しており、書記言語の習得については非常に限られたことを求めているにすぎない。

フランスでは、学校教育をあまり受けていないか、まったく受けたことのない移民の書記言語習得という問題は、これまでいわば「ゆがめられて」きた。移民は「受入・統合契約」に署名すると最高四〇〇時間までの授業を受講することができるが、これでは書記言語の習得に必要なレベルに達するために不十分である。その上、書記言語の習得はフランス語話者にも関わる。つまり、若年フランス人のおよそ一〇%が識字困難者といわれている。これ以外のフランス語話者も識字困難者ではないにせよ、書記言語に不安を持つ人はいる。たとえば日常の話題について書かれた簡単な文章の読解に苦労する人にとって、綴字法《ていじ》の問題などは「ぜいたくな悩み」といってよい。

つまり、移民にとっての喫緊の目標は、口頭表現も含めて、正しくフランス語を書くことやフランス語の文法規範をきちんと守ることではなく、人の手をわずらわせずに、日常生活のさまざまな状況を効率的になんとか切りぬけることであり、そこでは書記言語が重要になるのだ。とはいえ、書記言語の習得について国の要求するレベルは低いため、問題の解決は進んでいない。非識字者は無論のこと、書記言語に不安を持つ移民も、受け入れ社会で具体的な問題に直面している。フランスでは、私的な領域であれ、仕事の場面であれ、社会生活でのどのような場面でも、書記言語を無視することはできない。

ところがフランスにおいてこの問題は、事業所や企業などにゆだねられてきた。清掃業や建設業、公共事業、ホテル業といった単純労働や、資格のほとんど必要ない被雇用者として移民を雇ってきた事業所に問題は一任されてきたのである。しかし、新しい産業や、安全で質の高い業務では書記言語の能力を求められるため、多くの移民労働者は書記言語の問題に直面している。しかも書記言語は企業活動のあらゆるところに不当なまでに介入し、書記言語とは直接の関係を持たず、ほとんど関係のない職種や分野にまで入り込んでいる。そのため数年前から、就労のためのフランス語習得の問題や、なかでも職業に用いる書記言語に特化した研究やアクション・リサーチが進められている。

［3］教授法と教材

本項では、教授法を詳述するのではなく、いくつかの方策を示してみたい[2]。

a　教授法は、学習者の社会言語生活上のニーズに応じて行う必要があるもので、言語を言語として教授することを目指すものではない。

b　学習者が、プライベートな領域や仕事の場面、また社会生活を送る上でもっとも頻繁に出会う状況の中で、母語話者の発言を理解し、また自分の発言を理解してもらうことを目標とする。そこでの学習法は行動中心アプローチであり、習得した言語が学習者の日常生活に役立つものでなければならない。

c　このような目標に達するために、学習のテーマや使用する資料、補助教材に格別の注意を払う必要がある。コミュニケーションの現場や受け入れ社会の中での実際の生活に注意を向けなければならない。したがって、教室で教える言語は母語話者が実際に使う言語であり、学術言語や抽象的言語ではない。

学校教育をほとんど受けていない移民や、まったく受けていない移民にとって、書記言語の学習は特殊な方法によらねばならず、それは次の方向に向かうだろう。

a　学問的正しさをめざして書記言語を正確に習得させようとしても無駄である。短期目標、中期目標、長期目標をそれぞれ定めて、親しみやすく、ただちに役立つ言語学習にすべきである。

b　書記言語の習得のための特別な学習をすすめると同時に、先進国での書記言語の世界に慣れ親しむ作業を行うべきである。たとえば、書記言語がどのような場合に必要で、なぜ無視できないものであるかを教える必要がある。これにより、学習者は口頭言語表現の世界から、先進国の中での書記言語により生み出される社会的・認知的世界へと移行するようになるだろう。

c　文脈を無視した抽象的なコードとして、つまりそれ自体を目的として書記言語とその学習を行うのではなく、社会を認識するための道具の一つとして書記言語を考えるべきである。

d　学校教育をほとんど受けていない移民や、またまったく受けていない移民にとって、抽象的なメタ言語を用いることは、たいへんに奇妙なものと映る。そのためメタ言語が学習者を助けるのではなく、学習のさまたげになるのであれば、メタ言語は避けるべきである。

e　できるだけ日常生活の中で使われる書記言語の実態に近い学習資料や教材を使用するべきである。移民が日常生活で接するのはこのような資料であり、文字文化の残した文学などの遺産ではないのだ。

4　結論

移民における言語の文化変容は、移民の統合に関わる基本的な要因である。なぜなら、これは経済や社会、個人の生活など、あらゆる事柄の条件となるからである。しかし、言語学習は自然習得だけでは不十分であり、言語学習を加速させるためには質の高い特別な教育が欠かせない。口頭言語や書記言語の習得は、日常生活での社会統合に不可欠な条件の一つにとどまらない。これは象徴的次元に大いに関わるために必要なのである。言語は移民にとって一つの道具であるが、それはまた統合や母語話者との関係の近さを表すものでもある。

ギリシャ人は、外国人、つまり自分たちの理解できない言葉を話す人をみな「バルバロス」barbarosと呼んだ。この単語は、ラテン語を経由して「野蛮な」barbare《バルバール》という単語となり、今日では「未開の野蛮人」を意味するようになった。
言語文化の変容のプロセスが、さまざまな偏見をぬぐい去り、異なる人々の間でのお互いの歩み寄りやコミュニケーションをすすめる上での一助となることを願うばかりである。

〈注〉

［1］ *Bulletin official*, 二〇〇五年一〇月一三日三七号掲載。

［2］ これについてはAdami（2009）において、より網羅的な提案を行った。

〈参考文献〉

Adami, H. (2010). « L'acculturation linguistique des migrants : des voies de l'insertion sociolangagière à la formation », In Cadet, L., Goes, J., Mangiante, J.M. (Dir.), *Langue et intégration*, Bruxelles : Peter Lang, pp. 39–51.

Adami, H. (2009). *La formation linguistique des migrants*, Paris : CLE International.

Baggioni, D. (1997). *Langues et nations en Europe*, Paris : Payot.

Beauchemin, C., Hamel, C., Simon, P. (2010). *Trajectoires et origine : enquête sur la diversité des populations en France, Premiers résultats, Document de travail* 168, Teo, Insee et Ined.

Calvet, L.J. (2005). *La sociolinguistique*, Paris : Presses Universitaires de France.

De Certeau, M., Julia, D., Revel, J. (2002). *Une politique de la langue,* Paris, Gallimard.

Héran, F. (1993). « L'unification linguistique de la France », *Population et société,* n° 285.

Héran, F., Filhon, A., Deprez, C. (2002). « La dynamique des langues en France au fil du 20ième siècle », *Population et sociétés,* n° 376.

Lodge, R. A, (1997), *Le français, histoire d'un dialecte devenu langue,* Paris, Fayard.

Nishiyama, N. (2009). « L'impact du Cadre Européen Commun de Référence dans l'Asie du Nord-Est : pour une meilleure contextualisation du CECR », *Revue japonaise de didactique du français,* Vol. 4, n° 1, pp. 54–70.

Schnapper, D. (2003 [1994]). *La communauté des citoyens,* Paris, Gallimard.

Simon, P. (1997). « L'acculturation linguistique. Utilisation du français et transmission de la langue des immigrés à leurs enfants », *Migrants Formation,* n° 108, CNDP, pp.53–65.

Thiesse, A. M. (2001). *La création des identités nationales,* Paris : Seuil.

Tribalat, M. (1995). *Faire France. Une grande enquête sur les immigrés et leurs enfants,* Paris : La Découverte.

五章にひきつづき、フランスの「受入・統合契約」と「フランス語入門学力資格」についての説明があった。「統合の言語としてのフランス語」は日本も参考になると思うんだけど、どう思う？

どの程度言語能力が必要か、という議論をするときに、基準は必要。日本語能力試験は生活に必要な日本語力を測るものではないから、日本でも社会参加の視点から基準を作っていけばいいのにね。

七章　ドイツの移民の社会統合——ドイツ語教育への期待と現実

松岡洋子

1　ドイツの社会統合政策の背景

ドイツは長い間、血統主義だったが、国籍法を原則生地主義に改定し、新移民法を制定して、外国人労働者を移民として受け入れる政策転換が行われた。その背景には、日本と同様に少子高齢化社会を迎え、労働人口の確保が課題となったことがある。その結果、現在、ドイツではどのような変化が起こっているのだろうか。ここでは、移民に対するドイツ語習得の義務化という大きな政策転換を行ったドイツの期待と現実について、調査から得た情報を挙げながら説明する。

ドイツの全人口に占める外国人比率は年々増加している。二〇一三年には七〇〇〇万人を超え、二〇一四年八月の統計では全人口に占める比率は八・九五%である。また、二〇一三年のドイツ連邦政府統計資料では移民背景の人口が二〇・五%となり、五人に一人が移民背景を持つ市民である[1]。

ドイツは、第二次世界大戦の敗戦からの復興を外国人労働者の助けを借りて進めた。トルコを中心とした二国間協定により、「ガストアルバイター」と呼ばれる一時的な補助労働力としてやってきた外国人労働者たちは、ドイツの復興が進んだ段階で祖国に帰国することを想定して受け入れられたと言われる。その後、一九七〇年代のオイルショックを機に、ドイツは外国人労働力の導入政策を停止したが、移民の祖国への帰還は進まなかった。なぜなら、労働者はすでに家族を作り、ドイツに住み続けるようになっていたからだ。このような状況にありながら、「ドイツは移民国家ではない」という態度をとり続けてきた。

これに加え、戦中に旧ソ連を中心として移住したドイツ人とその家族が一九八〇年代ごろからドイツに帰還した。日本でも中国残留邦人の帰国が一九八〇年代から始まったが、同じような存在である。このような帰還者も元々はドイツにルーツがありながら、ドイツ語もできず、ドイツの文化も持たない移民的背景を持つ存在で、ドイツ社会へとけこむことが難しい。

このような状況に対して、ドイツは「移民国家」として政策転換を始めた。二〇〇〇年には国籍法の改定があり、長年続けられた血統主義を、原則的に生地主義に転換させた。つまり、ドイツで生まれた子どもはドイツ国籍を持つのだ。そして、二〇〇五年にはいわゆる新移民法が施行された。ドイツは移民の存在を認め、ドイツ社会への統合を目指すこととなった。

移民の社会統合上の問題の多くは、貧困問題とつながるのではないだろうか。ドイツに住む移民のうち、ＩＴ技術者など高度人材と呼ばれる人々や、投資家、プロスポーツ選手などは、社会的地位や、経済状況が安定している。そのため、ドイツ語ができないことによる不利益は限定的であるし、ドイツ社会に対する貢献度がドイツ国民に認識されやすい。一方、単純労働者層の場合、学歴や職業スキルが低く、正規雇用の対象となりにくい。その上、ドイツ語能力が十分でなければ、仕事のスキルを得るための研修も受けられず、就労機会も限られ、低賃金の不安定な職業につくか、悪ければ失業状態に陥りやすい。そして、移民はドイツ社会の負担になっていると捉えられる。

この課題の解決に向け、ドイツは二〇〇五年にいわゆる新移民法[2]を施行し、その法律を根拠としてドイツに住む外国人に対して一定程度のドイツ語能力を求めるようになった。つまり、ドイツ語ができることが正式な社会のメンバーになる条件であるという立場の表明であり、同化的な社会統合施策であるとも言える。しかし、現実問題として、ドイツ語ができなくとも特定の社会的・経済的地位を確保できる場合を除き、ドイツ社会での生活はドイツ語抜きに成り立つものではない。ドイツで生活するならドイツ語ができなければならないということを、特に単純労働層の移民に向けて宣言したという側面がある。

2　ドイツの挑戦——社会統合コース

移民を受け入れた社会が直面する言語課題は、公的領域にも私的領域にも見られ、受け入れ社会の不安定要素としての課題と、移住者の人権をめぐる課題の二つの側面がある。ドイツでは、第二次大戦後の経済復興期に受け入れた外国人労働者とその家族、あるいは第二次大戦中に旧ソ連に渡ったドイツ人の帰還者、そして難民などの中の経済的弱者層で問題が目立ち始めた。これらの移民は宗教や生活習慣の違いが大きく、教育や労働に対する考え方もドイツ人とは異なっている。そのため、ドイツ社会との接触は最小限のものとなり、周縁化していった。言い換えれば、これらの移民にとって、ドイツ社会との共通言語を持つ必然性が低かったということである。これに対し、旧ソ連からの帰還者や難民に対しては連邦政府によってドイツ語教育や住宅支援、就労支援などの社会統合支援施策が実施された。しかし、トルコ人をはじめとする外国からの労働者は、いずれ母国に帰る人々であり、社会統合の対象とはみなされなかった。外国人労働者たちは家族を作り、ドイツ社会に定住していったにもかかわらず、ドイツ社会は移民を受け入れたという認識を示さないまま、問題が顕在化していった。

「外国人労働者たちはドイツ語能力が低いために教育の効果があがらず、労働市場に参画するために必要な知識やスキルの習得もできない」、「働きもせずにドイツ人の税金（＝社会保障費）で生活している外国人がいるのはおかしい」、「外国人労働者たちはまずドイツ語を学んでドイツ社会で自立する力をつけるべきで、さもなければドイツから出ていくべきだ」という社会からの反発が日に日に高まった。特に経済状態が悪化すると、移民に対する反発は強くなる傾向が見られるようで、一九九三年にドイツ中西部のゾーリンゲンで起こった、ネオナチと呼ばれる右翼によるトルコ人焼き討ち事件はドイツ社会に衝撃を与えた[3]。これに対応して、ゾーリンゲンのあるノルトライン・ウェストファーレン州政府は、移民の社会統合と反差別に関する施策を、連邦政府に先んじて行うようになった。また、この事件以前にも、フランクフルト特別市などの自治体、あるいは市民団体によって、独自の移民施策・事業が多く展開されるようになった。

このような状況の中で、二〇〇五年に新移民法が施行された。「ドイツには移民がいる」ということを政府が認め、これまで移民の背景によってバラバラに対応されてきた社会統合施策を「移民」というカテゴリーでまとめ、新たな行政機関として設置された連邦政府移民難民局（Bundesamt für Migration und Flüchtlinge）が移民に関わる行政を統括するようになった。

この新移民法では、ドイツ語能力が十分ではない移民に対して統合コースと称される六〇〇時間のドイツ語学習と三〇時間のドイツ事情学習を義務付け、ヨーロッパ言語共通参照枠（Common European Framework of Reference for Language：CEFR）[4]のＢ１レベル（中級前半修了程度の言語能力）のドイツ語能力とドイツ事情知識の習得を求めた。コース終了時には修了テストに合格しなければならない。統合コースは政府が統括し、コース委託機関の条件、教員の資格等が定められ、教育機関の選定、評価が実施される。統合コースは二〇〇五年以降、改定が重ねられ、現在は学習時間が変更され（ドイツ語学習は最短四〇〇時間〜最長九〇〇時間、ドイツ事情は一〇〇時間に延長）、一般コースのほかに、青少年コース、女性コース、識字コースなども開設され、移民のそれぞれの事情にあったコース選択ができるようになっている。イスラム教の女性は宗教上の理由から一般コースには参加しにくいこと、青少年にはドイツ語に加えて職業訓練的な要素が必要なことなど、さまざまな事情がわかってきたため、改定が行われたのである。

連邦政府の報告書によると、受講者のうち試験に合格できない人は、比較的年齢が高い人、あるいは学歴が低いトルコ人、イラク人が多いが、参加者たちは、コース受講後には、役所の手続き、職探し、子どもの学校とのコンタクト、近所づきあい、余暇活動など、ドイツでの生活に自信を持って関われるようになったと感じているということだ。[5] 統合コースは、予算、教育内容や方法、評価方法など課題を多く抱えているが、一定程度の効果を上げていると評価されている。統合コースは、移民はドイツ語によって社会統合を行う、単言語優位社会を維持する、という明確な方針のもとに運営されているのだ[6]。そして、異言語間接触領域の共通言語がドイツ語に統合されていくことを、政府は成果と捉えている。

3　移民背景の子どもの教育のために

ドイツでは統合コースの実施によって、ドイツ語を共通言語とする社会の構築に向けて進んでいるが、もちろん移民たちの母語使用を否定しているわけではない。特に、子どもの教育については家庭や補習授業で母語による教育を行うことが、さまざまな形で奨励されている。たとえば、ノルトライン・ウェストファーレン州では、移民の母親が子どもの教育に母語で関わる力をつけることを目的としたリュックサックプログラム[7]というプロジェクトが行われている幼稚園がある。子どもが幼稚園で過ごしている時間帯に、移民の母親たちも別教室に集まり、子どもたちが教室で学んでいる内容を母親も学び、家庭で母語によってその内容について親子で話し合えるようにするというものである。

移民の母親たちの中には、ドイツ語能力が低く、また母親自身が学校教育を受けていないために、母語の読み書きもできないという人がいる。そのような母親のもとで育つ子どもは成績不振で学校からドロップアウトしてしまい、仕事にもつかないという問題が起こっており、ドイツ政府はこの事態に危機感を持っている。統合コースに女性コースや識字コースを作り、識字力を高めようとしている理由の一つは、母親たちが教育に関われるようにするためでもある。リュックサックプログラムの目的も、母親が家庭において教育に関わる大切さを認識すること、そして、実際に家庭で子どもと接する具体的な方法を学ぶことである。また、このプログラムに参加することで、幼稚園の教師やほかの母親たちと接触する機会が増え、地域の人々とのコミュニケーションが円滑になるという効果も見られるようだ。

デュッセルドルフ市内の幼稚園のリュックサックの風景。多民族グループでドイツ語によって行われていた。

リュックサックのリーダー研修会風景。トルコ人の母親リーダーたちが絵本の読み聞かせの学習方法を学んでいた。

このプログラムが始まる以前は、移民の母親たちと幼稚園の教員やほかの保護者とは、あいさつもしないような仲だったということだが、プログラムの運営にあたって滞在経験の長い「先輩のお母さん」がプログラムリーダーとして幼稚園の教員と関わるようになったことで、お互いの存在について認識が大きく変わったということだ。異文化接触課題場面でよく言われることだが、「顔の見える関係」を作り上げることの大切さが、ここでも見られたということである。

リュックサックプログラムの場合、ドイツ社会の側にも移民の持つ文化への気づきを促し、それを維持することが、家族の安定と子どもの成長にプラスの働きをすることを認識する機会となっている。

受け入れ側であるドイツ人の努力もいろいろな形で行われている。たとえば、ドイツでは国籍にかかわらず子どもの教育は義務化されている。それに伴いドイツの教師養成課程では、第二言語としてのドイツ語教育の知識を学ぶことがカリキュラム化されている。さらに、移民背景のある子どもたちは、四歳になると就学に必要なドイツ語能力が育っているかどうかを判定するための言語チェックを受ける。早期に対応することで、子どもが教育を受ける機会を失うことがないようにするための配慮である。

日本では、言語や文化の異なる子どもの教育についての知識を持った教員はとても少なく、言語に対する対応も不十分である。日本でも将来的にはドイツのような対応が求められるようになるかもしれない。

4　移民とのコミュニティ作りのために

ドイツでは、前にもふれたように、移民を排斥する動きが散発してきた。ネオナチと呼ばれる人々による外国人に対する差別的な言動や、最近では、ペギーダ（PEGIDA : Patriotische Europäer gegen die Islamisierung des Abendlandes）など反イスラム、反移民を訴える政治団体によるデモ行動などが目立つ。新移民法施行以前から、ルール工業地帯など外国人労働者が多く住む地域を中心に、文化や習慣の違いから住民間の摩擦が見られた。一方で、最近では町にモスクが建設されるなど、二〇世紀には想像できなかった変化も見られる。

内務省は、二〇〇五年と二〇〇六年に民間財団と協働し、自治体等が行う移民統合に関する施策の成功事業を表彰するプログラムを実施した。事業の中には、ドイツ人に対する異文化理解講座やスポーツや祭りなどを通じた交流事業、受け入れ社会と移民のリーダーが共同で町の課題を解決するための政策提言プロジェクト、移民背景のある子どもたちに職業スキルを習得させるためのワークショップの運営プロジェクトなど、町の規模や実施主体などにより、実に多彩な取り組みが行われている。

また、ケルンの公務員養成大学では、異文化間コミュニケーションをカリキュラムに組み込み、警察官、市役所職員など公務員の立場で移民と接触する際に配慮すべきことについて具体的な事例を交えながら学ぶプログラムが行われている。公務員は市民生活に必要なサービスを提供する人材であり、コミュニティを維持するキーパーソンである。公務員が異文化対応力を身につけることは、ドイツ社会が移民とコミュニティを作っていく上でとても重要なことだ。

最近の動きとして、内務省は二〇一三年に「統合」から「包摂」へと移民受け入れの方針転換を行い、"Willcommenskultur"(ウェルカム・カルチャー)という異文化受け入れ意識をキーコンセプトとして掲げた。そして、一〇都市で「Wellcome Center」という機関を設置し、ワンストップで外国人に対するサービスを行うモデル事業を始めた。また、マスメディア等を活用し、移民の持つ能力を認識し、

ケルンの大規模なモスク。建設にはキリスト教徒からの反対もあった。

ケルン東部郊外ケルペンのモスクの内部。祈祷できる場所ができたことは誇らしいと担当者は説明していた。

移民受け入れの意味を理解するための啓発活動も行われている。

5　言語教育を超えて

移民の社会統合をめざして、ドイツ社会はさまざまな試みを続けている。言語さえできれば、すべてがうまくいくのではない。教育、仕事、コミュニティなど日常の具体的な課題は簡単に解決できるものではないが、だからこそ、できること、しなければならないことを、さまざまな機関や人々が行っている。

移民に対する言語教育は重要だ。移民が言語を学ぶ機会を保障し、移民は言語を学ぶ努力を続けることが大切である。それと並行して、移民が教育を受け、仕事を持ち、家庭を営み、社会に貢献し、楽しみを持つという、当たり前の市民生活をするために、受け入れ社会の側の意識の変容と社会の仕組みの変化も重要であることが、ドイツの変遷から学べる。

〈注〉

［1］ドイツでは人口統計で外国籍のほかに移民背景の人口についても把握している。https://www.destatis.de/EN/FactsFigures/SocietyState/Population/MigrationIntegration/MigrationIntegration.html

［2］正式名称 Aufenthaltsgesetz und Freizügigkeitsgesetz/EU（滞在法及びEU連合移動自由法）

［3］野中恵子（一九九六）『ゾーリンゲンの悲劇――トルコ人労働者移民放火殺人』（三一書房）などに詳しい。

［4］CEFRは現在、外国語教育で広く利用されるようになり、日本でも外国語教育あるいは日本語教育の能力指標の一つとして用いられている。http://www.coe.int/t/dg4/education/elp/elp-reg/cefr_EN.asp 参照。

［5］ドイツ移民難民局は統合コースについて効果、課題等について評価を行い、必要な改定を行っている。http://www.bamf.de/SharedDocs/Anlagen/EN/Publikationen/WorkingPapers/wp42-integrationspanel.html?nn=184079

［6］ドイツ統合コースの詳細については、本書八章の「ドイツにおける移民への言語教育――ヴィースバーデン市民大学を例とした教育現場からの報告」を参照してほしい。

［7］財団法人RAAでは、リュックサックプログラムのほかにも移民の青少年教育のためのさまざまなプロジェクトを実施している。詳しくは、http://www.raa.de/（ドイツ語）を参照。

社会的状況は、ドイツと日本って似ているところがあるんだね……。ところで、私、最近、ドイツのミュンヘンに行く機会があったんだけど、今のドイツの状態って、難民があふれかえっている感じで、あまりいい雰囲気ではなかったような気がする。二〇一五年以降、ドイツにどんな変化があったの？

まあ、今回の難民受け入れ以前から、ドイツの都市部の中心駅周辺はあまり治安がいいところとは言えなかったから、急に雰囲気が変わったということではないのかも。このあたりの事情は、難民流入が原因と短絡的に捉えないで注意して見ていく必要があると思います。ドイツは、戦後の戦争難民の受け入れ以降、難民などを受け入れてきた歴史があって、その人たちはドイツ社会で貴重な労働力にもなってる。そして、二〇一〇年のアラブの春以降に中東情勢が不安定化して、特に二〇一五年はメルケルが難民の受け入れを表明した。受け入れた数は一〇〇万人以上。シリア、イラン、イラク、エリトリアからの難民は難民認定申請中にも統合コースが受講可能に法改正されたし、そのほかの国から来た人々に対しても、ボランテ

ィアがドイツ語を教えたり、生活の世話をしたり、住民が協力して支援をしているそうです。ただ、これだけの難民を一時期に受け入れると、その支援のための財政問題、地域住民の不安など、いろいろことが起こってきて、難民受け入れ賛成派と反対派で意見の対立もある。ミュンヘンのあるバイエルン州では知事がメルケル首相の難民政策に反対の立場をとってる。難民はドイツの労働力不足に悩むドイツにとって新たな労働力獲得というメリットになるけれど、社会保障の対象を大量に抱えるリスクにもなる。そのリスクを防ぎ、ドイツ社会の労働力として貢献してもらうための投資として、ドイツ語教育や職業訓練が重視されるんですね。

八章 ドイツにおける移民への言語教育
——ヴィースバーデン市民大学を例とした教育現場からの報告

アーニャ・カロリーネ・ウェーバー［石澤多嘉代訳］

ヴィースバーデンはヘッセン州の州都で、州内ではフランクフルトに次ぐ第二の都市である。人口は二七万〇〇〇〇人弱。そのうち一六・八％が外国人で、三二％が移民の背景を持った人たちだ[1]。ヴィースバーデン近郊を含めると約五六万人が住んでおり、ヴィースバーデン市民大学はこれらの地域における移民統合コースを提供している機関の中でも最大級の機関となる。また、当機関は長年移民統合コースの教師に対する研修も行っている。

これから述べるのは次の六つの点についてである。まず、ドイツでの移民統合コースの実施形態を紹介する。次に、コースのモジュールシステム、目標、修了についての説明をする。統合コースでの言語教育全般に共通する目的は、言語運用能力をつけて社会に溶け込むことである。ここではドイツでの授業の基礎となっている運用場面の紹介をする。四つ目のテーマとして、受講者の多様性について取り上げる。さらには、このようなクラスでの授業におけるほかの授業との相違点や、教授学や教授法が目指すところとはどういったものなのであろうかという点について述べる（五つ目のテーマ）。教授法や方法論をつきつめていくと、教師の役割と課題も変わってくる。これを六つ目のテーマとしたい。

1　移民統合コースの形態

通常の統合コースは六〇〇コマ（一コマ四五分）からなり、それぞれ三〇〇コマの基礎コースと応用コースに分かれている。コース終了時には受講者はヨーロッパ言語共通参照枠（CEFR）[2]のB1レベルに達することができる。その後いわゆるオリエンテーションコースが一〇〇コマあり、ドイツという国、社会、政治、文化そしてドイツの歴史についての授業を受ける。コースの最後にはテストがある。語学テストのA2レベルには合格できたが、B1レベルに受からなかった場合、さらに三〇〇コマの再履修コースに申し込むことができる。

ほとんどの受講者がこの形態の統合コースに参加しているが、このほかにも六種類の特別コースがある。[3]アルファベット学習コース、女性用コース、両親コース、年少者用コース、集中コース、そして促進コースである（表1）。これらのコースにはコマ数が通常のコースより長いもの、または短いものがあり、重点を置く内容や、授業のやり方にも違いがある。

ヴィースバーデン市民大学では通常の統合コースのほかに、アルファベット学習コースと促進コースを行っている。アルファベット学習コースの対象者は非識字者、機能的非識字者、そして第二言語としてのドイツ語学習者である。促進コースの受講者には特徴がある。彼らはすでに長年ドイツに住んでおり（ドイツ語コース受講歴はなし、または極わずか）、ブロークンなドイツ語を話す場合が多い。間違って覚えた型を長年繰り返し使用して化石化しており、特に文法と発音にそれが顕著に見られる。こ

表1　6種類の特別コース

コース内容		目標
アルファベット学習コース 900コマ	＋ オリエンテーションコース （O-コース） 60コマ	A2 場合によってはそれ以上
女性用コース 900コマまで	＋ O-コース　90コマ	B1
両親コース 900コマ	＋ O-コース　60コマ	B1
年少者用コース　900コマ	＋ O-コース　60コマ	B1
集中コース　400コマ	＋ O-コース　30コマ	B1
促進コース　900コマ	＋ O-コース　60コマ	B1

の現象から「流暢な非正確話者」という概念も生まれた。受講者達は豊富な語彙を持っており、比較的コミュニケーション能力もあるが、読解や作文が弱い傾向にある。授業の際、理論的または教授法上に気をつけるべき点は「新たな学習」と間違った型からの「学び直し」が同時に行われるという点にある。

2　モジュールシステム、目標、修了

六〇〇コマもしくは九〇〇コマの総授業時間はモジュールで一〇〇コマごとに分けられている。最初に受講者は広範囲から出題されるプレースメンテストを受け、実力に合ったモジュールに振り分けられる。コース受講中に一つ上のモジュールに上がったり、同じモジュールを再履修することも可能だ。

Ｂ１レベルでの統合コースの共通目標は、「移民は日常生活で必要なドイツ語力を有し、ドイツ社会の一員となることができなければならない」[4]とされている。コースを修了するためには「移民のためのドイツ語テスト（ＤＴＺ）」[5]というテストを最後に受けなければならない。これはＡ２／Ｂ１レベル両方の評価に使える尺度化され

たテストである。聴解・読解・作文・会話の四技能全てが個別評価され、A2以下、A2、B1のいずれかの評価がつく。

オリエンテーションコースのテスト、移民のためのドイツ語テストに総合B1レベルで合格した受講者には、「統合コース修了証」が出される。B1レベルというのはドイツではドイツ国籍取得の必須語学レベルになっている。

ここで、共通の語学コース目標についてもう少し説明したいと思う。というのも、それが「古典的な」語学コースと比べて内容的に新しいものであり、そこから語学授業の新たな実践法も作り出されたからだ。

ヨーロッパ言語共通参照枠によると、B1レベルを達成することで、受講者は「日常生活でほぼ全てのシチュエーションに対応可能になり、家族や仕事などの身近なテーマについて簡単に述べることができ、経験や出来事についての報告ができるようになる」ということである[6]。

3　言語運用能力と運用場面

統合コースの狙いは、移民の言語運用能力を伸ばして社会へ統合することにある。これは何を意味しているのであろうか。ここで統合コースカリキュラムの枠組みから Szablewski-Çavuş の言葉を引用する。

「移民のドイツでの生活全般に大きく関わっているのはドイツ語である。全ての移民にとってドイツ語でのコミュニケーションは基礎となる。ドイツ社会で個性と能力を発揮し、十分な情報を得、自己の権利を知り、学校や職業訓練に通い、さらにはこれらのことを通して社会とのコンタクトを築いて維持し続けるためには欠かせないものだ」

これを言い換えれば次のようになるだろう。

ドイツ語の習得、向上はドイツ語コースの「本来の」目的ではなく、
「居住国においてコミュニケーションをとるための手段である」[7]
「それぞれのグループのためのカリキュラムの枠組みは、移民が社会のどの領域で言語を運用しなければならないか、そしてどのようにして最短で言語運用能力を獲得できるかということを考慮して設定されなければならない」[8]

ここでヴィースバーデン市の移民統合コンセプトについても触れておきたい。これは構造、文化、社会、アイデンティティの四つの面から、移民の社会統合過程を描写しているものである。[9]

では、具体的にこの過程でどのようなニーズが生まれ、統合コース受講者からはどのような要望が上がってくるのだろうか。カリキュラムの枠組みづくりの際に、コース提供機関、講師、受講者に対してのニーズ調査[10]が行われた。それにより運用場面、受講者の基礎能力、重点が置かれるべき技能が

わかってきた。

移民は具体的に設定された言語運用場面に沿った活動をとる必要がある一方、様々なコンテクストの中で繰り返し使用される表現も身につけていなくてはならない。

統合コースの基本的考え、学習目標、そして教材は一二の運用場面と、全ての運用場面に共通する五つのコミュニケーション領域で成り立っている。

一二の運用場面とは、役所、仕事、就職活動、職業研修、銀行と保険、子供の世話と教育、買い物、健康、メディアの使用、移動、授業、住居のことを指す。

五つの共通領域とは、移民を取り巻く状況への対応、感情・態度・意見の表明、侮辱とコンフリクトへの対応、社会との関わり、自身の語学学習方法を指す。

これらのテーマは、従来の語学授業のカリキュラムを大きく超えたものであろう。


「社会の一員として生きるための能力とは言語的、異文化的、方略的能力とそれぞれに必要な地域情報、文化情報の知識の相互作用を必要とする。このことからカリキュラムの枠組みは単に言語的な学習目標をリストアップするのではなく、必要な地域事情の知識や異文化適応能力の要素にも対応しなければならない[11]」

このことは、授業で具体的に教える際にどのような意味を持つのであろうか。

次のようなシチュエーションを仮定してみよう。ある人が病気になり、仕事等を休まなければならない。この人がするべきことは何であり、そのために何ができ、何を知っている必要があるだろうか。地域事情としてこの人が知っておくべきことは、仕事、語学コースもしくは学校を欠席する場合、ドイツでは欠席初日にすぐ届けを出す必要があるということだ。文化によって規則順守の度合いの高さが違うこともあるということは、この人も異文化知識として知っているだろう。この場面で必要な言語能力は、簡単な言葉で電話での欠席の連絡ができるというものである。電話でどのように報告していいかわからない場合、または状況をどのように言葉で表していいかわからない場合、他の人に尋ねることができなければならない。これらの能力が合わさった場合にのみ、場面に適した言語運用が可能になる[12]。

例として、カリキュラムの枠組みから、仕事の場面で必要となる異文化適応力と地域事情の知識の部分を抜粋して紹介する。

運用場面「仕事」

異文化適応力とは——

- 文化によるチームワークの意味の違いを敏感に感じ取ることであり、チームにおけるコミュニケーションの慣例を意識化できることである。
- 文化による職業生活上の時間の扱い方の意味の違いを敏感に感じ取ることであり、自己の行動をそれに沿わせられることである。
- 文化によって違う規則や約束の重さに対して敏感になることであり、自己の行動をそれに沿わせられることである。

地域事情とは――
- ドイツの労働法と社会法上に関連する決まりごとについて知識を持つことである（例・雇用契約の終了と解消、解約通知機関、解雇保護、年金受給権、不法労働に対する制裁措置などについて）。
- 社会給付金、産婦保護法、少年保護法や労働協約と就業時間モデルに対する知識を持つことである。[13]

一二のどの分野でもこのような異文化適応力と地域事情に言及している部分がある。授業においても常に異文化学習が行われる。つまり、自他の文化を比較、意識化し、それによって歩み寄り、そして最終的に自文化への固執を自覚し、多文化の受け入れのすべを学習するのだ。

ニーズ調査によると、四技能の中で発話・会話が最も頻繁に使用される技能だという結果が出た。このことはコース終了時の移民のためのドイツ語テスト（DTZ）にも反映されている。会話のテストでB1レベルに合格し、かつ、聴解／読解か作文の二つの内いずれかのテストをB1レベルで合格できれば、B1レベルに達したということになる。

図１　統合コースの受講者たち（撮影：Vera Seibel）

また、会話のテストでA２レベルに合格し、かつ、聴解／読解か作文の二つの内いずれかのテストをA２レベル以上で合格できれば、A２レベルに達したということになる。

４　受講者の多様性

二〇一一年一一月のヴィースバーデン市民大学での統合コースはどのような顔ぶれだろうか（図１）。ここには様々な国からの老若男女が映っている。

受講者の多様性というテーマについて思い浮かべるのは、どのようなことだろうか。まずは、出身国、年齢、性別、母語の違いなどで、これに複言語使用が加わることもある。それに加えて、社会的適応度、文化的適応度、協力態勢と能力の有無、さらにはその人自身の移住経験、人生経験、ドイツでの滞在期間の長さ、統合コース参加資格の種類（義務か自由参加か）、希望の職種があるか、働いているか、受け入れ社会での現在の役割等が関わってくる。

これら全ての属性が一人の人間の中で混在し、一人一人の中で異なった様相を見せ、語学習得のプロセスに異なる影響を与えているのだ。

さらには、直接言語習得と関わり合いを持つ重要な属性も存在する。受講者の教養の社会化、学習能力、（言語）学習経験の有無、学歴・職歴、個人的なニーズや要望、ドイツ語の知識、ほかの言語の知識、そして、忘れてはならないのがモチベーションである。

5　教授法・教授理論

このことは、統合コースの授業での教授法・教授理論にどのような意味を持つのだろうか。ここで語学コースからの写真を示す（図2）。受講者の様子をじっくりと見てほしい。彼らは何を、どのように行っているだろうか。

受講者は思い思いに会話したり、書き物をしたり、何かを見たり読んだり聞いたりしている。そして、受講者は、個人で、ペアで、小グループで、またはうろうろ歩き回るかのようにして作業している。手にメモやノートや本や何かを持っている人、互いに目を合わせている人、プリントや本やノートや黒板や壁のポスターなどを見ている人など様々だ。騒がしくしている人たちもいれば、静かな人たちもいる。何枚かの写真ではそれらがすべて同時に起こっている。教師はどうしたのか。まるでそこにいないかのように見える。ここではいったい何が起こっているのだろうか。

統合コースの授業デザインにおける重要な原則は二つだ。それは行動中心で行うということ、様々な作業形態をとらせるということである。[15]

図２　統合コースの授業風景１（撮影：Vera Seibel）[14]

　行動中心の授業の目的は、受講者が授業のみならず、実生活で言語運用できるようになるというところにある。授業中には現実に近いシチュエーションや課題で、実生活がシミュレーションされ、コミュニケーションの目的に合わせて、インターアクションの形で行われることが多い。このような行動中心の段階では、コミュニケーションの目的達成が文型の正しさより優先されることになる。文型ドリル練習や、ミスの訂正が行われるのは授業の別の段階だ。

　先ほど引用した言葉を思い出してほしい。言葉知識の習得、向上は本来の目的ではなく手段である。本来の目的とはその人の居住国においての言語運用能力の習得である。[16]

　この言葉が授業の際に持つ意味は、受講者は言い回しや書き方を学ぶだけでは十分ではなく、それを実際に運用しなければならないということだ。文型練習だけでは十分ではなく、現実に近い状況で実際に使用しなければならないのである。その国でのチームワークのあり方や、侮蔑やコンフリクトの扱い方（全ての運用分野共通コミュニケーションである五つの領域に数えられる）も、このようにして授業で実際に学ぶことになる。

現実的なシチュエーションを作り出すためには、現実的な会話や作文の機会が必要だ。受講者たちが賃貸広告を見て電話ができるようになる必要があるなら、授業で実際にそのシチュエーションを演じてみる必要がある。[17] 子どもの病気で医者に行き処方箋をもらったなら、薬剤師と話をしよう。そうしたら薬がもらえ、ドイツでは中に飲み方の詳しい情報や副作用について書かれた紙が入っている。授業で似たような文を読んでいなければ、この紙に書かれていることが理解できない。つまり、読解や聴解で重要なのは、実践的で最新のテキストと、いろいろな分野からのバリエーションに富んだ種類のテキストである。[18]

当機関のコースの受講者はすでにドイツ語の知識があり、その多くは複言語話者だ。短期間学校に通っただけの人もいれば、大学を卒業した人達もいる。会話や作文が比較的得意な人もいれば、文法、語彙、発音などの構造の方が得意な人もいる。誰もが独自の人生経験を持ち、誰もが異なった要望がある。それは語学学習においても同じなのである。こういった人々が一つのコースに集まるのだ。

多様性がこのレベルにある場合の有効な教授法は「クラス内で活動の難易度を設けること」である。教師は学習者それぞれに異なった学習プロセスをデザインし、その際に学習者一人一人の個人的な背景に配慮する。全ての学習者が、それぞれに一番学習効果の高い方法で学習できることが理想だ。[19] その難易度づけは、すでに示した作業形態で可能であり、テーマの選択や課題の出し方でも可能である。[20]

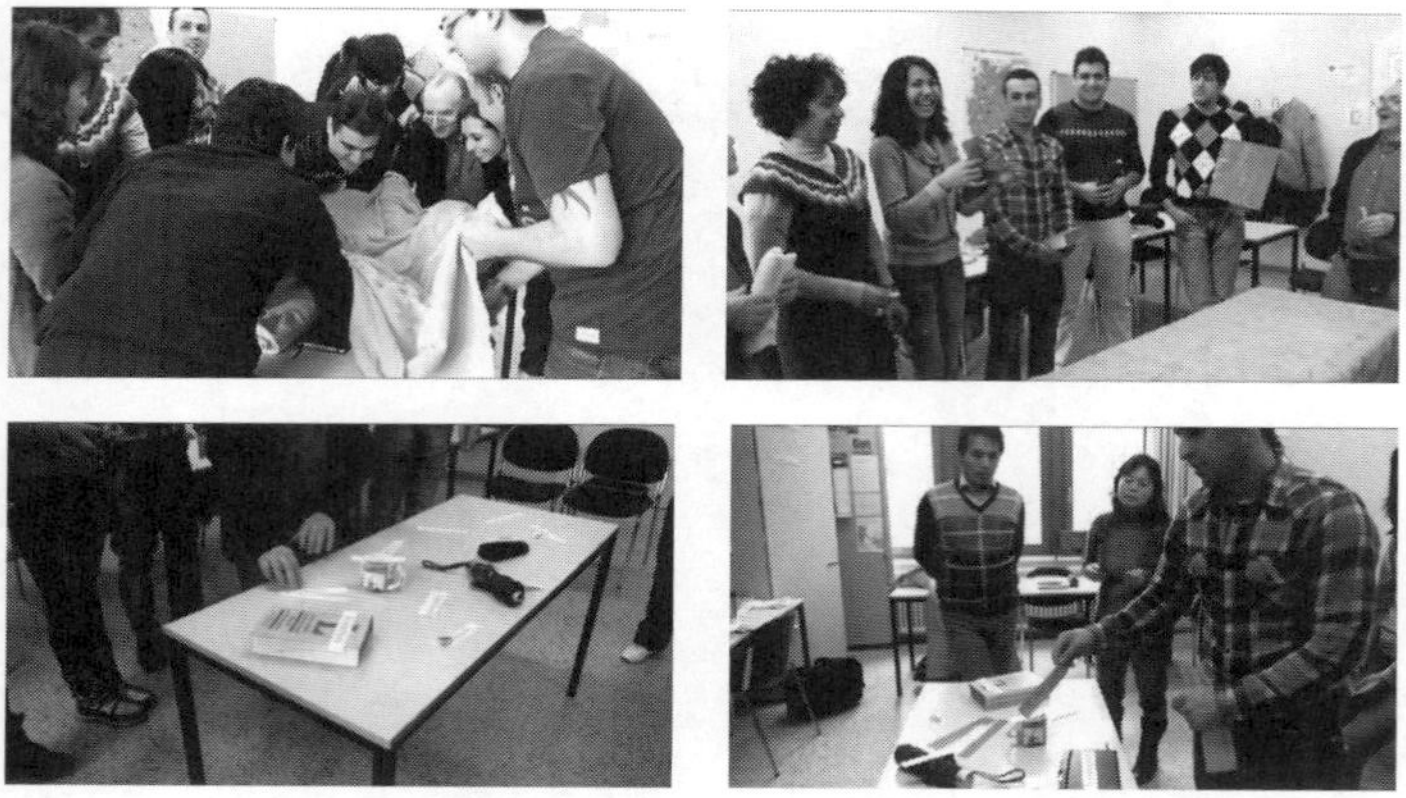

図3　統合コースの授業風景2（撮影：Vera Seibel）[21]

授業の際、受講者それぞれに、オープンなスタート状況、選択肢を提供するには、教師はどのようにしたらいいのだろうか。それは、彼らが確かな目標で個々の学習要件やテンポに合った語学習得の道を歩み、限られた時間の中でそれぞれの希望や必要性に沿って学ぶことができるものであるべきだ。

ここで一連の語彙・文型練習の中から四つの場面をピックアップする（図3）。ここでは何が「伝統的」授業とは違うのか考えてみてほしい。

場面1・受講者は布で隠された物を触って、それが何か言い当てる。その際ドイツ語は使わない。

場面2・受講者は「これは……です」という文型を使って物の名前を言う。

場面3・受講者は物とその絵を正しく組み合わせ、「これは……です」という文型を使う。

場面4・受講者は動詞と運用場面が書かれた紙をもらい、これらを物と絵に正しく組み合わせ、その際に次のような文を言う。「この……でXをすることができます」、例えば「この携帯で電話をすることができます」。

この教授法の特徴的なことは何か。それは相互学習、発見学習、帰納的でゆっくりとしたインターアクティヴな取り組み方である。

受講者の顔ぶれが多様であるほど、彼らに使うメソッドのバリエーションも多くなる。だがそれは、以前の研修で習ったような最新メソッドを求め続けたり、インターアクションの方がいいと判断して従来の文法概要を受講者に示さないということではない。それよりも、コース指導者として常に次のような問いかけをし続けるという意味合いになる――どうしてこの練習や課題を、この学習目標で、この授業段階で、このコースで、この受講者とやるのだろうか。ほかにやりようはないのだろうか。

授業で重要なものの一つとして、受講者の自律学習の強化が挙げられる。それにより、学習プロセスに対する自己責任も強化されるのだ。これは受講者に自分の学習目標を認識させ、ストラテジーを築かせ、自分の学習の進歩を観察・記録させる方向に段階的に向かわせることで可能になる。特に学習に慣れていない受講者、授業での作業のやり方をまだ知らない受講者、教材の使い方に習熟していない受講者、自分の学習プロセスを見つめ直すということを始めたばかりの受講者には重要なことである。様々な形での学習の自己評価や、学習日記、ポートフォリオを書くことは有効な手立てだ。

「移民は大抵のドイツ人には想定できない程、様々な複雑な場面で、コース終了後も他人に頼らず言葉を使わざるを得ない……新たな学習の必要が出てきたときにフレキシブルで適当な反応をする能力は、生き延びるうえで非常に重要である……ここで不可欠になってくるのは、様々なストラテジーを超えたところで必要とされる能力の獲得である……それは社会への統合プロセス全体を通して使用可能でなければならない。授業はしたがって、情報獲得のストラテジーの意識化、コミュニケーション・学習ストラテジーを中心に行われるものである。移民にとっての学習プロセスはコース終了後も続くものである。故に統合コースの重要な課題は、生涯学習の確立に目を向け、既習事項の活用法、コース終了後の自律学習法を示し、授業外での自分に合った学習の形成法を伝えることである[22]」

先ほどの四つの場面（図3）では受講者たちは高いモチベーションを持って取り組んでいたことがおわかりいただけたと思う。このようにモチベーションを持たせるためには、受講者の興味を引く授業を行い、何かしらの発見をしたいと思わせ、彼らの現実との結びつきを生じさせ、授業で自分自身を出せるようになることが必要だ。受講者に自分の要望と学習目的との結びつきを持ってもらうためには、授業の学習目標と学習プロセスが明確である必要がある。

様々な取り組み方や学習プロセスを示してみてほしい。触ることにより学習しやすくなる人もいれば、聞いたり、読んだり、書いたりすることが助けになる人もいるだろう。他人との協働作業でよく学べる人もいれば、観察や個人作業の方があっている人もいるだろう。

ゆっくりとした歩みで進め、一つのテーマにいろいろな方法でアクセスすることにより、知識と技能を多岐にわたるスキーマとして記憶し、長期保持するための経路を脳内に構築できる。そうすれば授業外でも言語の知識と運用のスイッチが入り、使用され、深められ、進歩する。

これらの保持／学習効果は、プロジェクトやプロジェクト的な学習が語学練習に取り入れられると、より深くなる。街を歩く時に必要な方向指示や前置詞の練習をするとする。授業では本物の地図を使うなどして空港への行き方を質問しあったりするようなロールプレイを使った現実のシミュレーションを行う。しかし、現実に近いとはいっても、まだ受講者たちは現実で行動したわけではない。だから彼らを外に出そう！　街を周っていろいろな場所に行こう。受講者たちはそこで課題を解き、調査し、ほかの人に何かを紹介し、お気に入りの場所を見せ、あとで、そこへの行き方や寄り道ポイントを説明したりもできる。このようにして、受講者たちは必要な文型を実際に体験し、それによって知識と技能をしっかりと保持することができるのだ。

6　教師の課題と役割

ここまで、教師の課題について、さらには役割について述べた。そのうちわかりにくかったであろういくつかを、ここでもう一度ピックアップしたいと思う。

移民向け語学コースの指導者は受講者たちの実際の生活に関する知識が必要だ。特に自分に同様の経験がない場合、それは重要になる。その中には受講者たちのニーズと目的を知っておくということも含まれる。これらは常に学習の中心に置かれるべきポイントであり、何度も繰り返しテーマとして取り上げられなければならないものである。受講者たちにこれらのことを尋ね、授業のテーマを彼らの実際の生活と結びつけ、授業で取り上げる学習内容の必要性と有効性を意識してほしい。モチベーションというものは自分自身に関係あることを学んだり体験したりする時に生まれてくるものなのだ。

授業で起こる現象に心配りのきいた対処をし、特に異文化学習を可能にするためには、異文化能力の高さが必要不可欠である。この分野については、対象グループ中心主義という概念に集約することができる。

すでに言及した教授法に多様性を持たせることのほかにも、コースに適したマテリアルを選ぶということがコース指導者の課題となる。これはベーシックな学習教材でもいいが、広告、新聞記事、役所の書類、処方箋、手紙、証明書、メール、履歴書、ネット掲示板の書き込み、チャットやウェブサイトなどの生教材でもかまわない。ここで特に重要なのは学習者が自分で意識した教材と関連づけるということである。つまり、受講者が自分で持ってきたり書いたりしたテキストのことである。同じようにラジオやテレビやインターネットから取った、ニュース、交通・天気情報や短いフィルムなどの視聴覚教材も授業で使える。そのためにはコース指導者は、高いメディア能力[23]を持ち、そして、それを受講者にも持たせられるようにしなければならない。

私たちの経験では、コース指導者の基礎となる能力とは技能・タスク指導及びストラテジー教育とそれに対する構造指導にあると思われる。つまり、授業においては、ある技能が「できる」ということが前面に出され、そのために必要な語彙や文法の構造などは、この「できる」ための手段として扱われるということだ。全ての過去形を不規則変化まで含めてパーフェクトに覚えることが重要なのではなく、たとえば昨日の出来事について話すということのために必要な変化形を使えるということが重要なのだ。

最近の外国語としてのドイツ語、第二言語としてのドイツ語の教材は以前と比べ急なテンポで語彙の提出をしている。特に最初の方の課ではたくさんの表現やチャンクが文法説明なしに提示されている。この進め方は素早く不安を取り除き、特に口頭コミュニケーションにおいての流暢さにつながり、受容的技能にも同様の効果が見られる。使用された多くの表現はオーセンティックで時代にあったものでもある。それと比べて文法の提出の仕方はゆるやかである。必要に応じてその課の内容と関連のある文法の一部がテーマ化される。後の課でこの文法テーマは再び取り上げられ、拡げられ、周期的に登場するのだ。繰り返しと応用で保持効果も上昇する。この方法での教え方には当然ながら、従来の教育・学習習慣からの発想の転換が必要だ。

では、これまでまだ触れていない一つの観点について最後に述べたいと思う。それはコース指導者による受講者へのアドバイスについてだ。このアドバイスは語学の、そして語学以外のことについても行われる。語学アドバイスは（個別の）学習アドバイス、受講者の学習プロセスのガイド、学習を継続する上での注意、希望によっては次のモジュールへ進むための理由づけ、もしくは今のモジュールの再履修の勧めまでをも含む。これらのテーマだけでも高い共感力と明晰な判断力及び処理能力が必要とされる。授業中の語学以外の分野でのアドバイスには特に細心の注意が必要だ。ここでは語学の指導者が訓練を受けていないテーマについても受講者にアドバイスをする必要が出てくる。それは心理的もしくは物理的問題であったり、暴力の体験であったり、重い人生経験であったり、困難な生活状況であったりする。ここでは、自分の役割を過大評価せず、どういった立場の人が手助けできるのかを知っておくことを勧める。それは学科主任であったり、移民アドバイザーであったり、専門的な相談所であったり、医者であったりする。そのほかの語学以外のテーマについては、たとえば質問が出た時に、受講者と一緒に見たり自分で調べたりできるような、最新情報の入ったファイルの準備も非常に役立つ。そういったファイルには、たとえば専門医や相談所や弁護士やイベントカレンダー、スポーツ等のいろいろな会のアドレスや博物館や図書館や教育施設や余暇施設や学習継続に役立つもののリストを入れておくことが重要である。

一番重要なこととして覚えておいてほしいのは、コース指導者を学習ガイドとして見る、ということだ。指導者はテーブルの上にたくさんの物を用意し、言葉やテーマやメソッドの種をまいて色とりどりの花を咲かせる。構造のジャングルの中に道しるべと休憩所を与え、迷い道の中で助けを与える。受講者たちはそれぞれの道を自分で見つけ出し、自分で決めた学習目標に必要なのがどの「栄養」

なのか選ぶ。コース指導者はその手段を提供するのだ。それによって学習者はそのコースでの学習プロセスを効果的に作り出し、コース終了後も歩んできた道を延ばし、広げ、ほかの道とつなげ、変え、さらには新しく作り上げることができるのである。

〈注〉

［1］二〇一二年度ヴィースバーデン市の統計データより。http://www.wiesbaden.de/medien/bindata/leben/stadtportrait/Zahlen_und_Fakten_2012.pdf［二〇一三年二月二八日現在］

［2］CEFRについては以下を参照。http://www.goethe.de/z/50/commeuro/deindex.htm

［3］連邦移民局「特殊コースの種類」参照。http://www.bamf.de/DE/Willkommen/DeutschLernen/Integrationskurse/SpezielleKursarten/speziellekursarten-node.html［二〇一三年二月二八日現在］

［4］連邦移民局「統合コース」。http://www.bamf.de/DE/DasBAMF/Aufgaben/Integrationskurs/integrationskurs-node.html［二〇一三年二月二八日現在］

［5］telc: Deutschtest für Zuwanderer（移民のためのドイツ語テスト）参照。http://www.telc.net/unser-angebot/deutsch/deutsch-test-fuer-zuwanderer-a2-b1/informationen［二〇一三年二月二八日現在］

［6］連邦移民局「統合コース図解」。http://www.bamf.de/SharedDocs/Anlagen/DE/Downloads/Infothek/Integrationskurse/Lehrkraefte/grafik-zum-integrationskurs-pdf.pdf?_blob=publicationFile［二〇一三年二月二八日現在］

［7］Szablewski-Çavuş (2006, S.2) Goethe-Institut: Rahmencurriculum, p.6

［8］Goethe-Institut: Rahmencurriculum, p.9

［9］Integrationskonzept für die Landeshauptstadt Wiesbaden,

1. Fortschreibung 2010-2014, S. 6f.　ヴィースバーデン市統合コースコンセプト、第一次補正二〇一〇―二〇一四、六頁f.

[10] Goethe-Institut: Rahmencurriculum, p.6f.

[11] Goethe-Institut: Rahmencurriculum, p.14

[12] Goethe-Institut: Rahmencurriculum, p.14f. 参照

[13] Goethe-Institut: Rahmencurriculum, p.57

[14] 時計回りに読むこと。

[15] 作業形態には個人作業、ペアワーク、グループワーク、大きなグループ内でのパートナーチェンジ、全体でのフリートーク、黒板授業、プロジェクト及び作業場ワークがある。ペアワークやグループワークは学習者、または教師のコントロールの下で行われ、興味の分野が同じ者同士、好きな者同士等で分けたり、相補的グループ（異なった特徴、レベル、年齢、母語等）やストリーミング（同じ特徴）で分けられる。たいていはFundamentum-Additum（基礎・追加）の原則に則って分けられ、速い学習者やレベルの高い学習者には追加課題等が与えられる。授業中のどのタイミングでどの作業形態を取るかは学習目標に合わせて理論的に選択される。

[16] Goethe-Institut: Rahmencurriculum, p.9 参照。

[17] 教材が足りない場合には、ゲーム的要素を取り入れた進め方や、シナリオ教授法の使用が助けになる。最近出版されたばかりのDaf/Daz（第二／外国語としてのドイツ語）関連書を一つの例として挙げる：Daum, Susanne/Hantschel, Hans-Jürgen: 55 kommunikative Spiele A1-C1. Deutsch als Fremdsprache. Klett, 2012.

[18] 読解で例を挙げると書類、メール、手紙、レシピ、新聞記事、広告、一覧表、目次、薬の説明書、メニュー、時刻表、地図等。聴解ではアナウンス、ニュース、留守電、テレビ・ラジオ等のニュース、インタビュー、交通情報・天気予報、YouTube動画等。

[19] Hueber: 99 Stichwörter für den Fremdsprachenunterricht 参照。http://www.hueber.de/wiki-99-stichwoerter/index.php/Binnendifferenzierung［二〇一三年五月一三日現在］

[20] Hueber: 99 Stichwörter für den Fremdsprachenunterricht を参照のこと。http://www.hueber.de/wiki-99-stichwoerter/index.php/Binnendifferenzierung［二〇一三年五月一三日現在］

[21] 時計回りに読むこと。

[22] Goethe-Institut: Rahmencurriculum, p.8

[23] 最近ではオンラインツールや学習プラットフォーム、ソーシャルメディアを含んだ新しいメディアを授業で使うことが重要になってきている。

〈参考文献・ウェブサイト〉

BAMF: **Kursarten für spezielle Zielgruppen.** URL: http://www.bamf.de/DE/Infothek/TraegerIntegrationskurse/Paedagogisches/Kursarten/kursarten-node.html [二〇一三年三月七日現在]

BAMF: **Grafik Integrationskurse.** URL: http://www.bamf.de/SharedDocs/Anlagen/DE/Downloads/Infothek/Integrationskurse/Lehrkraefte/grafik-zum-integrationskurs-pdf.pdf?__blob=publicationFile [二〇一二年二月六日現在]

BaMF: **Integrationskurs.** URL: http://www.bamf.de/DE/DasBAMF/Aufgaben/Integrationskurs/integrationskurs-node.html [二〇一三年二月二八日現在]

BaMF: **Spezielle Kursarten.** URL: http://www.bamf.de/DE/Willkommen/DeutschLernen/Integrationskurse/SpezielleKursarten/speziellekursarten-node.html [二〇一三年二月二八日現在]

Daum, Susanne/ Hantschel, Hans-Jürgen (2012). *55 kommunikative Spiele A1-C1: Deutsch als Fremdsprache.* Klett.

Fremd und doch vertraut - Wie Integration gelingt. Ein Film von Paul Schwarz. URL: http://www.bamf.de/SharedDocs/Videos/DE/BAMF/bamf-wie-integration-gelingt-01.html [二〇一二年二月一七日現在]

Goethe-Institut: Gemeinsamer europäischer Referenzrahmen für Sprachen: Lernen, lehren, beurteilen. URL: http://www.goethe.de/z/50/commeuro/deindex.htm [二〇一三年三月五日現在]

Goethe-Institut: Rahmencurriculum für Integrationskurse. (2008). URL: http://www.goethe.de/lhr/prj/daz/pro/Rahmencurriculum_online_final_Version5.pdf [二〇一二年二月一五日現在]

Hueber: 99 Stichwörter für den Fremdsprachenunterricht. URL: http://www.hueber.de/wiki-99-stichwoerter/index.php/Binnendifferenzierung [二〇一三年三月五日現在]

Integrationskonzept für die Landeshauptstadt Wiesbaden, 1. Fortschreibung 2010-2014. URL: http://www.wiesbaden.de/vv/medien/merk/33/Integrationskonzept-2010-2014.pdf [二〇一二年二月一六日現在]

telc: Deutschtest für Zuwanderer Übungstest 1. URL: http://www.telc.net/fileadmin/data/pdf/deutsch-test-fuer-zuwanderer_uebungstest_1.pdf [二〇一二年二月一九日現在]

telc: Deutschtest für Zuwanderer. URL: http://www.telc.net/unser-angebot/deutsch/deutsch-test-fuer-zuwanderer-a2-b1/informationen
［二〇一三年二月二八日現在］

移民の言語教育に関して、フランスとドイツは共通点が多いと思う。特に、成人移民の教育の場合、学ぶ人たちが不均質である点（一八六ページ）は特徴的だ。「言語教育学とはある固有の社会関係に社会的主体を関与させるという社会的実践である」（一五三ページ）。しかし、「教室」という認識は社会的制約や社会性との関連を忘れさせてしまう、というエルヴェ・アダミ氏の主張は耳が痛いなあ。多くの教師は、教室の中でことばだけを熱心に教えてしまって、そのことばがどのように役立つかということには無頓着なのかなあ。教師に限らず、グローバル化がどんどん進んでいる今、まず一人ひとりが自分とそれをとりまく社会との関係を見つめなおすことが、必要かもしれないね。

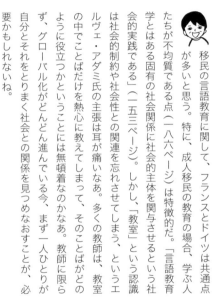

第二部　移民をめぐる言語教育政策に取り組むために
——これからの日本社会に向けて

さて、ここから二部だけど、一部に比べて抽象的な議論に入っていくんだね……。ここで、改めて、二部の構成意図について説明をお願いします。

二部は、政策、教育、教師、社会の言語意識のそれぞれのあるべき姿、ということでまとめています。まず、政策について。韓国は日本の後を追うように、外国人の受け入れをしてきたけれど、二〇〇七年の法制化で一気に日本を追い抜いたんだ。その背景や、課題について知ってほしい。次に、言語教育は誰のため、何のためのなのか、ヨーロッパの経験から、もう一度考えてみたいと思う。三つ目は教師。移民の言語教育を担う人材に必要な力、態度について、言語教育の目的との関連をおさえながら確認したい。そして、締めくくりは、移民を受け入れた、いわゆる多文化社会に生きる人々が持ちたい言語に対する意識、態度について。複言語主義的な意識の大切さについて、考えてほしいと思います。

九章　韓国における多文化政策の批判的な対案を求めて
――中央政府から地方政府への転換

梁《ヤン》　起豪《キホー》

1　多文化と地域社会

二〇〇〇年代に入り、韓国の多文化現象は多くの公共機関、マスコミ、市民団体と研究者の関心を集めてきた。韓国において多文化社会は、人口減少と労働力不足を克服し、人材誘致とグローバルコリアのための重要な対案として認識されてきた。中央政府と地方政府[1]は結婚移民者と多文化子女、そして外国人労働者のための多様な政策を実施してきた。韓国の中央・地方政府は多文化政策を推進するために、五つの法律と二〇〇の地方条例を制定している。二〇〇四年の雇用許可制の導入をはじめ、二〇〇五年に永住権者に地方参政権を与えた。二〇一三年にアジアの国家としてはじめて難民法を制定した。

市民団体と宗教機関は外国人の人権擁護や生活福祉のために多様な支援を行っている。多文化現象は韓国だけでなく世界各国が抱えている共通課題でもある。グローバル化と人的移動の増加は欧州と北米をはじめとした先進各国、そして北東アジア各国の中央と地方の政策的な対応、市民社会主導の社会統合、文化的多様性の拡張を求めている。

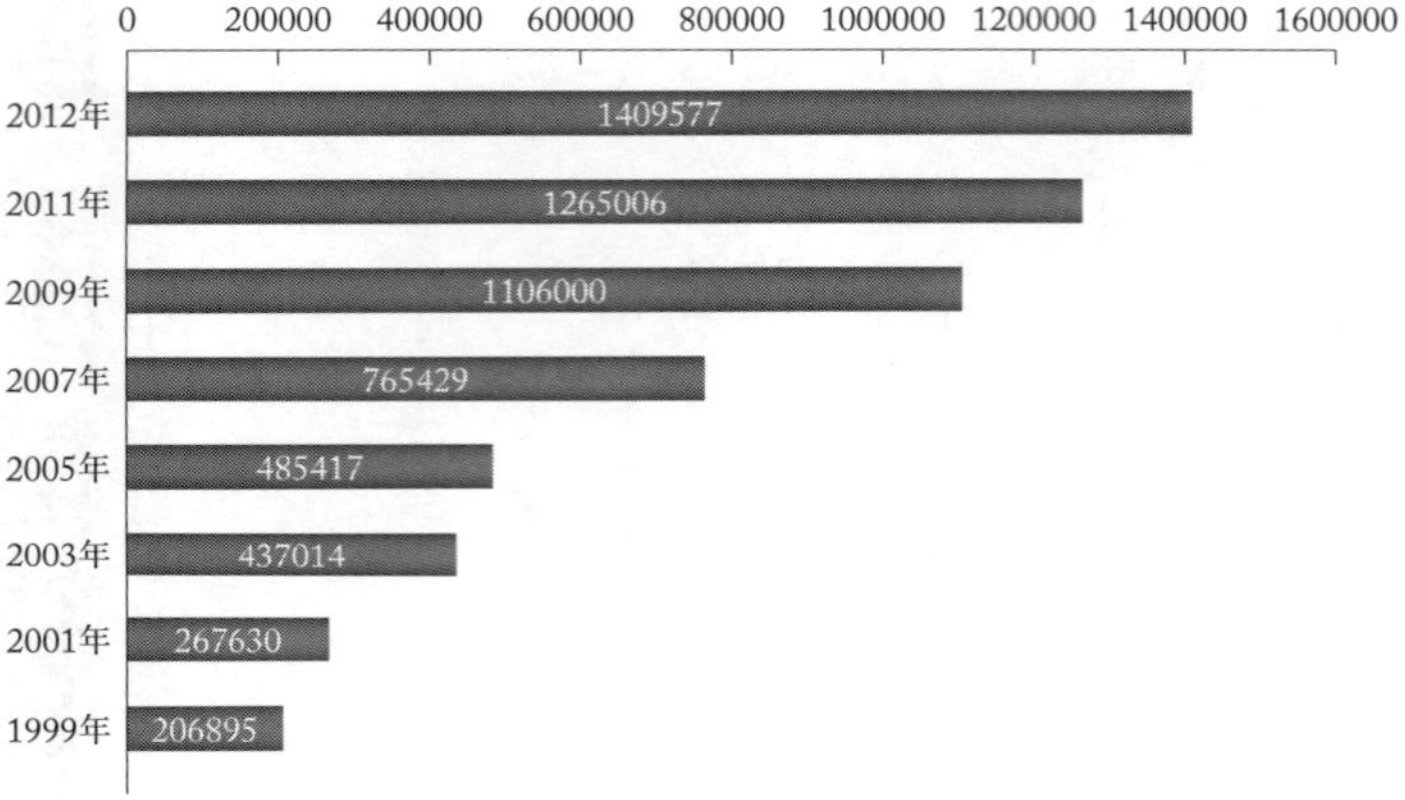

図1　年度別外国人増加現況（1999〜2012）

韓国内の外国人人口は二〇一三年末現在約一五七万名で、総人口に占める比率も三・一％となった。一九九〇年代に外国人労働者が国内に流入し、二〇〇〇年代以降韓国人男性と結婚する外国人女性が増えたこともあり、多文化現象が著しくなっている。農村と漁村や都市低所得層の結婚難、国際結婚仲介業者のグローバル化などを背景に国際結婚が急増し、二〇〇一年二万五一八二名に過ぎなかった結婚移民者は、二〇一三年現在一五万八六五名、外国人人口の中に占める割合も一〇・二％に増加した。朝鮮族と呼ばれる韓国系中国人、外国生まれの韓国同胞、雇用許可制を通じての外国人労働者が新規労働力として国内に流入し、一九九九年〜二〇一三年の間に八倍近くに増加した。

二〇一二年に韓国法務部が発行した「出入国外国人統計」にあらわれた出身国家別比率（図2）を調べてみると、中国人と韓国系中国人がほぼ半分に近い四八・三％を占めている。つづいて、米国九・〇％、ベトナ

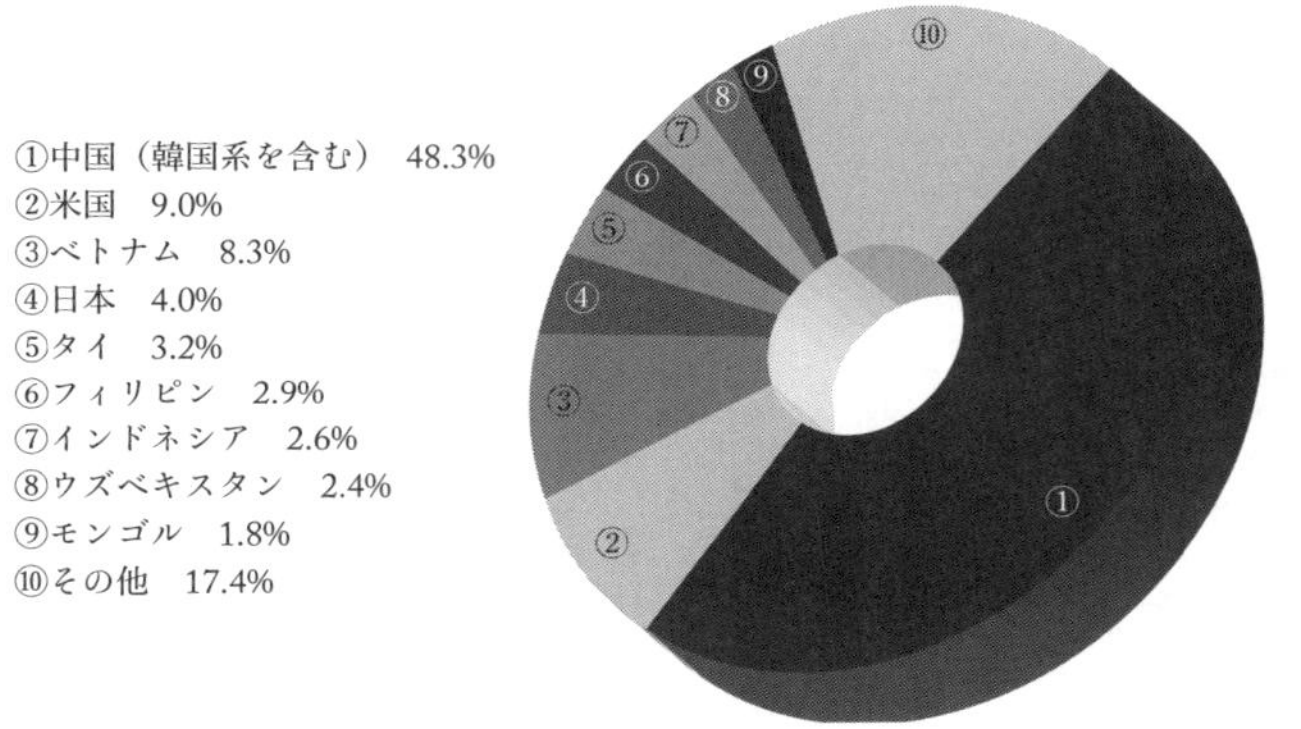

出所：法務部（2012）『2012 年出入国外国人統計』、279 頁

図 2　国籍別外国人登録者の現況（2012 年）

ム八・三％、日本四・〇％などである。最近目立つ現象はベトナムをはじめ東南アジア出身の結婚移民者が増加したことである。そのほか、タイ三・二％、フィリピン二・九％、インドネシア二・六％、ウズベキスタン二・四％、モンゴル一・八％、その他一七・四％になっている。

韓国内の外国人人口は約三分の二がソウル特別市、京畿道、仁川広域市の首都圏に集中している。同じ国籍を持つ外国人が集住するか、または安い居住インフラを備える地域に集まっている。図３を見ればわかるように、広域市道別外国人比率を見ると、ソウル特別市がもっとも高い四％、その次が京畿道三・六％、忠清南道三・二％の順になっている。江原道は一・五％にとどまり、ほかの市道に比べて相対的に低い比率になっている。

多文化社会の指標ともいえる五％以上の外国人人口が居住する基礎自治体は二二地区へと増加した。安山

表1　外国人人口別に分けた自治体数

2万名以上	1万〜2万	5000〜1万	1000〜5000	500〜1000	100〜500	100名以下
13	29	41	97	42	8	−

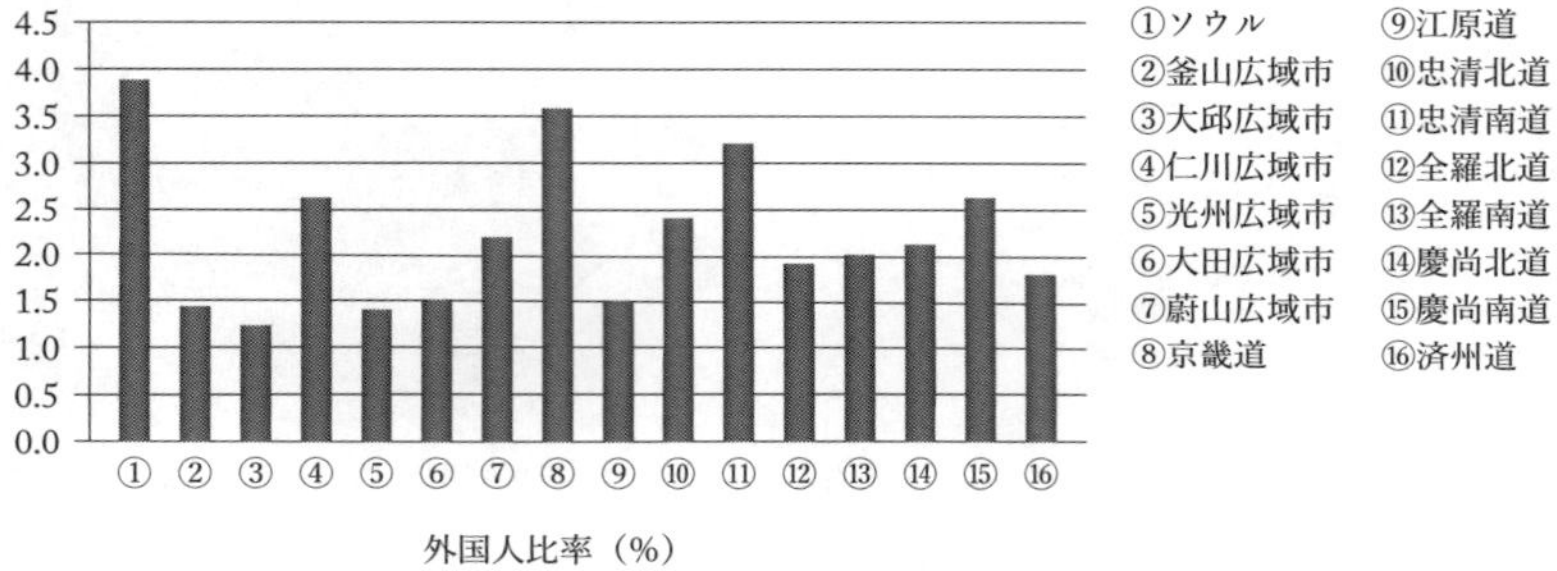

図3　広域市道別外国人比率（2011年、%）

市六万五八三名、永等浦区五万七一八〇名、九老区四万三二三九名、水源市四万五三七名の順に多く居住している。表1を見ると、外国人が一万名以上居住する自治体は四二地区に達し、五〇〇〇名〜一万名の自治体が四一地区になっている。

韓国内外国人統計を具体的な滞留資格別に見ると、図4のようになる。外国籍の同胞で国内に就業中の訪問就業、在外同胞は各々二三・八万名、一八・九万名になっている。[2] おもに韓国系中国人が多く、飲食店や建設業に多数従事している。雇用許可制で入国し三年間滞在する外国人労働者は約二三万名で、おもに中小企業や製造業の現場で働いている。外国人労働者は熟練工である場合、最大四年一〇か月まで滞在できる。韓国系中国人、在韓華僑、結婚移民者が多数を占めている永住権者も九・七万名にのぼる。

結婚移民者は国籍取得者を含めて約二三万名

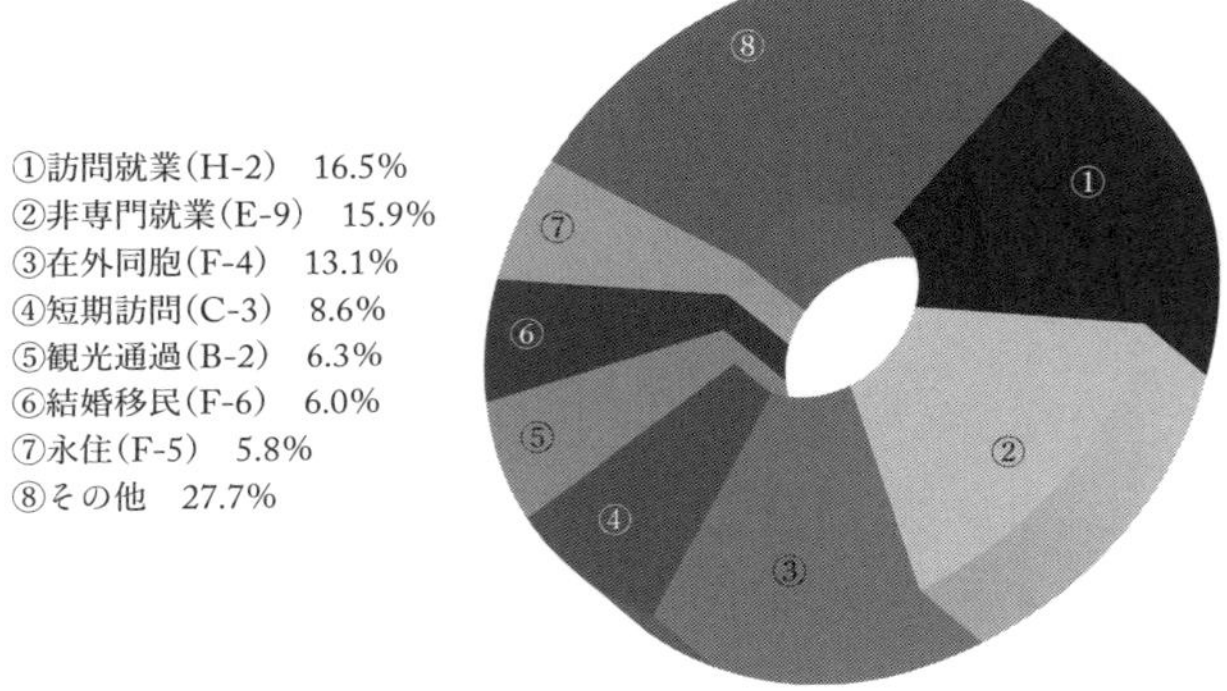

図4　資格別滞留外国人の構成現況（2012年）

で、移民背景子女はすでに約二〇万名になり、毎年一〇%以上増加している。二〇一三年の教育部統計によると、小中高校に在学中の移民背景子女は約五・六万名にのぼる。国籍を取得する中途入国子女も毎年二～三〇〇〇名になっている。二〇一三年国内総人口のうち三・一%を占める外国人人口は、二〇二〇年に五%へ増加し、二〇五〇年に先進国並みの九%まで増加する見込みになっている[3]。

結婚移民者の急増は、一九九〇年代以降、農村地域の少子高齢化、深刻な人手不足に起因するものであった。最初は韓国系中国人の女性たちが韓国の首都圏と農村地域に結婚移民者として入国したが、その後、東南アジア出身の女性が韓国人男性と結婚し入国する事例が増えてきたのである。しかし、韓国の保守的な農村社会には、開発途上国に対する差別意識が依然として根強い。そのため、東南アジアの女性は、その外見や文化の違い、また女性であることによって社会的弱者の立場に追いやられた。

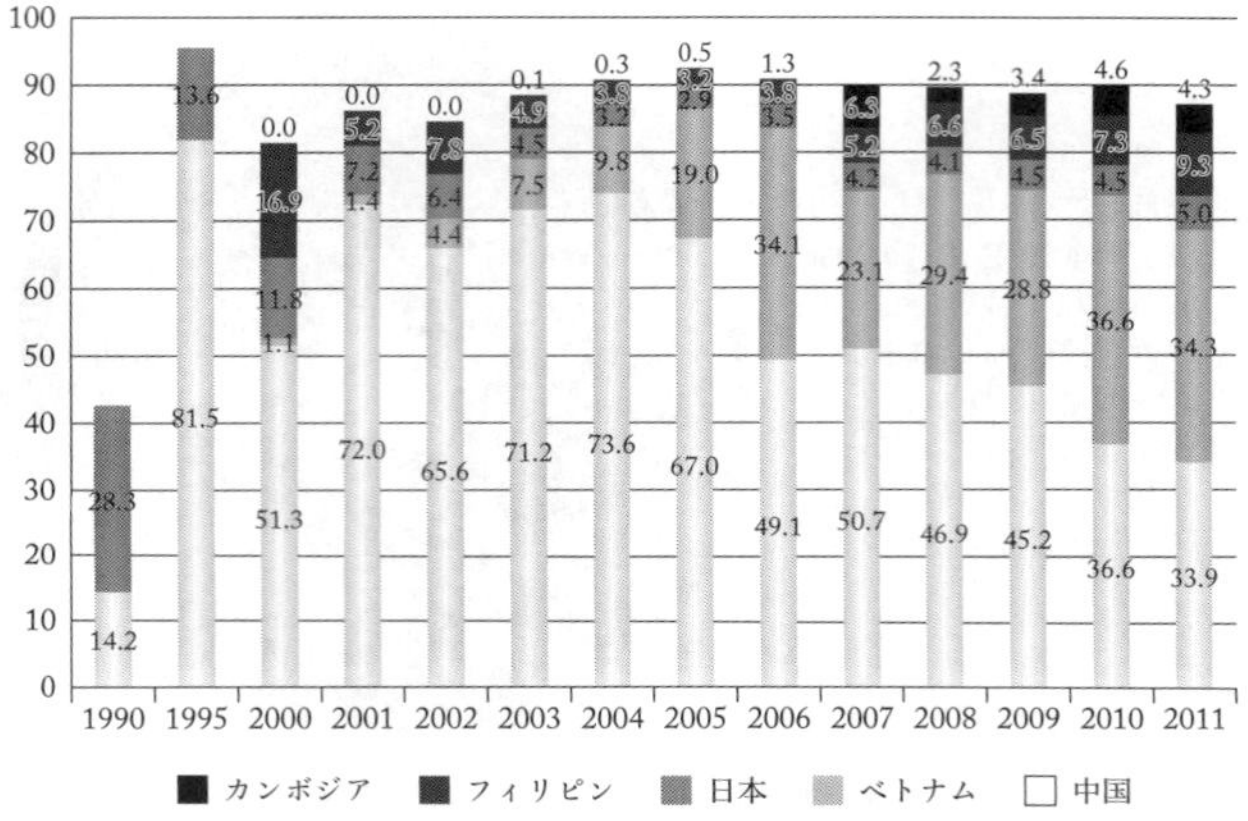

図5　結婚移民者の年度別、国籍別構成（%）

韓国人男性と外国人女性のカップルが七割を超える国際結婚は、二〇〇五年三万件で頂点に達し、二〇一二年に二・八万件でやや減る傾向にあるが、全体の結婚件数で占める割合はいまだに八・九%に達している。結婚移民者はおもに全国の農村や漁村、または首都圏に居住している。まだ家父長制の雰囲気が強い農漁村の過疎地域や都市の低所得層の地域で暮らしながら、家事労働、出産と育児、老人介護を担う場合が多い[4]。

図5の結婚移民者の年度別、国籍別構成を調べると、初期には韓国系中国人と日本人女性が中心であったが、漸次ベトナムとフィリピン出身が増加した。二〇一一年にはいってベトナム出身が三四・三%になり、韓国系中国人の三三・九%を初めて追い越した。また、ベトナム三四・三%、フィリピン九・三%、カンボジア四・三%をあわせるとなんと四七・九%になる。韓国語と母語間の言語構造や文化体系がかなり違

う東南アジアの移住女性が過半数を占め、より繊細な結婚移民者への対策が期待されている。[5]

2 中央政府主導の多文化政策――現状と課題

韓国の多文化政策は二〇〇四年八月の雇用許可制の導入、二〇〇六年五月の外国人政策委員会の設置、二〇〇六年一〇月行政安全部による自治体の標準条例案、二〇〇八年三月多文化家族支援法、二〇一三年七月難民法の制定など、短期間に法令と制度をつくりながら、成長してきた。中央政府の多文化予算もそれに従い、二〇〇九年一〇三三億ウォン、二〇一二年二一〇四億ウォンと、年ごとに増加してきている。全国的な外国人支援ネットワークも整備されている。二一七の全国多文化家族支援センター、三五〇以上の宗教機関と市民団体が外国人労働者、多文化家庭、留学生のためのプログラムと相談事業を実施している。韓国の多文化政策は短期間に成長を成し遂げてきたといえる。

法務部は出入国管理法に外国人の永住権、国籍取得に必要な教育を提供する社会統合プログラムの条項を新設し、二〇一二年七月から施行している。このプログラムは移民者の社会適応および定着を支援する事業で、外国籍の同胞、留学生、外国人労働者などの国内滞留移民者を対象に韓国語課程と言語、憲法価値、基礎法秩序、政治経済など、社会領域の全般を含む基礎教養の教育を実施するプログラムである。法務部が指定した運営機関は拠点機関四五、一般機関二〇三で、合計二四八にのぼる。

女性家族部は二〇〇八年に多文化家族支援法を制定し、結婚移民者とその子女のために多様で具体的な支援プログラムを提供している。第二次多文化家族支援政策の基本計画（二〇一三―二〇一七）は、

「活気あふれる多文化家族、ともに生きる社会」をビジョンに、多文化家族の能力強化と、多様性が尊重される多文化社会を目指している。結婚移民者の韓国居住期間が長くなるに従って、就業支援、子供の教育に重点を置くようになり、多文化家族の社会統合のために法律と制度の死角を解消し、真なる多文化社会を実現することを目標としている。

二〇一四年一月現在、全国に二一七の多文化家族支援センターが設置され、韓国語教育、韓国の伝統と習慣の紹介、料理教室を運営している。また、相談業務と生活情報の提供、職業教育と就業支援を行っている。多文化子女を対象に放課後の時間を活用して学習支援体制を整備し、二重言語教育を実施するなど、本格的な支援策がつくられた。全国の自治体でも結婚移民者の地域社会への定着支援事業が推進され、韓国語教室と相談窓口の設置などの支援策が実施されている。

行政安全部は、二〇〇六年に居住外国人支援標準条例を制定し、二〇〇以上の自治体が議会で支援条例をつくり施行している。ハングル教育支援と多国語サービスの提供、外国人住民支援部署の設置、集住地域の環境改善、外国人ネットワークづくり、統計と実態の調査、外国人公務員の採用、諮問委員としての外国人の市政参加などを実施している。

中央政府が主導する韓国の多文化政策は短期間に制度と財源をつくり、財政対策とプログラムを提供することによって大きな成果を挙げてきたと評価できる。しかしながら、いろいろな副作用も発生し、政策上の問題点に対する批判が増加しつつある。多くの批判は、韓国の多文化政策があまりにも中央政府と官僚主導型で、マイノリティに対する施恵中心の対策であり、地域社会に定着していない

表２　多文化政策の設計主体

	担当省庁
哲学（戦略）	外国人政策委員会 多文化家族政策委員会 外国人力政策委員会
受け入れシステム（インフラ）	女性家族部、法務部、行政案全部、保健福祉部、雇用労働部、教育部
制度（行動計画）	法務部、女性家族部

ということである。多文化政策の基本哲学、政策を推進するためのインフラ構築、行動計画を実施するための制度と法律がばらばらで、整合性の不在が指摘されている。

その結果、予算と制度をめぐる縦割り行政の弊害、業務重複による非効率、中央政府・地方政府・市民団体間のガバナンス不在、逆差別による反多文化マインドの拡散[6]などの問題点を生んでいる（キム・ヘスン、二〇〇九）。キム・ヒジョンは韓国の多文化政策を明らかな官主導型であると定義している（キム・ヒジョン、二〇〇七）。イ・ホギョンは、多文化政策の執行主体が不明確であるか重複し、各省庁が推進する政策間の相互調整を担当する統合機構がなく、中央政府、地方政府、市民団体間の役割を相互に連携する方法が見当たらないと指摘している（イ・ホギョン、二〇一〇）。

ユン・インジンは、国家主導多文化主義と市民主導多文化主義を区別している。二〇〇六年以降、中央政府主導のトップダウン式の多文化政策を著しく進めた結果、外国人に対する差別的な認識、施恵中心の政策による地域住民との分離、業務と財政支援の非効率などが浮き彫りになったと指摘している。ユンの主張によると、多文化政策は国家主導から市民主導へ変わるべきで、周辺化され不利益をこうむる移民者集団の文化アイデンティティを尊重し、均等なチャンスに恵まれた、下からの多文化主義、または草の根多文化主義へ移行すべきだと主張している（ユン・インジン、二〇〇七）。

二〇〇五年一一月のフランスにおける移民暴動、二〇一一年七月ノルウェー・オスロの連鎖テロなど、欧州の失敗が示唆することは、中央政府が推進してきた制度づくりと財源支援だのみの多文化政策では移民問題を解決できないということである。あくまでも地方政府と地域社会が外国人を受け入れ、漸進的な変化をもたらす時こそ、持続可能な多文化政策が成功することを物語っている。この間、韓国の多文化政策が中央政府主導により短期的な成果を生むことに集中してきたことは否めない。これから欧州の失敗を教訓に地域住民と市民団体が段階的に外国人住民の受け入れと共生を求めるとともに、多文化政策の地域ガバナンスを追求することが期待されている。[7]

中央政府が主導する多文化政策の問題点は、供給、実績、成果中心の考え方から発するものである。欧州、日本などの先進国では地方政府と市民団体が多文化プログラムを主導し、中央政府は法律と制度面から補完する場合が少なくない。中央政治で多文化論争が活発な欧州では、一方で地方政府は積極的な多文化施策を実施している。イギリスでは移民者の社会統合を共同体の結束として捉えながら地方政府の役割を重視している。ドイツは地方政府と社会福祉庁などの地方単位で社会統合政策を推進する先進モデルが定着している。スウェーデンでは地方政府が先立って難民受け入れのための基金を助成している。

3　中央政府から地方政府へ

二〇一一年七月に起きたノルウェーの連鎖テロは、いままで多くの努力を払い多文化政策を展開してきた欧州各国へ大きなショックを与えた。イギリスのキャメロン首相、フランスのサルコジ大統領は二〇一〇年二月、ドイツのメルケル首相は二〇一〇年一〇月に、欧州の多文化主義の失敗を宣言した。オランダは二〇〇〇年代以降、自国の言語と価値教育を重視する社会統合へ政策方向を変えた（イ・ヒョンア、二〇一三）。欧州各国における多文化政策と移民受け入れに対する合意不足、反イスラム感情が国内での葛藤を起こし、真なる多文化社会への移行は順調でないというのが現実である。

欧州各国の首脳たちは、欧州社会における文化的多様性が拡散することに対する適切な対応が、欧州の未来を左右するという共通認識を持っている。欧州では、毎年、文化的多様性に関する欧州白書を出版している。二〇〇四年にイギリスのComedia財団の後援で欧州評議会傘下のインターカルチュラル・シティ・プロジェクト（Intercultural City Project）が設置された。欧州都市の首長たちは「文化的な多様性こそ都市の活力と革新、創造と成長の源泉」という新しい都市理念をつくり、会員都市が毎年集まり会議を開催している。[8]

欧州連合と欧州議会は文化、宗教の多様性を高め、相互間の対話を促進するために二〇〇五年ポルトガルでFaro宣言を採択した。これによると、真なるインターカルチュラル・シティは分節されたリーダーシップや小規模の政策転換では成し遂げられない。それは都市政府と市民社会が参加し、制度化された組織のもとで、ビジョンの共有と共同の努力を行うことにより可能なことである。インターカルチュラル・シティ・プロジェクト（Intercultural City Project）は、都市間連携を構築し、中央政府、そして国際機構との連帯を模索している。[9] 参加都市としてはロンドン、リスボン、アムステルダム、ダブリン、コペンハーゲン、オスロなど二三都市が加入している。

次に、日本の自治体の多文化政策を簡単に紹介しよう。二〇一三年六月現在、日本国内の外国人登録者は二〇四万九一二三名で総人口の一・六％を占めている。[10] 多文化政策における日本の特徴は、中央政府が主導してきた韓国と違って、地方政府が独自の政策ビジョンと施策をもって始めたことである。革新自治体の神奈川県で、戦前の殖民支配を反省しながら在日韓国人の処遇を改善しようとした「内なる国際化」が始まったのは、一九八四年であった。この時から外国人住民に対する実態調査と指紋押捺の撤廃、差別禁止、社会福祉と年金加入、地方公務員の国籍条項の撤廃、教育と就職環境を改善する部署が設置された。

在日韓国人が多数居住する川崎市は、一九九六年、条例として外国人市民代表者会議を新しく始めた。川崎市は、一九九八年に改正した外国人教育基本方針の副題として、「多文化共生の社会を目指して」というテーマを掲げたのである。川崎市は、二〇〇五年から人権の尊重、社会参加の促進、自立支援を基本理念とした多文化共生社会推進指針を策定した。また、日系ブラジル人がもっとも集住している地域の一つである浜松市では、二〇〇一年に外国人集住都市会議が開催され、都市間のネットワークを構築し、外国人受け入れ態勢の整備を中央政府に要求する「浜松宣言」を発表した。さらに外国人市民共生審議会をつくり、二〇一一年から全外国人児童が就学する「未登校ゼロ」運動を進めてきている。

一方、韓国の自治体の多文化政策は中央政府より一歩遅れて始まり、中央政府の政策を執行する受け身的な役割にとどまってきた。最初の多文化政策はおもに国際協力の部署が担当したが、中央政府の政策が外国人支援に転換することにより、地方政府の施策とプログラムも外国人支援と多文化政策に変わってきた（ヤン・キホー、二〇〇六、六頁）

中央政府は外国人住民五万名以上、人口比率二・五%以上の広域市道に課単位の部署を設置するよう指針を示した[11]。二〇一一年六月現在、広域八、基礎一八の二六自治体で三課、一三係の部署が設置、運営されているが、担当者は一二五名に過ぎない。また、外国人人口の二七%である多文化家族に対して、総予算の約五〇%が投入されている反面、外国人人口の四〇%を超える外国人労働者にはあまり支援策がない状況である。

二〇一二年度の各自治体が推進する多文化事業は八〇四件で、総予算で一七七九億ウォンにのぼる。その内訳は外国人のためのグローバルセンター運営などの積極的な開放分野に一九%、多文化家族支援センター運営などの社会統合分野が七九・二%で、両方をあわせると全体事業の九八・二%を占めている（法務部、二〇一二）。一方、二〇一二年度の地方政府の予算を調べると、予算規模の大きい順に、ソウル特別市、京畿道、忠清南道、江原道、慶尚南道、慶尚北道、仁川広域市、全羅南道、全羅北道となっている。

地方政府の多文化施策は大きく三つに分けることができる。女性家族部が基礎自治体を経由して多文化家族支援センターで事業を行うもの、中央政府の国家事務を基礎自治体が国費と地方費で執行するもの、基礎自治体が独自の事業を行うものである。基本的に地方政府の多文化事業を活性化できるのは地方議会が制定した居住外国人支援条例があるからである。多文化政策が活発な基礎自治体は首都圏に集中しているが、その理由は外国人が多いためである。需要があるから独自のプログラムをつくり対応している。外国人人口が相対的に少ない地域は中央政府の標準施策とプログラム、そして補助金に頼りながら実施している。

表3は、首都圏を中心に多文化施策が活発な自治体のプログラムを段階的に表示したものである。第一段階は、もっとも基礎的な事業としてハングル教育、文化体験、医療サービス、生活情報誌の発行である。第二段階は、就業教育、多文化理解教育、多文化子女のための教育、労務相談、多文化祭り、定着支援、シェルター提供などである。第三段階は、安山市、水源市、天安市などで実施している外国人共同体への支援、外国人代表者会議、外国人施策協議会の運営など、より高い段階で構成されている。[12]

4 地域ガバナンスの対案と方向

[1] 地域ガバナンスの概念と含意

これからの韓国多文化政策の課題として、地方政府の多文化政策へのエンパワーメント、市民団体と

表3　地方政府の多文化施策プログラム（都市別）

		水源	城南	富川	安山	華城	天安	金海
一段階	ハングル教育	○	○	○	○	○	○	○
	文化体験	○	○	○	○	○	○	○
	医療サービス	○	○	○	○	○	○	○
	生活情報誌	○			○	○		○
二段階	就業教育	○	○	○	○		○	
	多文化理解教育	○	○	○	○		○	○
	多文化子女教育				○	○	○	○
	労務相談	○			○		○	
	祭り開催	○				○	○	○
	定着支援		○		○	○		
	シェルター提供						○	
三段階	外国人共同体支援	○			○		○	
	外国人代表者会議	○						
	外国人協議会の運営	○			○			

外国人団体、そして地域住民間の相互理解の深化、地域関連機関と企業の参加などをあげることができる。多文化政策の主体間のガバナンスを強化するために、地域のネットワーク構築、行政の力量の強化などが求められるが、同時に中央政府も地域現場で多文化社会が広がるよう持続的で十分な支援を提供すべきだとの指摘がある。

　地域内多文化ガバナンスの定着は外国人住民と地域住民の自発的な参加により可能になるという点で、より高い社会統合の効果が期待できる。したがって長期的な観点からは、中央政府と官僚主導でなく地域ガバナンス型の多文化政策へ転換すべきで、地域住民と外国人間の相互共存型の多文化政策をさぐることが望ましい。

　地域ガバナンス型の多文化政策とは、外

国人と地域住民が共同で生活する地域空間で多文化社会を定着させるために、中央政府が制度と法律、財政面から支援し、地方政府、地域機関、市民団体、地域共同体、企業が多文化ガバナンスを形成しながら、施策とプログラムを実施することによって、持続可能な多文化社会を求めていく政策一般を意味する。

［2］地方政府主導の多文化政策のモデル

第一に、中央政府は多くの社会統合機能を地方政府に委譲し、そのかわりに制度と予算機能を強化する必要がある。自治体はまともな多文化政策の体系が定着しておらず、担当公務員の専門性が不十分なことが大きな問題点となっている。その理由は多文化政策の歴史が浅いなかで、人員と組織が急速に膨張したことから来るものである。これから地方政府の役割がより大きくなることを考えると、この部分に対する中央政府の支援が不可欠である。中央政府は地方政府に望ましい政策モデルを提示し、担当公務員の教育を通じて専門性を強化し、海外の優秀事例と自治体間の情報交流を誘導することによって地方政府のエンパワーメントを続けていくべきであろう。韓国ではいまだに地方政府の多文化政策のための全国的な標準業務マニュアルと組織が設置されていない。多文化予算の多くは多文化家庭、すなわち結婚移民者と多文化子女を対象に実施されている。行政ルートも、女性家族部＞基礎自治体の女性政策課または家庭福祉課＞多文化家族支援センター＞多文化家庭、の順になっており、基礎自治体の固有業務として認識されていない傾向が強い。ただし、二〇一一年一二月に国会で多文化家族支援法が改正され、支援業務と公務員を基礎自治体に配置できるようになっている。

第二に、地方政府は多文化政策の力量をアップし、地域住民と多文化家庭との協力を求めていく必要がある。中央政府の機能が徐々に地方政府へ委譲されると、多文化政策の中心は地方政府に置かれることになる。最近のグローバルな傾向は、外国人の社会統合において地方政府が重要な役割を果たしていることである。多文化政策の世界的な流れは中央政府がより厳格な出入国管理に集中する一方、地方政府は柔軟で弾力的な政策をもって地域社会の外国人を包摂することである。現在、ほとんどの地方政府が中央政府の政策指針と内容を消極的に執行する役割にとどまっている。地方政府は地域の当面の課題に効果的に対応できず、住民団体と地域企業のインフラを効果的に動員していない。地方政府が外国人に対する実態調査、多文化団体への財政支援に対する現状を調べる必要がある。また公務員の専門性を高めることも期待されている[13]。

韓国政府の多くの努力にもかかわらず、多文化政策の効果はあまり高くない。ハングル教室や悩みの相談、通訳支援は、もっとも基本的な業務にとどまっているところも少なくない。また、標準条例にこだわり、多様なプログラムを提供していないのが現状である。結婚移民者の参加率は平均二〇％ぐらいで、あまり成果を挙げていない状況で、需要と実態をまず把握してから必要なコンテンツを提供すべきだという声が高い。また、地域住民のボランティアを通じて学習過程に地域住民との共同参加の場をつくり、外国人が地域社会に定着するように多文化共生に重点を置くべきだという主張も出ている。

三つめに、地方政府が多文化施策を行う上でコントロール・タワー機能を担うために、地域基準で官僚と民間が共同参画する「社会的対話機構」も検討すべき時期に来ている。天安市と水源市、安山市で運営されている民官協議体の運営はその観点から重要な試みだといえる。社会的対話機構には公共機関と住民団体、そして地域住民と多文化家庭、外国人代表が同等な資格で参加し、政策を審議してから自治体がそのアイディアを受け入れることが望ましい。

[3] 地方政府間の国内外ネットワーク構築

多文化社会への政策課題を抱えている地方政府相互間のネットワーク構築は、現場での知見と経験を共有し、多文化都市の未来ビジョンを設計するということから非常に重要である。国内外における多文化都市間の代表的なネットワークの事例として、欧州評議会のインターカルチュラル・シティ(Intercultural City : ICC)、日本の外国人集住都市会議、韓国の全国多文化都市協議会、そして国際的なネットワークとして日韓欧多文化都市サミットをあげることができる。

安山市が主導して二〇一二年一一月全国多文化都市協議会を設立したことは注目に値する。その趣旨を見ると、グローバルな流れの多文化時代を迎え、自治体ごとに推進している多文化政策の共有と連携を通じて、増加しつつある行政需要に積極的に対応するために全国多文化都市協議会を設立することとなっている。

前述のとおり、多文化政策は中央省庁の縦割り行政により予算のむだ使いと非効率が生じ、基礎自治体と外国人住民がその効果を肌で感じられないのが実情である。多文化社会をめぐる葛藤と対立が生じつつある現在、ともに暮らす多文化社会への方向を定めるには基礎自治体間の協力と連携が切に期待されている。このために全国多文化都市協議会を設立し、基礎自治体間の課題を検討して対案を模索するとともに、地域別、類型別、対象別の現場中心の多文化政策を進めるよう中央政府と緊密な連携を保つということが設立趣旨となっている。

全国多文化都市協議会は外国人人口五千名以上の自治体が集まり構成された。地方自治法第一五二条による都市間協議体として、多文化関連の施策とプログラムの調査研究、多文化政策の協議と改善を検討する。会員都市はソウル五、仁川一、京畿道一四、忠清南道二、慶尚南道一、光州広域市一の総計二四都市である。具体的な都市名は、ソウル特別市の九老区、西大門区、鐘路区、城東区、江西区、仁川広域市の南洞区、京畿道の安山市、水源市、平澤市、華城市、城南市、富川市、始興市、龍仁市、高陽市、金浦市、抱川市、廣州市、安養市、南陽州市である。忠清南道は天安市、牙山市、慶尚南道は金海市、光州広域市の光山区である。

全国多文化都市協議会は以上の二四の自治体により、首長協議会と実務協議会でもって構成される。運営主体は二四都市の首長のうち、会長一名、副会長一名、委員二二名として、案件討議と表決権を持つ。主な協議事項は多文化と関連した事務協議と改善策の提示、多文化の懸案に関する意見交換と解決方法の検討、多文化関連の政策研究、協議会で決まった主な内容を中央政府に提案、その他の事業となっている。全国多文化都市協議会はこれから基礎自治体主導の多文化政策を推進する母体となることが期待されている。

二〇一三年四月、全国多文化都市協議会は中央と地方間の連携づくりを通じて、より効果的な多文化政策を推進し、官民がともにつくりあげる地域ガバナンスを促進するため、中央と地方の実務者間の業務協議会の設立を提案した。中央政府もこの提案を受け入れ、行政安全部、女性家族部、法務部などの中央官庁が参加し、安山市、九老区などの五つの自治体が参加する〝中央・地方間業務協議会〟を発足することが決まったのである。

5 結論

韓国の多文化政策は、中央政府と地方政府が多様な制度と法令、財政支援を通じての政策とプログラムを提供しながら推進してきたが、あまりにも多くのソフト、ハードインフラが量産され、効率が悪いと指摘されてきた。中央政府、地方政府、関連機関がさまざまな法令と対策を競争的、短期的に提示しており、政策主体間のガバナンス不在、業務と予算の重複、外国人住民とプログラムの連携不足などの非効率性がもっとも大きな問題点として現れている。中央官僚主導の法律と予算万能主義、政策対象としての地域住民と外国人住民間の分離現象を克服し、地方政府と地域社会が主導する異文化共存型の多文化社会をつくっていかなければならない。

トップ・ダウン式の中央政府主導により政策の適正性、均衡度、現場性が落ちるという問題点はすでに指摘したとおりである。結婚移民者と多文化家族に対する集中的な財源配分と外国人労働者に対する政策不在などにより、行政サービスの提供における不均衡を誘発し、対象および地域の間の格差が著しくなっている。中央政府、地方政府、市民団体間の多文化ガバナンスがほぼ不在の状況だということは否めない。

これから韓国の多文化政策は、全国の各地域、各分野で均衡の取れた、均質的な政策体系を必要としている。中央政府と地方政府、地方政府と市民団体、地域住民と外国人住民、公共機関とボランティア団体間の役割分担が期待されている。外国人労働者と結婚移民者、多文化子女に対して、地域ごとに、対象別に需要者の目線から適切な多文化施策とプログラムを提供すべきであろう。そして、多文化政策にかかわる政策主体間のネットワークを構築しながら、望ましい政策体系をさぐる時期に来ている。

〈注〉

［1］ここでは、地方政府または自治体を混用することにする。中央政府に対する地方政府として政治的な意味が含まれている反面、自治体は政治、行政の単位としての意味がある。韓国では一九九五年地方自治が復活し、四年ごとに首長と議会を各々選出する。二〇一四年一月現在、広域団体の一六市道、基礎団体の二二七市郡区がある。

［2］김범수［キム・ボンス］（二〇一二）、六五〜一一七頁

［3］법무부［法務部］（二〇〇六・〇八）。

［4］韓国法務部は、国際結婚後の家庭暴力や高い離婚率を予

防するために、結婚移民者に対し入国前に初級韓国語能力試験テストに合格すること、国際結婚を希望する韓国人男性は最低生計費の一二〇％を超える扶養能力を証明することを義務付ける内容を告示した。［東亜日報］（二〇一四・〇二・〇六）

［5］김이선［キム・イソン］（二〇一二）、七七〜九三頁。〈図5〉は同論文から引用したものである。

［6］韓国内における反多文化感情の高揚は気になるところである。インターネット上には「多文化政策反対」「多文化見直し実践連帯」「単一民俗コリア」といったサイト等がある。国内の反多文化主張が印象的な水準のイメージではなく理論段階まで進みつつあることは憂慮すべきことである。강진구［カン・ジング］（二〇一二）。

［7］ガバナンス（Governance）とは公共領域のなかにある課題を解決するために、政策決定と執行過程で公共政府、企業、市民団体、地域住民など、多様な主体たちが公式的な、非公式的な影響力を行使しながら、参加することをいう。

［8］欧州評議会のインターカルチュラル・プロジェクト（Intercultural Project）のホームページを参照。http://www.coe.int/t/dg4/cultureheritage/culture/cities/

［9］The genuine intercultural city cannot emerge from disconnected initiatives or small-scale policy changes. It can only be the result of a shared vision and the concerted efforts of a range of institutional and civil society stakeholders. Therefore the Intercultural City Strategy includes a wide range of actors in the city: local authorities, professionals, social services, civil society organisations, and the media. Focusing on the sustainability and effectiveness of the results, the Intercultural City Strategy includes the establishment of partnerships and alliances within each city but also on national and international levels.

［10］日本政府の統計総合窓口（二〇一三・〇六）を参考すること。http://www.e-stat.go.jp/SG1/estat/List.do?lid=000001116310

［11］외국인정책위원회 편［外国人政策委員会編］（二〇一二）二〇一二 년도외국인정책 기본계획 지방자치단체 시행계획」［二〇一二年度外国人政策基本計画地方自治団体施行計画］」、一四頁。

［12］박세훈［パク・セフン］（二〇一一）다문화정책 효율화를 위한 거버넌스 구축방안［多文化政策の効率化のためのガバナンス構築方案］。울산광역시［蔚山広域市］。

［13］地方政府の力量を高める日本の外国人集住都市会議のような自治体間の協議会を設立することが望ましい。韓国自治体の公務員は多文化施策のために相互の情報交換や現場の経験を共有するチャンスがなかった。幸い二〇一

二〇一一年一一月発足した全国多文化都市協議会を通じて多様な施策を学習するほか、中央政府に政策を提言することが可能になり、今後の役割が期待されている。

〈参考文献〉

강진구［カン・ジング］（二〇一二）〝한국사회의 반다문화 담론 고찰 - 인터넷 공간을 중심으로［韓国社会の反多文化談論の考察——インターネット空間を中心に］〟인문과학연구［人文科学研究］강원대 인문과학연구소［江原大学人文科学研究所］

김명현［キム・ミョンヒョン］（二〇一三）〝한국의 외국인 정책과 사회통합 프로그램［韓国の外国人政策と社会統合プログラム］〟다문화와 인간［多文化と人間］一（二）

김범수［キム・ボンス］（二〇一二）〝지방정부의 정책평가와 연계 및 조정방안［地方政府の政策評価と連携および調整方案］〟사회통합위원회 자료집［社会統合委員会資料集］

김이선［キム・イソン］（二〇一二）〝결혼이주여성과 동남아 - 동북아 젠더구조의 대면——한국과 일본의 경험［結婚移住女性と東南アジア——北東アジアのジェンダー構造の対面——韓国と日本の経験］〟문화적 다양성의 사회와 한일비교［文化的多様性の社会と日韓比較］

김희정［キム・ヒジョン］（二〇〇七）〝한국의 관주도형 다문화주의［韓国の官主導型の多文化主義］〟오경석 외［オ・キョンソクほか］한국에서의 다문화주의——현실과 쟁점［韓国における多文化主義——現実と争点］한울아카데미［ハンウ・ルアカデミー］

김혜순［キム・ヘスン］（二〇〇九）〝정부주도 다문화의 명암——시혜적 다문화, 요원한 다문화사회［政府主導多文化の明暗——施恵的多文化、遠い多文化社会］〟二〇〇九 년도 한국사회학회 논문집［二〇〇九年度韓国社会学会論文集］一（二）

박대식［パク・デシク］（二〇一〇・〇四）〝농촌다문화가정의 생활실태와 정책 개선방향［農村多文化家庭の生活実態と政策改善

方向」〟국토〔国土〕국토연구원〔国土研究院〕

박세훈외〔パク・セフン〕（二〇一〇）다문화사회에 대응하는 도시정책 연구（二）——지역중심형 외국인정책추진방안〔多文化社会に対応する都市政策研究（二）——地域中心型外国人政策推進方案〕국토연구원〔国土研究院〕

법무부〔法務部〕（二〇一三）제二차 외국인정책 기본계획（二〇一三～二〇一七）〔第二次外国人政策基本計画（二〇一三～二〇一七）〕

법무부〔法務部〕（二〇一二）제一차 외국인정책 기본계획（二〇〇八～二〇一二）二〇一二년도 지방자치단체 시행계획——九개도 지방자치단체〔第一次外国人政策基本計画（二〇〇八～二〇一二）二〇一二年度地方自治団体施行計画——九道の地方自治団体〕

법무부〔法務部〕（二〇一〇）외국인정책 기본계획 지방자치단체 시행계획〔外国人政策基本計画地方自治団体施行計画〕법무부〔法務部〕

법무부〔法務部〕（二〇〇六・〇八）외국인정책 관련 환경변화 미래예측 보고서〔外国人政策関連の環境変化と未来予測報告書〕법무부〔法務部〕

사회통합위원회〔社会統合委員会〕（二〇一二）한국의 다문화 사회통합 정책〔韓国の多文化社会統合政策〕（二〇一二・一〇・三〇）서울프레스센터〔ソウルプレスセンター〕

신지원편〔シン・ジウォン編〕（二〇一一）二〇一〇 년 한국의 주요 이민동향〔二〇一〇年韓国の主要移民動向〕ＩＯＭ이민정책연구원〔ＩＯＭ移民政策研究院〕

아시아연구기금〔アジア研究基金〕（二〇一二）문화적 다양성의 사회와 한일비교〔文化的多様性の社会と日韓比較〕（二〇一二・〇九・〇八）고베대학〔神戸大学〕

안산시・일본국제교류기금・유럽평의회〔安山市・日本国際交流基金・欧州評議会〕（二〇一三）한국・유럽・일본 다문화 국제심포지움二〇一三〔日韓欧多文化都市国際シンポジウム〕（二〇一三・一〇・二五）안산시〔安山市〕

양기호〔ヤン・キホー〕（二〇〇六・六）〟지방정부의 외국인대책과 내향적 국제화〔地方政府の外国人対策と内なる国際化〕〟한국지방자치학회보〔韓国地方自治学会報〕

양기호〔ヤン・キホー〕（二〇〇九）〟일본의 다문화 거버넌스와 한국에의 함의〔日本の多文化ガバナンスと韓国への含意〕〟다문

화사회연구［多文化社会研究］
양기호［**ヤン・キホー**］（二〇一〇）글로벌리즘과 지방정부［グローバリズムと地方政府］논형［論衡］
양기호외［**ヤン・キホーほか**］（二〇一〇）한국 다문화정책 개선을 위한 시민사회단체 역량강화방안［韓国多文化政策の改善のための市民社会団体の力量強化方案］한국다문화학회 연구보고서［韓国多文化学会研究報告書］
오경석외［**オ・キョンソク**］（二〇〇七）한국에서의 다문화주의――현실과 쟁점［韓国における多文化主義――現実と争点］한울아카데미［ハンウ・ルアカデミー］
윤인진［**ユン・インジン**］（二〇〇七）〝국가주도 다문화주의와 시민주도 다문화주의［国家主導多文化主義と市民主導多文化主義］〟한국적 다문화주의의 이론화［韓国的多文化主義の理論化］한국사회학회［韓国社会学会］
이현아［**イ・ヒョンア**］（二〇一三）〝다문화시대 이민자 사회통합 정책방향에 대한 일고찰――**네덜란드 정책사례를 중심으로**［多分か時代における移民者の社会統合政策の方向に関する一考察――オランダの政策事例を中心に］〟인간・환경・미래［人間・環境・未来］一〇
이호경［**イ・ホギョン**］（二〇一〇）〝정부의 여성결혼이민자 가족 지원대책 현황과 문제점［政府の女性結婚移民者家族に対する支援対策――現況と問題点］〟다문화 콘텐츠 연구［多文化コンテンツ研究］四（九）
일본국제교류기금・하마마쓰시［**日本国際交流基金・浜松市**］（二〇一二）일본・한국・유럽 다문화공생도시 서밋트二〇一二［日韓欧多文化共生都市サミット二〇一二］（二〇一二・一〇・二六／하마마쓰시［浜松市］）
정명주［**チョン・ミョンジュ**］（二〇一二）〝한국의 지방자치단체 다문화정책 실태분석――二〇一二지방자치단체 외국인정책 시행계획을 중심으로［韓国の地方自治団体の多文化政策の実態分析――地方自治団体の外国人施行計画を中心に］〟한국학연구［韓国学研究］四一
최병두［**チェ・ビョンデゥ**］（二〇一一）다문화공생――일본의 다문화사회로의 전환과 지역사회의 역할［多文化共生――日本の多文化社会への転換と地域社会の役割］푸른길［プルンギル］
최 홍［**チェ・ホン**］（二〇一一・〇五）〝한국이민정책의 방향과 과제［韓国移民政策の方向と課題］〟한국의 이민정책을 말한다［韓国の移民政策を語る］법무부［法務部］
한승준［**ハン・スンジュン**］（二〇〇九）한국다문화정책의 추진체계［韓国多文化政策の推進体系］한국여성정책연구원［韓国女

性政策研究院〕
李善姫ほか編（二〇一二）『移動の時代を生きる　人・権力・コミュニティ』東信堂
小井土彰宏編著（二〇〇三）『移民政策の国際比較』明石書店
川村千鶴子（二〇一二）『三・一一後の多文化家族』明石書店
駒井洋編（二〇〇六）『グローバル時代の日本型多文化共生社会』明石書店
近藤敦（二〇一一）『多文化共生政策へのアプローチ』明石書店
日本総務省（二〇〇六・三）『多文化共生の推進に関する研究会報告書』
日本比較政治学会（二〇〇九）『国際移動の比較政治学』ミネルヴァ書房
山脇啓造（二〇〇七・一）〝地方自治体と多文化共生〟〔自治体国際化フォーラム〕
Jones, G. W. (2012). "International Marriage in Asia: What Do We Know, and What Do We Need to Know?". Asia Research Institute Working Paper Series No.174.
Kymlicka, W. and He, B. (ed.) (2005). *Multiculturalism in Asia*. Oxford Univ. Press.
Pierre, J. (2000). *Debating Governance*. Oxford Univ. Press.

二〇〇四年の雇用許可制、翌年の永住者に対する地方参政権付与、また二〇一三年にはアジア国家初の難民法制定……。韓国は一歩も二歩も日本の先を行っている……。梁起豪氏の言う「社会的対話機構」がこれからの移民政策にとって重要な考え方だと思うんだけど、日本が「社会的対話機構」を構築するとしたら、どんな課題があるの？

まず、移民の存在をきちんと認めること。そうしないと、対話の相手も対話の必要性も認識できないでしょ。それから、「以心伝心」とか「察する」とか、対話しなくてもわかり合うことを求める日本社会には、「見えないルール」がいっぱいあるってことを、再確認する必要がある。異文化の人が日本社会に入る時には、お互いの対話が必要だという意識を持つことが、はじめのいっぽ。

十章 ヨーロッパにおける成人移民の言語的統合について
――質の高い移民教育のため

ジャン＝クロード・ベアコ［西山教行訳］

欧州各国は、人口移動をこれまで長い間経験してきた。国内や国家を越えた移住があり、大規模な移住があり、また小さな集団の移住があった。そして脱植民地化は、このような移住の動きを増大させてきた。ハンガリーやアイルランドのような、これまで人口移動という現象を免れてきた国も、今は同じ問題に直面している。また、イタリアのように伝統的に国外への移民の多かった国も、今や、アルバニアやモルダビア、エチオピア、モロッコ、チュニジアなどからの移民の目指す国となっている。こうした動きは、歴史の中では常に存在してきた。たとえばルクセンブルグの学校ではポルトガル出身の子どもが三分の一を占めるなど、移民の多いこともあった。またヨーロッパのアルメニア人コミュニティのように、移民がより広い地域に拡散していることもある。人々がそれを望み、また経済のニーズがある限り、ヨーロッパへの移住はやむことがない。

1　移民のための言語教育の質とは何か

長い間、成人や年少者の移民の受け入れにあたり、言語教育の観点からの準備は何もなかった。しかしながら、今日では「放任政策」を採るのではなく、むしろ言語教育に介入する国が多くなっている。これにはさまざまな理由があり、そこには矛盾もある。実際のところ、ヨーロッパ各国は移民の受験すべき言語試験を重視しており、これは入国や滞在許可、労働許可、国籍の取得など、行政法的統合のさまざまな段階に対応している。受け入れ社会への入国前と入国後、また滞在中にも語学講座が準備されるようになり、長期の滞在許可や、フランス語で「帰化」と呼ばれる市民権獲得のために、テストや試験が行われるようになった。ところが、言語能力の「測定」は非常に複雑である。というのも、日常生活を効果的に営めるような「最低限の機能的能力」を、明確にまた当事者間の合意を得る形で特定することは容易でないからである。移民は、このようなテストを、乗り越えるべき障害と受け取ることが多く、受け入れのために好意的に設置された装置の一部と考えない。結局のところ、EU加盟国は移民の効果的な言語的統合を優先し、言語能力を使って移民の流入の抑制を狙っているのだろうか。

ひとつの仮定によれば、提供される言語教育の質が決定的であるといえる。というのも、言語教育は、成人移民が異なる新しい言語・文化の環境に適応していく過程とは切り離せないためである。移民教育の質の向上は移民教育を実用的にするための方策であり、またそれは移民が教育から排除されないために行われるものである。また移民が長期滞在を望む場合、その妨げとならないために移民教育は行われるものである。しかし、教育の質の向上だけを目的として追い求めてはならない。一時的な統合であれ、最終的な統合であれ、移民が社会統合を目指すにあたり、教育の質は教育の具体的な効果を保証するものなのである。さらにこれは、社会的結束性の強化にも役立つ。もし、このように教育の質の追求が、移民のホスト社会への定住を目的として、社会編入の成功を本当にめざしているならば、まず何よりも移民を尊重しなければならない。

このような観点にもとづき、移民教育の考慮する方法との関連で移民教育の質を定義すべきである。

1 成人移民がすでに知っている言語について、移民はすでにこれを知っているため、教える必要はないが、次のことができるよう、その言語を承認し、何らかの場を与えることが重要である。

- 移民の保持する言語が受け入れ社会の言語学習に役立つようにする。すでに知っている言語はすべて、新しく学ぶ言語の学習に役立つのである。
- このように自分の言語が認められることによって、学習者はよりよく教育に関わることができるようになる。
- 成人移民をこのように励まし、出身言語の価値を高める。成功するには、自信を持つ必要がある。
- 少なくとも家庭内だけでも、出身言語を子どもたちに継承できるように励ます。移民が出身地から持ち込む言語は、受け入れ社会にとっての豊かさである。

2　成人学習者の言語ニーズを特定すべきであるが、同時にまた移民とこの課題を話し合うべきである。

3　移民は多様であるため、その個人にふさわしい教育を行い、個人の環境にできる限り対応すべきである。さまざまなグループに一般的な移民教育を提案したり、押しつけると、学習者のニーズがそこに存在しない場合、移民は意欲を失い、結局は効果のあがらないものとなるおそれがある。

このような教育の質の検討は、専門分野からみると言語教育学、なかでも言語教育工学に属している。その役割は、教育機関や教員人事など使用可能な資源や、教育を受ける人の言語ニーズに応じた教育を構想することにある。その場合のニーズとは、教育を受ける移民が構想しうる教育のニーズであり、また外部から客観的に特定されるものであったり、あるいは言語教育のための規範や参照スタンダードといったツールのこともある。フランス語教育学や言語教育学の分野において、ニーズに対応した教育は、最初は「機能的フランス語」という名のもとに一九七五年に誕生し、その後「特定目的のフランス語」の名称のもとに発展し、その研究は当初から移民教育に関与してきた（たとえば、Jupp and Hodling, 1975; Colombier and Poilroux, 1977）。

したがって、ニューカマーの統合は、住居の取得や雇用、教育、医療サービス、政治などの場での社会的包摂に加えて、領域を横断すると同時に、個別化しうる次元を含む過程、すなわち言語的統合を含むものであり、これは非常に重要な課題である。言語的統合は、移住先のホスト社会でのコミュニケーションという機能性に関わると同時に、新たな言語環境や社会に適応するという文化的次元にも関わっている。受け入れ社会の多数派の言語を学習し、それを使うことは、効果的なコミュニケーションをめざすだけではない。これはまた、言語が強力なアイデンティティを示すという点で、アイデンティティを問い直す過程でもある。民主主義の基本となる価値観に照らして、言語教育は成人移民に認められた権利を考慮した上で構築されるべきである。

2　言語的統合、受け入れ社会の言語と成人移民の言語をめぐって

成人移民の「言語的統合」について、移民は実用的な理由からだけではなく、イデオロギー上の理由からも、受け入れ社会の言語、すなわち国語や公用語、多数派の言語などを学ばなければならないと定められることが多い。実際、われわれは成人移民が「正しい」知識を得ることを期待しており、ときには、移民が多数派の言語話者と区別がつかないか、あるいはアクセントなど最小限の違いしかなくなることを期待している。移民は言語面で「移民と気づかれない」ように、「ネイティブの」市民のように普通の言語を使わなければならない。言語的統合とはこのような意味である。このような言語知識は、受け入れ社会に対する移民の忠誠心の表明とみなされる。

このような解釈は移民とは何ら関係がないのだが、それでも一部のネイティブ話者はこれを移民の言語行動として期待している。移民は、支配的な社会的表象としてこれまでに広く普及している国民

国家の観念に従って、お互いを模倣し、それぞれ似たものとなる。つまり、デンマーク人であり、フランス人であり、ギリシャ人であることは、デンマーク語やフランス語、ギリシャ語を話すという社会的表象に従うことである。これは言語のみを重視するにすぎない。しかし、真の統合とは、成人移民の言語レパートリーを確実に再構成する上での条件を設定することを意味するのである。

「言語レパートリー」という概念は、移民に特有のものではない。この概念は、人間がみな潜在的に、あるいは実際に複言語話者であることを示している。「複言語能力」とは言語活動の能力を示すものであり、人間はみな遺伝的にこれを所持しており、人間は一生のあいだ、次々にさまざまな言語に関わることができる。人がみな保持する言語レパートリーは、子どもの頃から家庭で身につけた言語を含むもので、またその後、学校教育や自律学習で学んだ言語も含む。各人はそれぞれ、このような言語による日常会話や読解、聞き取りなど異なる能力をもっている。このような個人の言語レパートリーに属する言語を使うことで、家族や隣人と、また仕事のためのコミュニケーションを行ったり、文化的アイデンティティを示すなど、さまざまな役割を果たすことができる。しかし複数の言語がこれらの役割を果たすこともある。このような「言語の使い分け」は、時代に応じて、またコミュニケーションの場面に応じて変化する。新たに言語を習得すると、言語レパートリーのバランスが崩れるため、それは再編成されるものだ。学校で外国語を学んだり、仕事に役立つ言語を学ぶと、言語レパートリーは拡充するが、他の問題は生じない。しかし、移民をみると、移民は新しい社会状況に関わるにあたり、言語レパートリーの再編が強制され、これはアイデンティティにとって重要な課題となる。というのも言語レパートリーの再編とは、移民がこれまで培ってきたアイデンティティの放棄を意味するからである。また、これはそこに暮らしているネイティブ話者や、同じグループの移民の視線のもとに行われるからである。

3 個人の言語レパートリーをうまく再構築するための言語的統合

ホスト社会で行われる言語学習や言語知識が、学習者の社会的統合に完全に役立つためには、ホスト社会の言語が個人の言語レパートリーの中に受け入れられ、自己喪失やアイデンティティに関わる悩みの原因とならないことが重要である。ホスト社会の言語が、移民の言語レパートリーに統合されるには、さまざまな形態があると考えられる。

［1］最小限の言語的統合について

最小限の言語的統合とは、多数派の言語を使用する能力が、日常のコミュニケーションを効果的に、またとりわけ努力せずに行えるほど十分ではない状況を指す。オーラル・コミュニケーションが成立するか否かは第三者によることが多く、話し相手が親切かどうかによってコミュニケーションが成立することもあれば、成立しないこともある。ある種の社会活動は自分の言語能力を超えるため、行おうとしないか、または避ける。また、ある話者はその言語レパートリーで効果的に話すのが不十分だと感じるかもしれない。また、このような言語レパートリーは、ネイティブに排他的な態度を引き起こすかもしれないし、あるいは受け容れられるかもしれない。かろうじて人に認められる程度にホスト社会の言語を使えるにすぎないため、出身国の言語だけがアイデンティティを保つために機能し、重要なコミュニケーションの手段であり続ける。

［2］容認された（あるいは機能的な）言語的統合について

この段階では、多数派の言語や他の言語レパートリーのリソースを十分に所持するため、職業目的であれ、プライベート目的であれ、社会の中でおおかたのコミュニケーションを遂行することができる。移民は何よりもコミュニケーションの成立を追求していることから、間違うこともあるが、それを気にとめはしない。出身国の言語はアイデンティティに関わる地位を保持しているが、ホスト社会の言語も実際に通用する点で容認されている。

［3］さらなる統合

さらなる統合の段階において成人移民は、言語面で目立たないようにするために、また同時に内的動機からも、言語能力を高めようとする。それは職業活動のためであったり、社会的関係や個人的関係を発展させるためである。移民は言葉づかいの間違いを減らし、言語能力をなおも発展させ、自分にとっても容認できる言語能力となるよう努める。

［4］情動的統合

この段階になると、移民はホスト社会の言語を自分の言語レパートリーに十分に統合するため、言語レパートリーを情動面において再構成するようになる。とりわけ社会生活の中で複数言語を交互に使うことも厭わなくなる。出身言語がアイデンティティを表すことに変わりないが、これとともにホスト社会の言語もアイデンティティを表すものとなる。言語レパートリーの中で、アイデンティティに関わる言語が複数ある状態は、二重国籍の状態に比較できる。この場合、出身言語には、次の世代に伝達してもらいたいと願うほど高い価値を与えられるが、成人移民は、できるだけこれを避けようとする。出身言語を使うことは移民のしるしと考えるからだ。

言語レパートリーの統合の成功は、言語数だけではなく、質の問題が関わっている。移民は新しい言語をやむなく使い、学んでいるのだろうか。それとも新しい言語を意識的に受け入れ、それを使い学んでいるのか。生活設計に応じて、成人移民は次のような言語統合のパターンの中から選択を行う。

パターン1　自分の言語レパートリーをできるだけ変えないようにする。

パターン2　言語レパートリーを変えたいと思っているものの、時間や自信がないために変えられずにいる。このために、社会的、心理的な葛藤が生まれる。

パターン3　規範に従った正確な言語の使い方をさほど追求することなく、言語レパートリーを改善しようとする。つまり、間違いやおおよその言い回し、「外国人の」アクセントを容認し、目標言語によるコミュニケーションに自己の文化的習慣を重ね合わせる。

パターン4　一般大衆と変わらないような言語を身につける計画を持ち、ネイティブのような能力を身につけようとする。この場合、とりあえず出身言語に触れないか、あるいはそれを放棄する。または逆に、出身言語を家族の次世代に伝えようとする。

移民のための言語教育は、このように複言語教育の観点から構成される必要があるが、当然のことながら、これはホスト社会の言語習得への優先権を取り下げてしまうものではない。むしろホスト社会の言語習得こそ、成功の条件になるのである。

4　成人移民に向けた言語教育に関する教育工学

移民問題の政治的次元は重要であることから、移民教育に向けた言語教育学は、言語教育機関にすぐれた教育の質と高い透明性を求めている。たとえばヨーロッパ外国語検定試験協会（ALTE）のようなアソシエーションは、成人移民の受験する語学試験について、すでに次の点を強調している。すなわちそのテストの従うべきモラルは、良質で誰にもわかるような実践を伴うものでなければならない。また、その後の手続きもすぐれたもので、受験者は適切かつ公正に扱われ、また後にそのテストが検証しうるように扱われなければならない。

成人移民を対象とする言語教育の編成には、すぐれた質と高い透明性が必要不可欠であるのだが、この教育は多くの機関や関係者にゆだねられていることが多い。しかし、この人々がこの業務に際して必ずしも同じような体制を整え、準備をしているわけではない。たとえば、移民教育を担当する教育機関は、公教育の学校機関やアソシエーションやボランティア団体であったり、また個人のボランティアによることもある。このような関係者の行う言語教育は極めて多種多様なものなのだ。また、市民権獲得（帰化）にあたっての最終テストの作成や実施、また言語能力評価が、認証をうけた専門機関に委託されていることもあれば、内務省の官僚のような言語教育の非専門家によって運営されていることもある。そしてこのような官僚が帰化申請の書類を取り扱っているのだ。

そこで、教育工学にもとづくこれまでの一般的なプロセスと、言語教育とそのカリキュラムに関する考え方をもとに、成人移民への言語教育を図式化すると次のようになる。

言語教育のための最終的な教育目的を選択する

（学習者の教育文化の特徴は何か　学習についての期待や表象、習慣などを考慮する）

↑

対象となる学習者を特定し、その特徴を解明する

↑

学習者の言語ニーズの分析、教育目標の最初の素案を作るために『ヨーロッパ言語共通参照枠』を使用する
←
すでに使用可能なリソースのリストを作成する
（レベル別参照資料集、同じ種類の学習者や類似の学習者のために作られた教材、関連する言説の言語学的分析）
←
言語教育の関与する分野や文脈と言語使用の関係の解明
←
対象となる学習者に必要なニーズやリソース、教育上の制約を考慮の上で、目標とする言語能力を決定する
←
目標の決定――『ヨーロッパ言語共通参照枠』に基づき、教育目標となる言語習得レベルを能力ごとに決定する
←
コミュニケーションの場面と目標とする言説のジャンルを特定する
←
『ヨーロッパ言語共通参照枠』にもとづき、言語ごとの言語能力シラバスを作成する

（共通参照レベルによる能力記述文を言語ごとに作成する。また個別言語に対応した指導要領の言語教育に特化するため、『ヨーロッパ言語共通参照枠』にもとづくレベル別参照資料集を使用する）

←

さまざまな制約を考慮に入れた言語・文化教育カリキュラムを作成する

（受講可能な教育時間、グループごとの学習者数、教科書や教材などといった物理的なリソース、空間と場所）

←

このようなカリキュラムや学習者に対応する教員養成を実施する

←

時間軸に沿った教育内容の配分と教授法に従った単元形式や教育単位と教育モジュールの選択を行う

←

教育方法と教授法などを選択する

←

グループ構成の基準、グループの性質、プレースメントテストなど、教育体制を具体的に組織化する

←

教育にかかる費用と受講料を決定する

（授業は無料か、精勤の場合は無料か有料か、名目だけの費用か、割引価格か、公費や外部資金による助成を得た上での実費か、助成金を伴わない実費か）
←
言語教育を実施する。教員が授業時間と授業を管理する、学習者の責任（必修科目か、選択科目か）、出席のタイプ（定期的に出席するか否か）を考える
←
習得した知識を確認する形式を選択する
（試験とテスト、自己評価、「ヨーロッパ言語ポートフォリオ」の役割、学習者負担テストと試験の費用）
←
実施された教育の質を評価し、テストや免状を作成する
←
国がこのような制度を評価し、検査する（モニタリングシステム）
←
学習者の一部が満足すれば、それはまた将来多くの学習者を呼び集めることから、学習者の習得した知識を解明し、そのニーズを改めて分析する

このように明確な指針は、言語教育学における「カリキュラム・デザイン」の伝統に由来するもの

で、対象となる学習者に最適な言語教育を創出し、ホスト社会に対する移民の期待に応えるものである。これはまた、教育の開始時に移民の多様な言語レパートリーを承認することでもある。「移民」とは社会学的あるいは法的カテゴリーであって、言語学的に均質なカテゴリーを意味するものではない。もし、成人移民の学習者に役立つ教育を提供したいならば、移民がニューカマーであれ、オールドカマーであれ、成人移民に関するあらゆる言語統合政策の策定にあたっては、多元的な移民の受け入れ状況や言語知識、また経験を考慮すべきである。言い換えると、言語教育を編成し、評価するにあたっては、どこでも通用する標準的で唯一の解決法は存在しないのである。むしろ、使用可能なリソースに応じて実現可能な教育、オーダーメイドの教育だけが可能なのである。

次項では、成人移民への言語教育プログラムに関する考え方について、またそこで課題となる言語教育の実施方法について論及したい。

5 成人移民における言語ニーズの特定

「言語ニーズ」という概念は、欧州評議会による早い時期からの研究より存在している。なかでもこの研究は、リヒトリヒが構想し (Richterich, 1972)、リヒトリヒとシャンスレルが推進してきたものである (Richterich and Chancerel, 1978)。「言語ニーズ」という用語は、短期的あるいは中期的に学習者の関わるコミュニケーションを成功させる時に必要な言語リソースを意味する。このようなニーズや、さらにはコミュニケーション場面はそれにふさわしい方法で特定されるもので、学習言語を使って実際に行われる言語使用の情報を収集し、そこから優先的に教えるべき内容を抽出する。このような方法は、成人移民への言語学習のように、学校教育に該当しない学習者向けの言語教育プログラムの開発には欠かせない。成人移民はホスト国に到着するとただちに、日常生活の中で見ず知らずの、ほとんど未知といってよい言語でやりとりをしなければならない。このように緊迫した状況に直面する場合、上記の方法は、成人移民にとってとりわけ戦略的なものといえよう。この方法こそが、移民のニーズにふさわしい教育を生み出し、カスタマイズした教育だけが成人移民の期待に応えることができるのだ。しかし、これを専門家用の教育技術に還元させないことも重要である。というのも、ニーズの決定は当事者でなければできないし、また当事者の立場にいなければできないからである。

成人教育や成人移民のための教育を構想する過程には、多くの関係者が関与するが、彼らは教育目的や教育法について必ずしも同じ視点を持つものではない。もし、語学教室の主催者が企業の責任者ならば、ただちに具体的な成果の出ることを望むかもしれない。また教員からすれば、コミュニカティブ・アプローチやタスク・アプローチなど、効果的だと思われる教授法を優先するだろう。学習者は、これまでの経験や体験した教育や学習に関する教育文化を通じて、自分のニーズを理解するようになることが多い。このように期待は多様化しており、それだけに満足させるべき言語ニーズに対する考え方もさまざまである。多様な期待があるとは、満足されるべき言語ニーズが多様であることを意味するが、これはまた何らかの交渉を意味するものでもある。しかし、成人移民はこのような交渉に関わっているのだろうか。

6 教育文化の接触

成人移民は、存在しない国や社会からやって来るものではない。彼らは異なる社会から来るのであり、そこではひとつの教育哲学が実践されている。移民は、教育や学習について何らかの概念を保持しており、それは、学校での個人的体験や一般の社会的表象を通して作りあげられたもので、概して教育文化の記述や説明にはこのような表象や体験が用いられる。高校から大学へ進学する際のように環境が変化したり、まったく新たな場へ参入するといった具合に教育環境を変える学習者は、教育制度が機能するための新しい規範を理解し、それに適応しようとする。このような規範や表象表現を「教育文化」と呼ぶ。

教育文化とは、教育活動の行われる枠組みを指す。しかし、ここで問題とする成人移民への言語教育では、ネイティブ教師と学習者の中で「事前に」教育文化は共有されていない。教育の伝統は国により異なる。特有の教授法が実践されており、質問には口頭で答えたり、筆記の練習をしたり、何らかの文章の作成といった特殊な練習をする国もある。しかし、これらはどこでも行われていることではない。たとえば、教師への質問は、どこでも実践されていることではない。生徒に期待される態度は、このような教育の習慣に対応しており、それのみが受け入れられると考えられている。たとえば、遅刻せずに到着する、他の学習者にていねいに話しかける、求められた活動を行う、答えるときには起立するなどがそれにあたる。教師とどのような言葉をかわすのかといった関係性を規定したり、また、発言の許可を求めてから話すといった、発言に関する約束や、公正な教師とは何かといった評価方法や、教師は生徒の机の上に座ってもよいかといった、身体行動や服装などを規定するのは教育文化である。このような特徴は、それぞれ当然とみなされているが、それは本当に誤解の原因になっていないだろうか。成人移民という学習者に対しても他の学習者に対する場合と同じように、その集団の保持する教育文化を話しあいの対象とすべきである。

このような文脈にあって、教育法の選択と学習者についてどのような態度が期待されているのだろうか。そこでは、「もっとも効果的」と考えられる行動中心主義教授法を選ぶとよい。この教授法によれば、学習者は簡単なタスクや、また複雑なタスクを行ったり、また何度も行うタスクや、答えが一つと限らないタスクを行う。このようなタスクは現実の社会で行われるものであったり、自律学習として行うタスクであったり、グループ・タスクであったり、自己評価を行うタスクもある。しかし、このような考えをもった言語教育学の専門家も、社会一般に広く普及している教育実践を考慮に入れるべきである。たとえば、暗記や、仏和事典のような二言語使用の辞書を使って語彙を増やすことや、「文法」といった言語記述活動を評価したり、すべてを翻訳したり、ノートにすべて書き取ることも実践されており、このような教育実践を無視してはならない。すべての学習者にとっての最も優れた戦略とは、これまでのこのような教育実践を排除し、より「現代的な」教育実践へと「導く」ことなのだろうか。ここでも、唯一の標準的な解決策を提案することはできない。

7　市民権の獲得と市民権へ向けた教育

移民に提供される教育や、また国籍の獲得のために必修の教育は、たいていの場合、「言語に関係のない」分野を含んでいる。このような教育はホスト社会の紹介を中心としており、映画の視聴、担当者との面接や教育など、さまざまな形態から成り立っている。そこには、国の歴史や全般的特色、経済や政治の特色などが関連する。法律や市民の義務に関する知識、とりわけ保健衛生、学校、配偶者の法的地位、税金、兵役といった社会生活の分野や、日常生活で関わる行政手続きの分野の知識などがしばしば重視されている。

このような教育は、評価や正式の試験対象となることもある。その場合、たとえその試験での合格が唯一の必要な基準ではないにせよ、その結果は、移民の希望する市民権獲得のためには決定的なものとなることがある。

そこで、市民権教育の内容について考えてみなければならない。実際には、この教育は受講者への情報提供だけを目的とするのだが、この情報は移民が最初に手にした情報かもしれないし、人によっては長期間暮らした社会での生活体験を補完し、修正する情報かもしれない。したがってこのような情報は、何よりも移民の理解できるものでなければならず、場合によって、それは移民の言語による情報である必要がある。またこのような情報は、提供される専門知識としてしっかりと身につけるものではなく、むしろ移民に必要な援助やリソースとして考えられるべきものである。

このような情報提供は、ホスト社会をより良く見える観点から提示されるため、ホスト社会に高い価値を与える。だがホスト社会の経験している問題に触れなかったり、それを過小評価するのであれば、移民はこの情報を信頼するだろうか。国民をひとつの実体として提示し、国民とニューカマーをはっきりと区別することは、国民の中の差異を無視することが多い。たとえば、世代間の相違や、収入の相違、地域差、宗教の違いや政治的相違、人類学的相違などを無視することに陥りやすいのだ。そして、国民アイデンティティについてのひとつの言説に特権を与えかねない。しかし、アイデンティティとは歴史的に構築されたもので、同じ政治空間の中ではアイデンティティに関する複数の対立概念が広く通用しているのだ。

したがって、移民が社会に関するさまざまな事実や言語について機能的な知識を持っているからといって、移民がホスト社会の基本的な価値観に合意していると判断することはできない。移民が「国家に関わる」言説を学ぶ場合、移民は社会を構成する価値観への道義的な賛同が求められるのだろうか。

8 結論

移民の到達すべき言語能力の規定にあたり『ヨーロッパ言語共通参照枠』の共通参照レベルを採択するにせよ、これだけでは移民に適応した、公平で優れた教育を保証することにはならない。教育の質の管理、すなわち教育の機能を体系的に、また第三者にもよくわかるよう検証することこそが重要なのである。これは特に、教育を受ける移民がどのような知識を獲得するのか、その効果を検証するために重要である。たとえば、イギリスでは、「生涯教育センターの査察の枠組みにおいて、言語教育に特化した査察官グループが設置されている。言語教育センターは三年ごとに教育について査察を受け、1から5の評点をつけられる。下位の二段階の評点を受けたセンターはその資格を失う」[1]。言語教育が市場へと委託されたことで、このような評価方法は多くの国に広がっている。

統合のための言語教育政策が、本章の展開した原則にしたがって実現しているものを見るかぎり、これは社会的にバランスのとれた投資となっているようだ。というのも、統合のための言語教育政策は社会的結束性の強化に役立つからである。しかし、これまでに述べた原則との関連で、統合のための言語教育政策がテクニカルな問題を無視する場合、本来の目的から逸脱してしまうこともある。また、いずれにせよ、教育という装置が排除を生み出すこともある。ホスト社会の言語を知らねばならない時に優れた言語教育がないため、ホスト国の領土内に留まれなくなることもあれば、また移民の流入を最大限制限しようとする意図的な政策意思の結果、領土内に留まることができないこともあるのだ。

〈注〉

［1］労働・社会結束省人口・移住局、文化・コミュニケーション省フランス語・フランスの諸言語総局の主催した研究会「ヨーロッパにおける成人移民の言語的統合について」（二〇〇四年六月二八日、二九日）*Ministère de l'emploi du travail et de la cohésion sociale (Direction des populations et des migrations) & Ministère de la culture et de la communication (Délégation générale à la langue française et aux langues de France) (2004) : L'intégration linguistique des adultes migrants en Europe, Journées de Sèvres 28-29 juin.* (en ligne sur www.coe.int/lang/fr)

〈参考文献〉

Colombier, P. and Poilroux, J. (1977). « Pour un enseignement fonctionnel du français aux migrants », *le Français dans le monde* 133, pp. 21-26.

Jupp, J. C. and Hodling, S. (1975). *Industrial English, an example of theory and practice in functional language teaching*, Heinemann Education Books, London. (Traduction et adaptation françaises par C. Heddesheimer et J.-P. Lagarde (1978). *Apprentissage linguistique et communication. Méthodologie pour un enseignement fonctionnel aux immigrés*. Clé International, Paris.)

Richterich, R. (1972). *A model for the definition of language needs of adults learning a modern language*, Conseil de l'Europe, Strasbourg.

Richterich, R. et Chancerel, J.-L. (1978). *L'identification des besoins des adultes apprenant une langue étrangère*, Conseil de l'Europe, Strasbourg.

Un site de référence du Conseil de l'Europe, Intégration linguistique des migrants adultes (ILMA) http://www.coe.int/t/DG4/LINGUISTIC/liam/default_fr.asp

第十章を読んで、「公平で優れた教育」について改めて考えてしまった。移民に対する支援として、ことばの教育がすべてではないけれど、それでも言語教育関係者としては教育の質についてじっくり考えなおさないといけない……。もしも、日本で当事者である移民的背景の人の意見もとりいれて「公平で優れた教育」を考えるとしたら、どんな工夫が必要になるかな？

う〜ん。公平性とか、優れているかどうか、というのは、どんな基準で捉えるか難しいですよね。それに、移民に対する言語教育には少なからず同化的な意味が入りやすくて、移民にとっての公平性というのはもともと受け入れ社会の中で成り立つのかなあ、という疑問もあるし。ただし、移住してきた人々にとって「この社会で、やりたいこと、やる必要があることができるようなことば」ってなんだろう、と言語教育に関わる者としては考えていきたいなあ、とは思います。

十一章 コミュニケーションの多様化に寄与できる語学教師
――コミュニティの中で声をあげられる学習者をどう支援するのか

足立祐子

本章では、国外から地域社会に新しく参入してきた移住者にとって重要な意味を持つ移民教育に関わる語学教師をテーマにする。まず、コミュニケーションの多様化について確認する。そして、筆者がなぜ教師に関心を寄せるようになったかについて述べ、コミュニケーションの多様化につながる指導技術について、筆者が見学したヴィースバーデン市民大学の教師研修をもとに考える。最後に日本語教育における今後の課題について述べる。

1　コミュニケーションの多様化について

移住者に限定することではないが、最近「多様性」、「多言語」、「多文化」という言葉をさまざまなところでよく聞く。私たちは、なんとなく多様であることが無条件に「いいこと」だと思っているような気がする。しかし、「多」であることは別の視点から見れば「バラバラ」な状態であり、まとまって何かをする際には複雑で面倒なことが多くある。その意味では、コミュニティのまとめ役である行政の立場から見ると、「多言語」も「多文化」も手間やコストがかかるため相当の覚悟が必要だろう。もしかすると、私たちは、立て前では「多様性」や「多文化」を受け入れているが、本音ではそうではないのかもしれない。二〇〇九年、バラク・オバマは第一回大統領就任演説の中で、「私たちは多様性は強みであって弱みではないということを知っている。私たちは、キリスト教、イスラム教、ユダヤ教、そしてヒンドゥー教や無宗教といった人々で構成されている。あらゆる言語、文化、地球上のあらゆる場所からやってきた人々で構成されている」と言っていたが、最近の世界の情勢は、「多様性」、「多言語」、「多文化」とは逆の方向に動いている。もちろんその背景にはさまざまな事情があり簡単に評価することはできない。だが、改めて個人レベルで社会をながめると、実は人々の性格や行動は「バラバラ」であり、むしろ多様であることは当然の状況である。それを許さない息苦しい空気も出てきているが、それでも多様であるという状態はごくふつうの状態である。

その上で、本章で述べるコミュニケーションの多様性は、昔からあった多様である状態に付加的な意味を持たせたい。一言でいえば、だれをも排除しない「いろいろ」なコミュニケーションの方法が存在する状況である。社会には男性も女性もそして子どもも大人もお年寄りもいて、なかには他人と話すのがあまり好きでない人もいるだろうし、体のどこかに障碍がある人も、また日本語が第一言語ではない人もいるだろう。したがって、そういうさまざまな人とコミュニケーションをとるとき、その手段として方言を含むいろいろなバリエーションのある日本語、外国語、点字、手話、デジタルツール、身ぶり手ぶり、などなど、その人にとって使いやすいものをいろいろ活用してすすめていく、そういう状況がごく当たり前の状態をコミュニケーションの多様化[1]と呼ぶことにする。特に移民に深く関わる人々は、コミュニケーションの多様化をはっきりと意識しなければならないだろう。移民に関わる語学教師もまずこの点を自覚するところからはじまると考える。

2 コミュニケーションの多様化と語学教師の関係

グローバリゼーションが進み人々の移動が日常的に見られる現代において、コミュニケーションの多様化に寄与できる人材はさまざまな方面で求められている。重要な人材の一例として「教師」があげられる。学校に限らず生涯学習の場でも教師は人々に多大な影響を与え、個人の学びに関与することになる。特に、語学教師の場合、教育実践の方法次第で社会におけるコミュニケーションの多様化がより促進される場合もあれば、言語ができないことで特定の人たちを排除するような状況を作ってしまう場合もある。

［1］ドイツの統合コースの授業

筆者が教師、特に語学教師について強い関心を持つようになったのは、ドイツ連邦共和国（以下、ドイツと略す）の移民に対するドイツ語教育を見学したことがきっかけになっている。ドイツ政府主導による移民対象のドイツ語教育（統合コース）は、二〇〇五年にはじまった[2]。その前から移民対象のドイツ語教育が始まる動きがあったため、二〇〇二年から筆者はドイツを訪問している。そして、現在も継続的にドイツの言語教育の状況について調査を行っている[3]。最初、移民対象のドイツ語教育のシステムや教育内容を分析することが日本の地域日本語教育の参考になるのではないかと考え調査を行った。そのため、調査はドイツの統合コースにおけるシステムづくりに関心が集中していた。ところが、何度もドイツに通ううちに、移民対象の統合コースの授業を見学する機会に恵まれ、統合コースやその他の関連授業を見てまわることになった。

そこで見学した授業に筆者はひどいショックを受けてしまった。なぜなら、教師によって授業の充実度や学習の定着度が大きく異なっていたからである。もちろん、教師それぞれの個性があるので、教師によって授業が異なるのは当然である。しかし、それは「微妙」な差ではなく、「大きな」差だった。教師の指導技術の差と言えばいいのだろうか、特に、ドイツ語入門期の学習者の場合、教師の教え方のよしあしでその後のドイツ語力やドイツ語学習を継続していこうとする意欲が大きく変わるだろうことが実感できた。このような状況では、仕事が忙しいなど個人的な事情でドイツ語学習に時間が取れない人や学習方法自体がよくわかっていない人を排除することになる。本来は、学習者の多様性をうまく活用し、個別の学習デザインを学習者とともに組み立てていく作業が教師に求められる。ところが、統合コースの教室現場によっては、ドイツ語の習得度を学習者個人の努力や責任としているところもあると感じた。これと同様なことが、日本の外国につながる子どもの教育でも起こっているような気がする。

まず、わが国の教師たちは、先にも指摘したように、子どもたちが学校に持ち込んでくる、彼らの家庭的バックグラウンドや成育歴に由来する「異質性」を生かそうとするよりは、それを極力排除しようとする傾向が強い（脱文脈化）、そのうえで、子どもたちを、「私のクラス」や「われわれの学校」に所属する同質的集団の一員として扱い、親密にかかわっていこうとする構えを有している（同質化）。そして、クラスや学校のなかで生じる学習上あるいは生活指導上の問題の原因をもっぱら子ども自身に帰属させ、なおいっそうの努力や心がけの変化に求めようとする姿勢を強く有している（個人化）。

こうした教育観は、つまるところ、子どもたちのあいだにある「差異」＝「個性」を考慮することなく、教師が暗黙に共有している理想の子ども像を彼らにあてはめることにつながる危険性を有しているのではないだろうか。教師の「特別扱いしない」というスタンスは、歴史・社会的な要因に由来する、差別や不平等をめぐるニューカマーの人々がもつ問題から、周囲のみならず、当事者自身の目をそらさせ、子どもたちの「失敗」を、もっぱら個々の家庭や個人の資質の問題に帰してしまう可能性を内包しているように、私は感じられるのである。

（志村、一九九九、一四一―一四二頁）

成人移民対象の第二言語教育においても、志村の議論と共通して、移民的背景を持つ人々の「異質性」を活かすのではなくできるだけ受け入れ社会に参入しやすいように言語支援を行い、その上で学習の成果があがらないことは学習者本人の責任として考える風潮があるのではないだろうか。統合コースの授業見学後、筆者は第二言語としての語学教師についていろいろ考え、現在、次のような考えにいたっている。それは、「入門期のレベルはすべての学習者に対して目標言語の習得達成を保証する、これは語学教師の責任である。そのために教師はある一定の指導技術を身につけていなければならない」という考えである。移住者に対してその移住地でマジョリティが使用している言語の学習支援を行うということはコミュニケーションの多様化促進の一つであると考える。[4]また、その支援は志村の言う「個人化」ではなく「エンパワメント」として機能しなければならないだろう。言語学習の入門期レベルと限定しているのは、それ以上のレベルは学習者個人の自由意思に任せ自立的な学習にゆだねられるものであると考えるからである。[5]また、受け入れ側の人々も多数派の使用する言語だけでなく、新しく移住してきた人々の使用する言語を少しでも使えることでよりコミュニケーションの多様化は促進されるだろう。

話を教師の指導技術にもどすと、その指導技術の具体的な中身はどのようなものなのかという疑問が次にあがってくる。たとえば、最近よく言われている「学習者中心」で授業をすすめる場合、教師は「学習者が自分の目的にあわせて自分の学習をすすめるのを側面から支援する」ことをまず考えなければならないが、その具体的な指導方法について多くは語られていない。入門レベルでの学習内容と教師の指導技術はどちらも重要なことだが、この二つの要素は教師力の中に含まれていると考える。つまり、教師の頭の中には学習者それぞれにあった学習内容とそれをわかりやすく学習者に伝える指導技術がある。教師とは、授業活動の中で、あらかじめ準備した内容を学習者とのやりとりの中で柔軟に変更して授業をすすめていく——学習が円滑にすすむよう支援する——という動的な活動ができる人であると考える。この意味で、「指導技術」という言い方は間違っているのかもしれない。なぜなら、授業中の教師の学習者に対するふるまいは、小手先の技術の寄せ集めではなく教室活動全体としてとらえなければならないからである。

［2］指導技術という考え

指導技術だけを切り取って必要な授業の中にパズルのようにあてはめるような発想で授業をしてもほとんど役に立たないことは、教育実践者は経験的に知っていることである。ここで議論したい指導技術とは、学習者とともに創りあげていく授業の流れという文脈のなかでの教師の指導技術である。これは日本語教育だけでなく教育全般で言われていることである。しかし、教師たちはこのことを頭で理解していても、いざ自分の実践現場を考えると、すぐ教育効果があらわれる指導法を手に入れたいと思ってしまうようである。

たとえば、前述のドイツの調査でも次のような嘆きを聞いた。二〇〇七年に統合コース教師養成コースを担当していたゲーテインスティチュートの専任講師に教師研修について聞き取り調査を行った時のことである。当時、ドイツの統合コースで教える教師は、高等教育機関の第二言語としてのドイツ語養成課程修了者か連邦政府移民難民局の実施する養成コース履修者であることが条件で、この条件を満たさない者は、二〇〇九年までに養成コースを履修することが義務づけられていた。インタビュー調査の際、養成コースの担当者から聞いたのは、「現場の教師たちは、明日の授業ですぐ使えるもの」、「いつでも必ずうまくいくもの」、そういう教材や指導技術を安直にほしがっているという嘆きであった。匿名的で脱文脈的なものとして指導技術を教師が受容することについての批判は、奈須（二〇〇六／二〇〇九）も強調している。奈須は「教師が授業技術を身に付けるというのは、匿名性の技術の要素を、アクセサリーを身に付けるかのように、着脱可能な形でその身体の外部に付加することではありません」と述べている。そのうえで、技術は思想と一体のもの、あるいは照応関係にあるものだと主張している。

しかも、教室で現に働く際、技術は思想の宿り木である具体的な個人としての教師に属し、その教師の身体の中で息づき、その教師の生が保つ全体構造と整合する形を顕すのです。また、そうなるように技術を学び、運用していくことが望まれます。そのためにも、教師が自身の思想的立場や目指すべき教育のイメージ、性格や持ち味などを明晰に自覚し、あるいは技術が身体化していく様子を敏感に覚知しながら、より納得のいく自分になっていくように授業技術を学び続けることが重要です。（奈須、二〇〇六／二〇〇九、vii頁）

思想というとわかりにくいが、思想の具体例として奈須は「一人ひとりの子どもを大切にする」や「教師は支援に徹する」等の教育の理念をあげている。そして、このような思想を教師は頭で理解するだけでなく、教育の現場で実践できることが技術だと言っている。ここで主張したい点は、ドイツの成人移民の場合、ドイツ語習得ではなくコミュニケーションが円滑にできドイツ社会の一員となることが目標だという点である。そして、奈須が言っていること――教育理念を理解し教育現場で実践できること――は、名人技として特定の教師だけができるものではなく、すべての教師が継承できるものでなければならないという点である。そうでなければ、教育はある一定の水準を保つことができなくなってしまうだろう。次節以降、指導技術について述べる。

3　ドイツの教師養成について

指導技術の内容について考えるためのヒントとして本節ではドイツのヴィースバーデン市民大学の教師研修について述べる。

［1］講習会の全体の流れ

統合コースのための教師養成講習会は、二〇一三年三月の段階で、統合コース未経験教師を対象にドイツ国内の四カ所で開講されていた。筆者はそのうちの一つヴィースバーデン市民大学の講習会を見学した。講習会は総時間数一三八時間で、ドイツ語教育の経験者はそのうち七四時間受講すればよかった。未経験者も他の外国語を教えた経験がある人たちであった。講習は、週末の金曜日から日曜日に行われ、全部で六ユニット（六週）あり、見学したのは四週目だった。

担当者の説明によると、第一週目は、移民や学習者の多様化がテーマで、実際に授業見学をして統合コースの現場を理解し、二週目で練習問題や授業の中での活動形態、そして会話能力などについて学び、会話の授業一コマ分の教案を作成する。この時点で、参加者たちはグループに分かれ話し合いを通じて授業活動を具体的にイメージできるようになるということだった。そして三週目で教材分析や技能別授業に関することを学び、四週目はその前の週の技能別授業の「聞く」と「読む」に関する内容の講習があった。そのような講習を受けたうえで、見学した日の内容は指導技術や教案がテーマだった。

［2］講習の方針

講習内容の中心的必須項目は移民局から指定されているが、具体的な内容やスケジュールについては各講習機関で決めているということだった。講習会の講師たちはヴィースバーデン市民大学の統合コースで十分な経験を積んでいる教師たちで、自分たちの経験に基づいて講習のデザインをしているとのことだった。準備に十分な時間をかけて、内容は抽象的なことと具体的なことをとりまぜながらすすめていくことに注意をはらっていると担当者たちは強調していた。

講師二名で講習を担当するのもヴィースバーデン市民大学の特徴であり、他の研修機関では、一方向的な講義形式もあるとのことだった。二名の講師で講習をするというのは、受講者としては新鮮で円滑な進行が感じられ、講師側から考えると、自分が進行役として講習をすすめていない場合は、受講者側に立ってモニターをしたり、活動の合間に受講者の個別の質問を受けることもできるという点が長所としてあげられる。しかし、教師教育の方法は、ドイツ国内でもばらつきがあるというのが現状である。

［3］見学から学んだこと

見学から学んだことは以下の三点である。

①さまざまな場面での対話

その日の研修で講師たちが受講生に一番に気づかせたかったのは、実際の授業の流れであり、部分間の関連づけであった。これを受講者たちが経験として認識できるように研修プログラムにはさまざまな工夫があった。印象的だったのは、一日の講習が講師二名で行われていたことであった。講師の一人が講習の進行役となり、受講者と対話をしながら講習を行い、約九〇分が一つの単位として実施されていた。活動内容によって二名の講師が臨機応変に対応しており、グループ活動が中心に講習がすすめられていた。参加者は八名で、短い時間内でも二つの大きなグループになったりペア活動をしたり、クラス全体で活動したりと、グループ活動の形態は変化に富んでいた。受講者同士、受講者と講師との対話までは想定できたが、講師同士の対話もなされていた。その対話は言語的なものだけでなく、視線や表情なども含まれていた。受講生たちは、このグループダイナミックスを経験することで、自らが教師として教室に立った時、同様な活動を組み立てやすくなると考える。

②サジェストペディアの手法

サジェストペディアの要素も多くとりいれられており、部屋の壁に写真やポスターや置物などがあり、コンサートというお芝居のセッションもあった。語学教師のトレーニングとしてもサジェストペディアの方法が取り入れられることが筆者の印象に強く残った。筆者が見学したときは、六八時間の講習が終わっているため、受講者同士も、また受講者と指導者も非常に打ち解けていて、講習の途中でもさまざまな質問ややりとりがあった。学習者が考え気づき意識化することが重要だとよく言われるが、この講習も、指導担当者による受講者が考え、気づけるような促しの工夫が、サジェストペディアの手法をとりいれつつほどこされていた。これは①の対話とも関係があるが、サジェストペディアの手法を使うことでより対話がすすむと感じた。

③パーツとしての指導技術の提供

研修のなかに時にはゲームなども取り入れられていたが、この変化ある活動が単に講習のためだけでなく、受講者たちが実際に統合コースの授業をするにあたって役立つ活動形式やゲームのヒントにもなっていることが見学していてよく理解できた。講師たちが、「このゲームはクラスのウォーミングアップに役立ちますよ」と受講者たちに明示的に伝える場合もあったが、基本的には受講者たちが自身で気づいていくものという形で講習のプログラムが組み込まれていることが多かった。この点も用意周到にデザインされているものであった。

この研修を通して、教師研修では参加者間の対話が重要であることを改めて理解した。見学したときの研修のテーマは授業の流れと部分間の関連づけについてであったが、唯一無二の答えがあるわけではなく、与えられたテーマについて講師も受講者も活動をしながらともに意見を出しあい、講師はそれを最後にまとめとして整理する作業を行っていた。それは明確な答えではなくそれぞれの教師が実際の授業をする際のヒントであったりアドバイスであったり指針であったりするものである。受講者は研修で与えられた課題の授業案を作成するなかで、研修で出てきたさまざまなことを再構築する作業を行い、それが各教師に指導技術として定着していくことになると推測する。研修自体は講師を含む参加者からさまざまな意見が出たり話し合いが行われたりするため、状況によって変化する恣意的な印象を受けた。しかし、研修での話し合いを参加者たちが改めて再構築する作業を経て研修が完結すると考えれば、この研修は、指導技術の育成の方法の一つとして有効だろう。

注意しなければならないのは、ドイツのすべての研修機関でこのような実践が行われているのではないという点である。ヴィースバーデン市民大学は、前述のウェーバー氏にドイツ国内外での豊富なドイツ語教育経験があること、他の講師たちとのコミュニケーションが非常に密であること、ヴィースバーデン市民大学周辺に移民が多いという地域的事情、などから、統合コースのドイツ語教育に関わる教師たちのあいだに共通の教育観が確立していると考える。その意味ではヴィースバーデン市民大学は特殊なケースであるともいえる。ドイツにおいても教師の育成や研修の方法はまだ試行錯誤段階であり、今後も、関係者が考え続けていかなければならない課題であるといえる。

4 教師に求められる指導技術について

[1]「わかりやすく伝えること」と「お芝居」の技術

そもそも語学教師とはどういう仕事をする人たちなのだろうか。

> 語学教師は語学そのものができなければならない。基礎的な知識がなければ、教えることは不可能である。そりゃまあそうだろう。ただし、これは語学に限ったことではなく、どんな科目でもいえることだ。
>
> だが語学教師に求められるのは、知識だけではない。さらに実技が求められる。これが他の科目と決定的に違うところであり、語学教師に負担が多い理由でもある。
>
> ふつうの科目は、知識か実技かのどちらかに重点が置かれる。歴史や地理は知識が中心となる。音楽や体育は主に実技だ。
>
> 語学の場合は、文法とか語彙といった知識はもちろん重要である。しかし、それだけでは足りない。実際の運用能力もまた期待されている。つまり、両方のバランスが大切になってくる。
>
> （黒田、二〇〇八、一三〇—一三一頁）

これは、語学教師について黒田（二〇〇八）に書かれていることである。さらに、黒田は、語学教師としての目標の第一に「わかりやすく伝えること」をあげている。筆者は二〇一二年末から二〇一三年初めにかけて、日本語教育のベテラン教師に指導技術に関する予備的な調査を行ったが、その際も授業で教師が「わかりやく伝えること」が、学習者各自の学習を促進するために重要なことであるという答えが多くあった。また、日本語教育における日本語母語話者教師の場合、学習者が日本語非母語話者であるため「わかりやすく伝えること」のハードルがさらに高くなる。当然のことであるが、日本語教育の場合、日本語は学習目標の言語である。入門レベルではクラス内の共通語としての日本語がかなり限定されているという状況下で、非言語的な方法をいろいろとりこみながらわかりやすく伝えなければならない。そのため、日本語教育の入門期には、特に非言語的な指導技術が重要であると考える。

話は変わるが、二〇年近く前、筆者はサジェストペディアの研修会に参加したことがある。事前に運動ができる服装を用意してくることと指示を受けていたので、どんな研修かと期待しながら参加した。すると、そこにはパントマイミスト（pantomimist）もしくはマイマー（mimer）と呼ばれる専門家がその日の講師として待っていた。準備体操からはじまり、パントマイムの基本的な動作について習っていくのだが、主たる研修は「ドアをあけて部屋から出て廊下を歩く」、「椅子に腰かけ一方の手で茶碗をもう一方の手で箸を持ってご飯を食べる」、などを受講者が実際にやり、講師がそれをアドバイスするというものであった。実際にやってみると、日常ふつうにやっている動作がうまく表現できず、受講者たちはみんなずいぶん苦労した。講師から「あなたの動きだとドアが壁にめり込んで見えますよ！」、「お箸があなたの頬にささっている！」と言われ、筆者も日常の動きの見せ方について、ああでもないこうでもないとほかの受講者たちとずいぶん熱心に話し合い、いろいろ動作を試してみた。受講者は、日本語教師だけでなく高校や中学で英語を教えている教師やその他ドイツ語やフランス語の教師などもいたため、みんなの発想がさまざまで、多くの対話があった。このころのサジェストペディアの研修会は、絵の書き方の研修などもあり、この経験が実際に授業をしているときや授業準備しているときにふと思い出され、それを活用して授業を組み立てることがある。

しかし、よく考えてみれば、動作の重要性というのは筆者の教師修業時代から言われていたことである。筆者のメンター的存在はトヤマ・ヤポニカ[6]の元代表小西光子氏であった。筆者はほぼ一年に渡って小西氏から日本語教師としてのトレーニングを受けることができたのだが、その小西氏に「日本語教師は、歌も歌えてお芝居もできて、時には言語を学び続けている学習者でなければダメだ」とよく言われていた。そのお芝居の部分の研修がこのサジェストペディアの研修だった。すぐには授業に役立たないが、日頃から教師としての自分の動きやその他の表現について考えたり、実演してみることは、ある言語表現が使われる状況をいつでも必要な時に授業の現場で使えることにつながるだろう[7]。

今村（一九九六）では、外国語教師にとって演劇の技術が必要な理由として、以下のような点をあげている。

- 外国語教育に必須の正しい発音や発声、朗読の仕方など基礎的な技術は、演劇の基礎技術と重なる。

・ことばに実感を込めて印象付けるには、話し方、表情、動作のすべてが調和した豊かな表現と演技力が重要だ。

・学習者を授業に引き付ける教師が持つ一種のカリスマ性は、役者のカリスマ性に通じる。

・学習者が受ける印象に敏感な教師は、観客が受ける印象を鋭く察知する役者の能力を持っている。

・特定のことばが使われる典型的な文脈をいくつか素早く想起し、その適切な状況設定と例文選択をこなすという能力も演劇の技術から引き出せる。

（今村、一九九六、七四頁）

特に入門レベルのクラスでは、「わかりやすく伝える」ために必要な指導技術が教師に求められる。

［2］「お芝居」の技術に対する根拠

向後（二〇一四）では、教えることは単純ではなく「ガニエの9教授事象」として、①学習者の注意をひく、②学習の目標を知らせる、③すでに学んだことを思い出させる、④新しい学習内容を提示する、⑤学習のやり方を説明する、⑥練習させる、⑦フィードバックを与える、⑧学習成果を評価する、⑨学習したことを他の場面にも活かせるように促す、という点をあげている。また、教師力として「教える技術」、「授業デザイン力」、「クラス運営力」をあげ、三つの能力はそれぞれ、「教える技術」には行動分析学と認知心理学が、「授業デザイン力」にはインストラクショナルデザインが、「クラス運営力」にはアドラー心理学が、その背景理論になっていると述べている（向後、二〇一四、二四頁）。日本語を学ぶ入門レベルのクラスにおいて共通の媒介言語が存在しない場合、「ガニエの9教授事象」のプロセスを非言語的な手段で工夫してすすめていかなければならない。そこで出てくるのが「お芝居」の技術であると考えるが、その技術を支える背景となるような根拠は言語教育の特徴としてあらわれている。

さらに、西口（二〇一三）は、ソシュールの言語観である「言語活動には「本質的な部分」があり、それは記述可能だ」という考えとは異なるバフチンの言語観をもとに、新しい発想での入門期の日本語教育の内容を提案している。バフチンの考えは、「言語的相互作用こそが言語の基本的現実」であるとし「ひとまとまりの全体としての発話」の諸形態の問題が重要であるとしている。つまり、バフチンの考え方でいくと、入門レベルにおいても言語を教えるのであるのならば「ひとまとまりの全体としての発話」をなんらかの形で学習者に提示しなければならないことになる。前述の指導技術に関する予備調査のなかで、「単文レベルでは正確にアウトプットができる学習者なのに、日本語母語話者と自由に話す場合思うようにことばが出てこない状況に出会ってどのようにしたらいいか困った」という声を聞いた。これについては筆者も同じような経験がある。対処法として、ある特定の状況を、動画や絵や写真、また、「お芝居」や「お話」で学習者に示し、それをもとに学習者は内容を理解し応用に展開していくというやり方をとるという教師がほとんどだった。

バフチンの言語観は「イデオロギー素材としての言語そのもの」、「言葉の生成のなかに自然と歴史の生成が反映され屈折してゆく過程」などとしている。たとえば、「ありがとう」ということばはそれだけでは辞書的な意味しか持たず、特殊な個別的な状況があってはじめて感謝や皮肉の「ありがとう」など具体的な生きた意味を持ったことばが成立しコミュニケーションの場が生じる。つまり、状況――ソシュールのいうパロールの部分――を切り取ってことばは考えられないということになる。よって、バフチンから得た西口の言語教育への応用はお芝居などの指導技術の重要性を支持するものである。少なくとも第一言語が確立している成人の学習者にとって、入門期の日本語クラスでは、状況が与えられない辞書的な意味だけのことばや抽象的な形式だけを扱わないほうがいいといえる[8]。

筆者が見学したドイツの統合コースの講習会の目的は、関連づけされた授業の流れを受講者たちに伝えることだった。そして、その授業の流れは教師の働きかけだけで創りあげるものではなく、学習者の反応とそれに連鎖する教師の反応で刻一刻と変化していくものであった。向後のことばを使うと、「授業運営」に関わる部分である。今行っている授業活動は何のためにやっているのか、また、そのための練習の方法や目的についても学習者にきちんと理解できるよう伝えていくこと――限定された言語と非言語要素を使って明瞭に「説明する」「伝える」こと――が、指導技術に求められるのだと考える。そして、具体的な内容が記述されている指導技術項目一覧リストがあるとすれば、それは、教師養成に関わる指導者的立場の人たちのためにあると考える。なぜなら、経験の浅い教師たちが指導技術項目一覧リストを持っていても、奈須の指摘するような「匿名性の技術の要素を、アクセサリーを身に付けるかのように、着脱可能な形でその身体の外部に付加」してしまう危険性があるからである。教師養成などの指導者たちをどのように育成していくのかということは別の話題で考えなければならないことであるが、ここで言う指導技術項目一覧リストのようなものは、指導者たちが、研修などの指導の参照一覧として使用できる可能性があると考える。

5 終わりに——複言語主義のめざす複言語能力と教師の役割

［1］社会の中の言語教育のありかた

「多様性」か「統合」かという選択はそう単純にはできない。[9] 複言語・複文化主義の受容は「多様性」の尊重で、狭い意味での共通参照レベルへの注目は「統合」重視の傾向になる。そして、少なくとも欧州評議会の動きは「多様性」の尊重であるといえる。これは人権擁護へとつながっている。しかし、二〇一四年六月にイラクにある都市モスルを占拠し「イラク・シリア・イスラム国（ＩＳＩＳ）」と名乗る過激派集団が現れた。そして彼らは、二〇一六年一月現在も大きな脅威を与えている。それと関連しアフリカそしてヨーロッパの国々でテロが頻繁に起こり、その影響から二〇一四年の一〇月にドイツ・ドレスデンでデモ運動を行った「西欧のイスラム化に反対する欧州愛国者」グループ(Patriotische Europäer gegen die Islamisierung des Abendlandes——ペギーダ）が誕生したという。ペギーダは、ドイツへの移民受け入れを嫌い「多様性」も「統合」も否定している。二〇一七年四月現在、ＥＵ崩壊も懸念され、混沌とした社会情勢が継続している。だが、こういう混沌としている時期であるからこそ、原点に立ち返って言語教育の役割についてもう一度考え直すいいチャンスである。

もしかしたら日本語教育では学習者の「多様性」を無視した日本語を教えてきたのかもしれない。筆者自身も日本語教師として、社会情勢、人権擁護、さらに「多元的シティズンシップ」などについてほとんど考えてこなかった一人である。筆者がたまたま社会的な問題に気づいたのは、市民ボランティアとして新潟市の公民館で日本語活動をしていた時である。筆者が住む新潟には日本人男性と結婚している中国出身の女性が多く、その女性たちから夫婦間や家族のあいだのもめごとについての相談が多くあった。もめごとの多くは、文化・習慣の違い、年齢差、言語の違いなどが原因であった。相談を受けた日本語学習支援グループのメンバーたちは、離婚や家庭内暴力などの問題で女性の支援活動をしているNPO新潟ヘルプの会[10]に相談することがしばしばあった。その相談の中で、筆者たちは、外国人女性の人身売買や家庭内暴力について具体的に見聞きするようになったのである。きっと市民ボランティアとして地域の日本語教室に関わっている人たちのほとんどが、このような状況と直面し、実際の社会を通して人権問題を具体的に考える経験をしていることだろう。

春原（二〇〇九）は、言語教育が文化の中で語られることが多く、政治的側面を見えなくしていると述べている。ときには、語学教育が、能力主義やグローバリゼーション、さらに、国家主義や人種主義と結びつき、方言や外国人の話し方、逸脱した言葉を排除するとしている。

均質志向的社会の中でつくりだす実践は、「通じるべきだ」という発想が生じやすいと春原は述べているが、筆者を含む多くの言語教師もふだんの授業実践で無意識にそのような空気を作り出しているのかもしれない。その結果、通じない人を排除する事態をつくりだしてしまうのだろう。

もちろん、すべての語学教育に関わっている人間が均質志向的発想で教育実践を行っているわけではない。日本語教育の中に政治的側面もとりこんだ授業実践をしている人々も多くいる。たとえば、有田(二〇〇六)は、問題発見解決学習として、論争上にある問題である「日中関係の悪化」をテーマに授業実践を行ってる。しかし、このような実践ができるのは、「学習者の批判的な思考と独立した精神の開発」(有田、二〇〇六、二頁)を意識している教師に限られるだろう。また、教師が問題発見解決学習の目的や意義をよく理解していなければならない。「人間の批判的な思考能力や学問上・社会生活上必要なスキルを開発し、かつ積極的に自らの社会に参加しようとする政治的な行為能力を育成する」(有田、二〇〇六、九頁)ことは、コミュニティの中で声をあげる力を育成することにつながる。そして、コミュニケーションの多様化は、日本語の中に均質志向を求めていては達成できないものだということを日本語教師が十分理解しておくことが重要である。

[2] 日本語教育の課題

本章では、入門レベルの授業活動に限定して、指導技術について考えた。そして、日本語学習者が入門レベルの授業に参加した場合、教師はその学習者全員に対してある一定の日本語習得達成に責任を持つべきであると主張した。

教師が授業活動を通して学習者とやりとりをしながら柔軟に変更し対応していくそのプロセスで指

導技術が非常に重要な役割を果たすと考える。日本語教育における内容について言えば、二〇一〇年五月に文化庁文化審議会国語分科会が発表した「「生活者としての外国人」に対する日本語教育の標準的なカリキュラム案」が成人の移住者が実際に生活で必要とされる日本語の具体的な内容としてある。入門レベルを担当する現場の教師は、この内容をもとに具体的な状況をつくりあげ、教室内では非言語コミュニケーションを活用する指導技術を駆使しながら学習者とともに学びの活動を行っていくことが求められるだろう。

さらに、入門レベルで求められる日本語は、「総体としての複言語能力を意識でき、第一言語をうまく活用しながらの日本語」であると考える。成人の学習者は第一言語で自分の身の回りのことだけでなく、社会や政治についても考えたり仲間と議論したりしている。ところが、日本語モードになったとたんに自分の身の回りの簡単なことしか言えないように授業活動で教師が制限をかけてしまったとしたら、「コミュニティの中で声をあげる」ためには日本語学習がある一定のレベルに達しなければならず、それまでは日本語での発言はできないことになる。社会的な話題の場合、学習者が自分の第一言語で発言することも重要だが、コミュニティの中で異言語話者同士が各自の第一言語を含むすべての言語資源を駆使しながら直接コミュニケーションをとるということがコミュニケーションの多様化につながると考える。その意味で、日本語教師が複言語的な発想で日本語母語話者に対して異言語話者との日本語コミュニケーションを支援することが、これからのコミュニティづくりにおいて求められる。

日本語教育の入門のレベルでの習得内容は、前述の「「生活者としての外国人」に対する日本語教育の標準的なカリキュラム案」がリストとして存在するが、項目を固定的に決める必要はないだろう。教師が授業の準備段階でだいたいの内容を設定し、授業活動の中で学習者との話し合いのなかでともに変更していく形が理想的だと考えている。重要なのは複言語能力育成のための工夫である。見学したドイツの教師研修では、「聞く」ための授業についての講習で、さまざまな物音を聞きそれが何の音なのかを推測する活動があった。推測する能力は学習者によって異なると思うが、授業活動にこのようなものを組み込んでおくことで言語以外の手段に対して学習者自身が意識的に使えるきっかけになる。[11]

日本語教育において移民的背景を持つ人々のための授業内容や教師の指導技術は、まだ確立しているとはいえない。現場では、恣意的な教師のパフォーマンスが多く、職人技の域からは出ていないといえる。教室活動において何のための指導技術かをよく考え、学習者と対話し動的な授業活動を作っていける教師を育成するためには、さらなる実証的な研究が求められる。

〈注〉

[1] この発想は、古賀（二〇〇六）の「ことばのユニバーサルデザイン」から得た。古賀は「（通常は）障碍者の情報利用、特に情報機器利用上の諸障碍を除去すること」（ましこ、二〇〇五、三三頁）の「情報バリアフリー」という考えから進めて同一言語話者・異言語間話者との問題の共有という広い意味を込めて提唱している。また、媒体の障壁を低めるだけでなく内容理解のための「ことばのユニバーサルデザイン」が必要であるとしている。

[2] 二〇〇五年一月に「移民の調整と制限およびEU市民と外国人の滞在と統合の規則に関する法」（以下、移民法）が施行され、その法律の中の滞在法四三条においてドイツ語能力習得のための語学コースとドイツの法秩序や歴史・文化を学ぶオリエンテーションコースを移民に提供することがうたわれている。移民法成立までの経緯は、近藤（二〇〇七）に詳しくある。また、統合コースについては丸尾（二〇〇七）や前田（二〇一二）に詳細が述べられている。また、統合が失敗したという小林（二〇〇九）の意見もあるが、山崎（二〇一四）のレポートにあるように本格的な移民受け入れから一五年しか経っていないので簡単に結論を出すことはできないと考える。

[3] 通訳の石澤多嘉代氏を紹介してくださった弘前大学の田中美由紀氏等いろいろな方々の人脈によってこの調査が成り立っている。

[4] さらに同化でなくコミュニケーションの多様化に寄与するためには、受入れ側の人々に対して新しく移住してきた人々とどのようにコミュニケーションをとるのか、その方法を学ぶ機会も必要である。

[5] 後述する複言語主義の考え方であれば滞在地の言語が入門レベルであったとしてもコミュニケーション上問題がないといえる。

[6] http://www.japonica.jp/ja/（二〇一五年四月十九日参照）

[7] 教師は、第一言語の文化・習慣が異なるために学習者が理解できない場合もあることを十分に考慮に入れなければならない。

[8] 学習が進むなかで、一定の時期が来れば、学習者が構築する文法を支援する形で文法のまとめを行うことは必要である。

[9] Michel Candelier（二〇一二）によると、そもそも「多様性」と「統合」は対立するものではないと主張している。

[10] http://niigata-ngo.jugem.jp/?eid=9（二〇一五年四月十日参照）

[11] ヴィースバーデン市民大学で使用されている統合コース

のドイツ語教科書〝Aussichten A1.1〟（Klett社）では、最初の聞き取りで街の中で聞こえてくる音の聞き取り練習がある。また、相手がどのような気分であるか（gut oder schlecht——気分がいいか機嫌が悪いか）ということについて第一課から考える項目がある。

〈引用文献〉

有田佳代子（二〇〇六）「日本語教室における「論争上にある問題」（controversial issues）の展開についての試論——「日中関係の悪化」を例として」『WEB版リテラシーズ』第三巻一号、一―一〇頁、くろしお出版
今村和宏（一九九六）『わざ——光る授業への道案内』アルク
黒田龍之介（二〇〇八）『語学はやり直せる』（角川oneテーマ21）角川書店
向後千春（二〇一四）『教師のための「教える技術」』明治図書
古賀文子（二〇〇六）「「ことばのユニバーサルデザイン」序説——知的障害児・者をとりまく言語的諸問題の様相から」『社会言語学』第六巻、一―一七頁、「社会言語学」刊行会
小林薫（二〇〇九）「ドイツの移民政策における「統合の失敗」」『ヨーロッパ研究』八号、一一九―一三九頁、東京大学ドイツ・ヨーロッパ研究センター
近藤潤三（二〇〇七）『移民国としてのドイツ——社会統合と平行社会のゆくえ』木鐸社
奈須正裕（二〇〇六／二〇〇九）『教師という仕事と授業技術』ぎょうせい
西口光一（二〇一三）『第二言語教育におけるバフチン的視点——第二言語教育学の基盤として』くろしお出版
西山教行（二〇一〇）「複言語・複文化主義の形成と展開」細川英雄・西山教行編『複言語・複文化主義とは何か——ヨーロッパの理念・状況から日本における受容・文脈化へ』二二―三四頁、くろしお出版
橋崎頼子（二〇一〇）「多元的シティズンシップ育成のための内容と方法——ヨーロッパ評議会の『民主主義に生きる』を手がかり

に」『国際理解教育』第一六巻、二三―三二頁、明石書店

春原憲一郎（二〇〇九）基調講演「日本の移住者と言語教師の役割」「移民の言語教育と教師の役割——フランス語、日本語教育の現場からの発信」二〇〇九年六月二十七日京都大学　http://www.youtube.com/watch?v=G9zQIL8Mnsw（二〇一五年四月十九日アクセス）

文化審議会国語分科会（二〇一〇）『「生活者としての外国人」に対する日本語教育の標準的なカリキュラム案について』

掘晋也・西山教行（二〇一三）「ヨーロッパに多言語主義は浸透しているか——ユーロバロメータ 2001、2005、2015 からの考察」*Revue Japonaise de Didactique du Francais*, 8(2), pp.33–50.

前田直子（二〇一二）「移民向け統合コースに関する一考察——オリエンテーションコースに参加して」『獨協大学ドイツ学研究』六五号、一五三―一八六頁、獨協大学

丸尾眞（二〇〇七）『ドイツ移民法における統合コースの現状及び課題』ESRI Discussion Paper Series No.189、内閣府経済社会総合研究所

山崎加津子（二〇一四）「移民レポート3　ドイツ——移民政策転換から15年」大和総研（二〇一四年十一月十八日）全九頁 http://www.dir.co.jp/research/report/overseas/world/20141118_009142.pdf（二〇一五年四月二十日アクセス）

吉谷武志（二〇〇五）「ヨーロッパにおける新しい市民教育——文化的多様性への対応」佐藤郡衛・古谷武志編『ひとを分けるものつなぐもの——異文化間教育からの挑戦』九一―一一七頁、ナカニシヤ出版

Michel Candelier（二〇一二）講義「外国語政策教育論1」二〇一二年一月一八日京都大学　http://www.youtube.com/watch?v=SEQx-aBOsdo（二〇一五年四月十九日アクセス）

日本語の教師養成って今、どんなふうになっているの？　たしか、昔は四二〇時間って言ったような気がするけど……。

実は今、文化庁で新しい日本語教育人材の資質とその養成について検討中みたいだよ。

十二章 移民の学習者の受け入れ支援方策としての、言語と文化の多元的アプローチ

ミッシェル・カンドリエ［大山万容訳］

1 複言語・複文化能力と多元的アプローチ

『複言語教育と異文化間教育のためのカリキュラム開発・策定ガイド』は、欧州評議会の専門家が提案している言語教育と言語政策に関する最近の重要な論文である（Beacco et al., 2010）。ここから、以下を引用する。

> 児童・生徒が既に学習したか、もしくは既に知っている言語知識を有効に活用することを促進するために［中略］、そして彼らの複言語レパートリーができる限り発達するために、あらゆる適切な方策が用いられなくてはならない。（二二頁）

移民の学習者は、一つまたは複数の言語を、「習った」わけでない場合でも、「知って」いる。先の引用について具体的に理解するために、この考え方がどのようにして生まれたのか、そして「多元的アプローチ」という言語と文化の教授法とどのように関連するかについて、簡潔に見ていきたい。

多元的アプローチの依拠する言語教育の考え方は、それよりもさらに一〇年前に『ヨーロッパ言語共通参照枠』(Conseil de l'Europe, 2001) において表明された、個人の「複言語・複文化能力」という考え方から、そのまま導き出されるものである。この『参照枠』は、複言語・複文化能力が包括的な性格を持つことを論じている。

個人は、自分がいくらか習熟している複数の言語について、言語ごとに区別されたそれぞればらばらに分かれたコミュニケーション能力をあわせて持つのではなく、自分が持っている言語的レパートリーすべてを包括するような、ただ一つの複言語・複文化能力を持つ。(一二八頁)

本章では紙幅の都合により、またここでは独創的な議論を展開することもできないので、文化の側面については論じず、言語に限って議論を進める。この引用で、全体的な複言語能力について、個人の内部で複数の言語が互いに関連し合っていると論じられていることに注目したい。従来の言語教育学は、「干渉 (interference)」という概念を作り上げた。これはすなわち、既に知っている言語から別の言語への転移 (transfer) のことであり、学習の過程で、目標言語のシステムに適合しない表現や解釈を生み出すものとして捉えられる。ただしこの概念は、特に否定的な転移を含意するもので、おそらくは否定的な転移よりもずっと多いはずの肯定的な転移を勘定に入れていない。肯定的な転移とは、どのようなものだろうか。例えば私はフランス人だが、ドイツ語の知識が豊富にあるため、日本語文の語順に関して困難を感じない。日本語では動詞が文の終わりに来るが、ドイツ語でも文の終わりや、名詞句内の語順の最後に来ることがあるので、それほど抵抗を感じないのである。別の言い方をすれば、ドイツ語の知識を既に身につけており、日本語を少し学んだことで、私はこの二つの言語に対して同時に使えるような、言語表現を構造化して捉える理解力を持っているのだ。

包括的な複言語能力という概念は、心理言語学における膨大な研究の成果に基づくものである。このように言語能力が包括的であるならば、二〇世紀後半に支配的であった言語教育学の方向性が前提としていたように、学習者が新たな言語を学ぶ際に、既に持っている能力に基づいて考えることを禁止するべきではないことが分かる。既に持っている能力を参照するのは、学習者が、既知の事柄と照らし合わせて未知の事柄を学習するという、自然な学習の過程を実行しているに過ぎないからだ。この現象は構成主義によって解明されたもので、ピアジェ（Piaget, 1975）はこれを「同化（assimilation）」や「調節（accomodation）」の概念を用いて記述している。教師はむしろ、既知のことがらと未知のことがらに共通する要素についても、共通しない要素についても、連動する能力を学習者が構築できるよう、助けなくてはならないのである。

このために、教師は学習者に同時に二つ以上の言語を用いた教室活動を提供する必要がある。これがまさに「多元的アプローチ」の定義である。

同時に複数の言語と文化の変種を含む活動を行う教授法を、「言語と文化の多元的アプローチ」と呼ぶ。

（Candelier, 2008: 68）

今日では多元的アプローチとして、「言語への目覚め活動（éveil aux langues）」「同族言語間の相互理解教育（intercompréhension entre les langues parentes）」「統合的教授法（didactique intégrée）」「異文化間教育法（approche interculturelle）」の四つが区別されている。これらは欧州で、過去三〇年間にそれぞれ別個に構築されたものである。

2　多元的アプローチと移民出身の学習者——問題のデータ

国家の支配言語、あるいは学校言語とは異なる言語を家庭で話す学習者に対して、学校がこれまでになされてきた提言を取り入れようとする場合、まずは「バイリンガル教育」が考えられる。すなわち、家庭言語を、学校で教える言語のうちの一つにするという方法である。そうすることで各々の言語教育において、既に学習された他の言語との関連性をうち立てることができる（これは「統合的教授法」とも呼ばれる）。

この方法は、地域のマイノリティ言語を話す学習者に対して行う場合は、実現可能であったり、また歓迎されることも多いが、移民の背景を持つ子どもたちに関しては、厳しい制約が生じる。第一に、実践的な、そして財政的な面での制約である。移民の言語には数十という数があり、しかも地域によって極めて大きな変種があることがわかっている。このような言語のすべてを対象にしたバイリンガル学校というものを、いったいどのように組織化し、運営できるだろうか。第二に、学校の中での共同体の差異をさらに孤立させてしまうという、重要な社会的、倫理的な制約がある。つまり、バイリンガル教室そのものが、移民たちのために用意された「ゲットー」としての教室になってしまうのだ(Candelier, 2006)。

3　移民出身学習者にとっての「言語への目覚め活動」の利点

多元的アプローチの一つである「言語への目覚め活動」は、学校で教えられている言語以外の言語を扱うことを定義としている。

学校が教える意図を持っていない言語を含むクラス活動があるとき、たとえそれを母語とする児童・生徒がいても、いなくとも、そこでは言語への目覚め活動が行われている。

(Candelier (éd.), 2003b: 21)

この引用の続きには、次のようにある。「このことは、それらの言語に触れるだけで、言語への目覚め活動が行われることを意味するものではない［中略］というのも、言語への目覚め活動ではふつう、これらの言語と、就学言語、そして場合によっては既に習ったことのある外国語を含めた、全体的な学習課題に取り組む必要がある。その中でも最も多いものは、比較を含む課題である」(同前)。

すなわち言語への目覚め活動は、（観察や分析といった）メタ言語能力を発達させたり、（学校で主として使われている言語も含む、あらゆる）言語の学習に好意的な態度、すなわち言語や文化への関心や自分の能力に対する自信を育成するものなのだ。

このように考えれば、言語への目覚め活動は、英国で一九七四年にエリック・ホーキンスによって提唱され、その後「言語意識」運動として発展したものの、直接の系譜にあるものであることが分かる。言語意識運動では、言語教育はカリキュラムをつなぐ「橋渡しの教科」（"bridging subject"）として捉えられていた。そこでは当初から、学校では教えられていないが、学習者が家庭で話している言語を教室に導入するという考えが見られた。これは、後の一九九〇年代になって、スイスとフランスで発展した言語への目覚め活動のプログラム（ＥＯＬＥプロジェクト——結果についてはPerregaux et al., 2003を参照）や、その後エヴラング（Evlang）、ヤヌア・リングアルム（Janua Linguarum, Jaling）という欧州のプロジェクト（cf. Candelier, 2003a et b）の中にも、常に見られた考え方である。

では、言語への目覚め活動は教室でどのように実践されるのかという点について、短い例を通して具体的に紹介したい。まず日本において、望月未生と大山万容によって考案され、実践された活動がある（大山、二〇一三）。

この活動では、児童（小学校六年生）は同時に六つの異なる言語（中国語、韓国語、スペイン語、フィリピノ語、ポルトガル語、ベトナム語）での月の名前を使って学習をする。児童は、これらの言語の月の名前が、それぞれカタカナ表記で書かれたカードを受け取り、それらを同じ言語ごとに分類する（図１）。

セプティエンブレ	リョウユエ	ウーユエ	スーユエ
ユウォル	クウォル	タンバー	チロル
ノビエンブレ	マルソ	チーユエ	パオル
タンサウ	フーニオ	タンナム	タントゥー

ベトナム語、中国語、韓国語、スペイン語から各4枚を表示。cf. 大山 2013

図1　児童に配られた月の名前カード（抜粋）

この課題に取り組むためには、児童は言語の形態の類似性と差異に注目しなくてはならない。この分類が完成すると、次に、児童はそれぞれの言語での発音を一月から一二月の順に聞き、それぞれ順番に並べ替えて与えられた表に当てはめていく。最後に、月の名前がいくつか穴埋めにされた新しい表が黒板に表示され、児童は記憶と類推を頼りにそれを埋めるように求められる（図2）。

言語への目覚め活動のさらなる教材例については、書籍となっているKervran（2012）やPerregaux（2003）のほか、EDiLiCのサイトにたくさん挙げられているので、参照されたい（図3）。

言語への目覚め活動で、家庭言語が提示される方法は二つある。もともと教材の作成者によって準備されている場合と、教師が自分のクラスの状態に鑑みて、自分の児童・生徒またはその保護者に言語教材を準備してもらい、それを導入するという仕方である。本章の読者はすぐに、このことがもたらす肯定的な効果に気づかれることだろう。移民の両親

日本語	中国語	韓国語	ベトナム語	英語	スペイン語	フィリピノ語	ポルトガル語
1月	イーユエ	イルウォル	タンモッ	ジャニャリ	エネーロ	エネーロ	ジャネイロ
2月	アーユエ	イウォル	タンハイ	フェビュラリ	フェブレーロ	ペブレーロ	フェヴェレイロ
3月	サンユエ	?	タンバー	マーチ	マルソ	マルソ	マルソ
4月	スーユエ	サーウォル	タントゥー	エイプロー	アブリール	アブリル	アブリウ
5月	ウーユエ	オウォル	タンナム	メイ	マーヨ	マーヨ	マイオ
6月	リョウユエ	ユウォル	タンサウ	ジューン	フーニオ	フーニョ	ジューニョ
7月	?	チロル	タンバーイ	ジュライ	フーリオ	フーリョ	?
8月	バーユエ	パロル	タンタム	オーガスト	アゴースト	?	アゴースト
9月	ジョウユエ	クウォル	タンチン	セプテンバ	セプティエンブレ	セテューブレ	セテンブロ
10月	シーユエ	ユウォル	タンムオイ	オクトーバー	オクトゥーブレ	オクトーブレ	?

図2　クラス全体で取り組む穴埋めクイズ

は、自分から学校に来ることに困難を感じることが多いが、学校側から教材への協力を呼びかけることにより、彼らは学校に足を運びやすくなるのだ（cf. Audras et Leclaire, 2012）。

言語への目覚め活動は、たとえそれが一時的なものであったとしても、すべての移民の学習者に対して、既に学習した言語能力と、新たな言語学習（特に受け入れ国の言語学習）とを関連づけるという、学習の大原則を適用するものである。

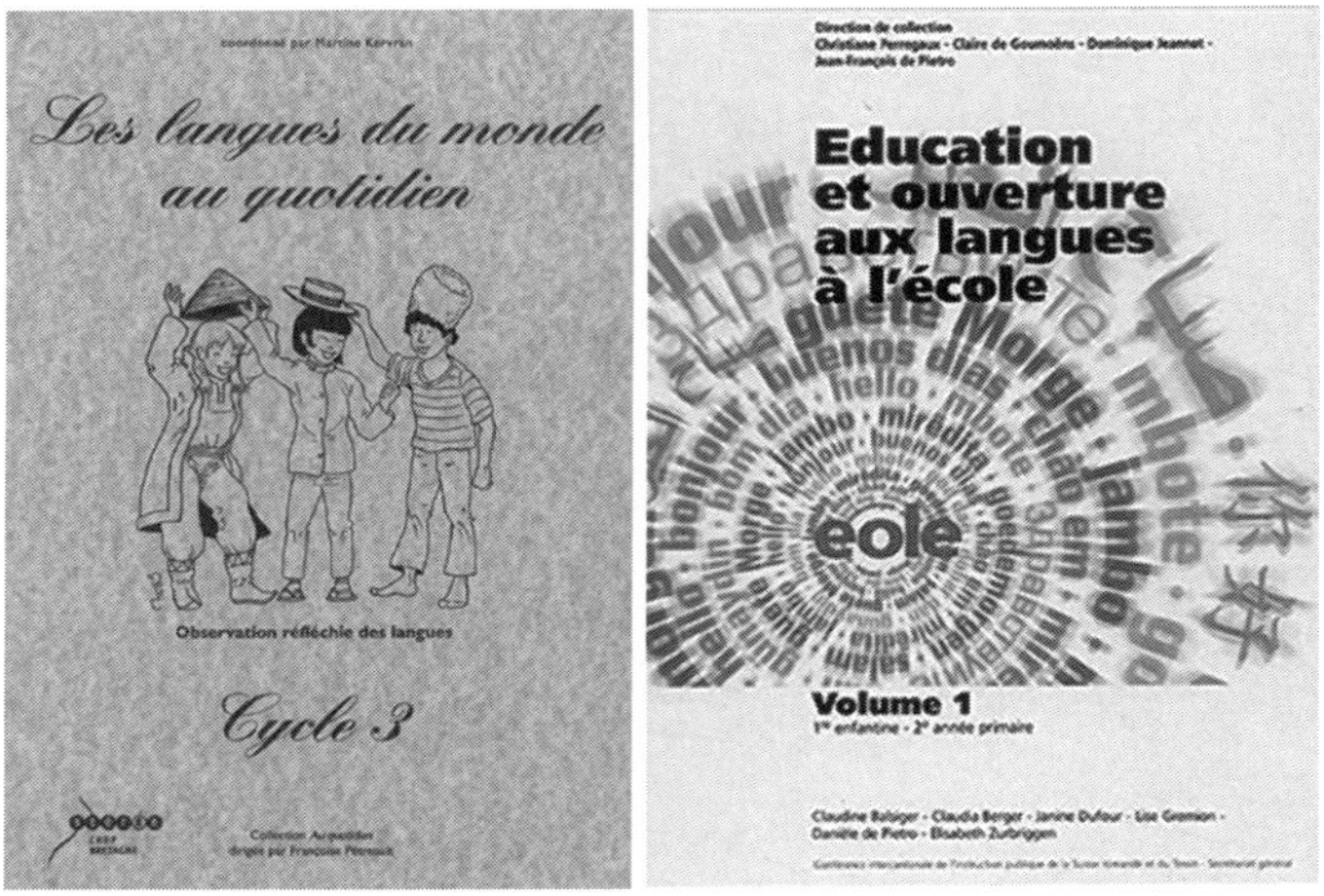

図３　左が Kervran（2012）、右が Perregaux（2003）の教材

移民出身の学習者は一般に、社会では価値が低いとみなされている言語を家庭で話している。しかし、移民出身の学習者のいる教室で、言語への目覚め活動を用いることには、この他にもさらに重要な利点がある。

それを簡潔に言えば、言語への目覚め活動とは、すべての学習者の持つ言語能力を学校が承認し、価値づけることを表すということである。移民の子どもはしばしば、自分の言語に対して恥ずかしいという気持ちを持ち、そのために自分のダイグロシア状況に困難を感じながら生きている。自分の言語に対する恥ずかしさは、より大きな視点から見ると、自分の出自に対する恥ずかしさにつながっている。しかし言語への目覚め活動は、ダイグロシア状況を当たり前のもので、特別おかしなことではないと捉える態度を身につけさせることができる。こうした態度をはぐくむ教育を通して、移民学習者の特別な能力は、多数派の言語の一変種を持つ学習者も含むクラス全体から承認されることが可能になるのだ。

教師は自分の児童・生徒が持つ複言語能力の存在を意識してはいるとはいえ、しばしばその存在を無視している。というのも学校は一般に、児童・生徒が自分の差異を表現することを歓迎せず、また多くの場合はそれに興味を持たず、ハンディキャップとしてしかみなさないためである。これに対して、言語への目覚め活動と多元的アプローチは、総じて、それらを財産として扱おうとするのである。

児童・生徒にとって、他人と異なる点が価値としてみなされない場合、自分の差異を表出することは、リスクを冒すことに等しい。言語への目覚め活動によって、学習者は、他の子どもは知らないが自分は知っていることを示すことができ、また自分の知を誇りに思うことができる。このようにして、学習者は自分の言語に対する興味を育てることができるのだ。それと同時に、受け入れ国の言語を学習することはどうしても必要だが、それは決して自己の否認や放棄につながるものではないと捉えることにも役立つ。私はここでレバノン出身の作家アミン・マアルーフから、次のくだりを引用せずにはいられない。

もし私の学習している言語の話者が、私の言語を尊敬しないのなら、その言語を話すことは、開かれたふるまいであることを止め、忠誠や服従の行為となってしまう。(Maalouf, 1998: 53)

言語への目覚め活動の持つ利点の詳細について論じたものとしては、カンドリエ（Candelier, 2003a, b）の他、例えばクラーク（2008）や、欧州評議会が最近刊行した『より良い社会的統合のために複言語・複文化レパートリーを価値づけ、変化させ、発達させる』（Valoriser, mobiliser et développer les répertoires plurilingues et pluriculturels pour une meilleure intégration scolaire）という研究冊子がある（Castellotti-Moore, 2010）。

ここ数年の間に、特に移民の言語を取り入れた言語への目覚め活動の教材が作られてきた。たとえばオジェ（Auger, 2005）によるＤＶＤがそうであり、ここでは、学習者が学校言語にアクセスしやすくなることを目的に、教師が移民の言語とフランス語を比較するような学習課題が提案されている。移民の学習者がより使いやすいよう、言語への目覚め活動のための教材集やサイトなども利用可能である。特にカナダのサイトELODILは、書き言葉の学習に入りやすくすることを目的としたもので、特徴的である（http://www.elodil.com/）。

言語への目覚め活動は小学校または幼稚園の子どもに対して行われることが多いが、メーヌ大学では近年、「教育イノベーション」（InEdUM）拠点にある「複言語主義」チームが、移民の生徒が多いル・マン地域の学校で働く教師チームと協働して、中学生を対象とした教室活動を実践している。また、この一〇年間は、学校外で行う言語への目覚め活動も提案してきている。子どもたちが、時には親と一緒に、様々な活動をする「地域の家」や、「遊びのためのセンター」といった学校外のコミュニティセンターでの活動である。このようなコミュニティセンターでは、複言語主義チームが、教育や社会的な目的を持つ他の組織とも協働して、「反差別セミナー」も行っている（cf. Audras, Candelier et Leclaire, 2012）。

4　さらに新しい方向性

結論を述べるにあたり、移民の受け入れに対してとりわけ効果を持つと思われる、言語への目覚め活動の二つの新しい研究の方向性と介入について言及しておきたい。これは近年、メーヌ大学の「教育イノベーション」（InEdUM）が行っているものである。

一つ目は、受け入れ国の言語を学習する成人移民を対象に言語への目覚め活動を行うものである。異言語話者である成人を対象としたフランス語学習のワークショップで、言語への目覚め活動を行い、その妥当性を検証する研究がある。このワークショップはフランス語学習のためのものであるが、そこでは、言語の複数性が社会編入のための言語であるフランス語に適応するための資源としてみなされている（cf. Bretegnier, à paraître）。

もう一つは、言語（社会）教育学と、子どもの異文化経験に焦点を当てた児童精神医学（pedopsychiatrie transculturelle）がクロスオーバーする領域の様々な側面を扱う研究である。

最近出版された雑誌『他者（L'autre）』（Billiez & Moro, 2011）は、この点について注意を喚起している。ここでは、社会化の最初の言語である母語を、子どもの言語とアイデンティティ発達の基盤である家庭だけでなく、学校でも生かすことの重要性に関して、臨床的知見と社会教育学的知見から描き出している（Lee-Simon et Moro, 2011）。

またルクレールが博士論文で始めた研究では、言語と家族史の伝達の断絶によって移民の子どもが経験するかもしれないこころの問題に注目し、その問題の治癒または予防を目的として、言語への目覚め活動による介入を行い、その条件と効果を明らかにしようとしている（cf. Leclaire et Lemattre, 2012）。

移民の出身言語に興味を持ち、教育課程にそのための場所を与えることは、一見すると矛盾しているように見えても、実は受け入れ社会への統合に背を向けることではなく、むしろその統合を助けるものなのである。この方策は、新しく学ぶことを既に知っていることと関連付けるという、あらゆる成功した学習が必要とする手続きを、より洗練されたやり方で実践するための機会を学習者に提供するもので、これによって共通言語の学習を支援する。学習者に新しい社会化を提案する人は、学習者がどのような人であり、何を知っているかを、自分は承認すると示すことによってこそ、新しい社会化へ向かい合おうとする学習者の意思を保障することができるのだ。

多元的アプローチは、なかでも言語への目覚め活動は、このような教育的プロジェクトの実現のために適切な方策なのである。

〈参考文献〉

1　欧州評議会のサイトから利用可能な資料

Beacco, J.-C. et al. (2010). *Guide pour le développement et la mise en œuvre de curriculums pour une éducation plurilingue et interculturelle / Guide for the development and implementation of curricula for plurilingual and intercultural education.* http://www.coe.int/t/dg4/linguistic/langeduc/le_platformintro_FR.asp? / http://www.coe.int/t/dg4/linguistic/langeduc/le_platformintro_EN.asp?

Conseil de l'Europe (2001). *Cadre européen commun de référence pour les langues : apprendre, enseigner, évaluer / Common European Framework of Reference for Languages: Learning, Teaching, Assessment.*

Castellotti, V. et Moore, D. (2010). *Valoriser, mobiliser et développer les répertoires plurilingues et pluriculturels pour une meilleure intégration scolaire / Capitalising on, activating and developing plurilingual and pluricultural repertoires for better school integration* - [Etudes et ressources / Studies & Resources 4]

2　多元的アプローチのサイト

Un cadre de Référence pour les Approches Plurielles des langues et des cultures (CARAP) / A Framework of Reference for Pluralistic Approaches (FREPA) : http://carap.ecml.at/

L'éveil aux langues dans le monde / Awaking to languages in the World : http://www.edilic.org/

3　その他

Audras, I et Leclaire, F. (2012). « Penser et reconnaitre l'altérité dès l'école pré-élémentaire: une voie pour l'inclusion des parents », *3èmes Assises européennes du plurilinguisme,* Observatoire européen du plurilinguisme. http://www.observatoireplurilinguisme.eu/images/Evenements/3e_Assises/Programme_et_contributions/Education/article_leclaire_audras.doc

Audras, I, Candelier, M ; et Leclaire, F. (2012), « Recherches et interventions de terrain au sein du projet régional Pluri-L - les choix d'une équipe de l'Université du Maine », *3èmes Assises européennes du plurilinguisme*, Observatoire européen du plurilinguisme. http://www.observatoireplurilinguisme.eu/images/Evenements/3e_Assises/Programme_et_contributions/Education/article_audras_candelier_leclaire.doc

Auger, N. (2005). *Comparons nos langues, une démarche d'apprentissage du français auprès des enfants nouvellement arrivés*, Editions CNDP, collection Ressources Formation Multimédia.

Billiez, J. et Moro, M.-R. (éds.) (2011). « L'enfant plurilingue à l'école », *L'autre, Vol. 2*, 2, 144–177.

Bretegnier, A. (à paraître). « Formation linguistique des adultes : Vers une didactique des langues en relation », in Bigot, V., Bretegnier, A., Vasseur, M-T., (coord.). *Plurilinguisme, vingt ans après ?*, Actes du Colloque Pluri-L 2012.

Candelier, M. (éd.) (2003a). *Evlang – l'éveil aux langues à l -école primaire – Bilan d'une innovation européenne*, Bruxelles, De Boek - Duculot.

Candelier, M. (éd.) (2003b). *Janua Linguarum – La Porte des Langues – L'introduction de l'éveil aux langues dans le curriculum*, Centre Européen pour les Langues Vivantes / Conseil de l'Europe, Strasbourg. [http://www.ecml.at/]

Candelier, M. (2006). L'éveil aux langues – une proposition originale pour la gestion du plurilinguisme en milieu scolaire - Contribution au Rapport mondial de l'UNESCO Construire des Sociétés du Savoir, in D. Cunningham, R. Freudenstein and C. Odé (eds.), *Language Teaching: A Worldwide Perspective - Celebrating 75 Years of FIPLV*, 145-180, FIPLV, Belgrave.

Candelier, M. (2008). « Approches plurielles, didactiques du plurilinguisme : le même et l'autre », *Cahiers de l'ACEDLE, 5*, 65–90. [http://acedle.org/spip.php?rubrique56]

Candelier, M., et al. (2012). *Le CARAP – Compétences et ressources*, Conseil de l'Europe, Strasbourg & Graz. [http://carap.ecml.at/]

Clerc, S. (2008). Des langues-cultures : pour des approches interlinguistiques des langues des élèves nouvellement arrivés en France, *Diversité*, janvier 2008, n° 153.

Hawkins, E. (1984). *Awareness of Language: An Introduction*, Cambridge, Cambridge University Press.

Herdina, P. and Jessner, U. (2002). *A Dynamic Model of Multilingualism: Perspectives of Change in Psycholinguistics*, Clevedon, Multilingual Matters.

Kervran, M. (éd.) (2012). *Les langues du Monde au quotidien – Une approche interculturelle (Cycles 1, 2 et 3)*. CRDP, Rennes. [http://crdp1.ac-rennes.fr/sites/default/files/ckfinder/files/depliant_LDM5_bretagne%281%29.pdf]

Leclaire, F. et Lemattre, B. (2012). « Les approches plurielles – médiation à visée thérapeutique ? », *3èmes Assises européennes du plurilinguisme*, Observatoire européen du plurilinguisme. http://www.observatoireplurilinguisme.eu/images/Evenements/3e_Assises/Programme_et_contributions/Politique/article_leclaire_lemattre.doc

Lee-Simon, D. et Moro, M.-R. (2011). « L'enfant plurilingue à l'école - Introduction», *L'autre, Vol. 2,* 2, 144.

Maalouf, A. (1998). *Les identités meurtrières*, Paris, Editions Grasset & Fasquelle.

Perregaux, C, de Goumoëns, Cl., Jeannot, D., et de Pietro, J.-F. (Dir.) (2003). *Education au langage et Ouverture aux langues à l'école (EOLE)*, Secrétariat général de la CIIP Neuchâtel.

Piaget, J. (1975). *L'équilibration des structures cognitives - problème central du développement*, Paris, PUF.

大山万容（二〇一三）「国際理解教育としての小学校「外国語活動」と日本における「言語への目覚め活動」導入の可能性」『言語政策』第九号、四三—六四頁

私は、週に一回だけど、ボランティアとして地域の日本語教室で日本人と結婚した人や研修生に日本語を教えている……。中国や韓国出身の人とか、フィリピンから来た人もいる。ときどきだけど、きょうは中国語をみんなで習おうとか、きょうはタガログ語ねっていうふうに、日本語ボランティアの人たちも一緒に、その人の言語を習ったりすることがある。
　みんなうれしそうにしながら自分のことばを紹介してくれるんだけど、それって認められるっていう感じなのかなあ……。
多言語的アプローチの話は明るい未来を感じるなあ。

座談会

ふーっ、第一部で各国の状況を、第二部では日本の今後のヒントとなる言語政策や言語教育に関する文章を読んだ。この本のタイトルから考えると、ことばができたらすべてが解決するっていうわけではないんだなと思うけど……。
じゃあ、日本の状況はどんなかんじなんだろう……。

座談会

十三章　外国人政策と日本語教育――過去・現在・未来

座談会参加者
田尻英三（龍谷大学名誉教授）
山田泉（元法政大学教授、にんじんランゲージスクール校長）
春原憲一郎（京都日本語学校校長）
松岡洋子（岩手大学教授）――司会

日本における移民の現状

松岡　先日、東北の某国際交流協会の方と話したのですが、今、震災復興のための建設現場や水産関連業などに大量の外国人労働者（技能実習生）が入ってきているそうです。地域の日本語教室では、震災後、もう人は来ないだろうと思っていたら、一気に学習者が増えて、戸惑っているということです。岩手でも、技能実習生が増えています。

また、放射能を避けて一時退避した外国出身者が日本に戻るケースも増えているそうです。ただ、子どもたちの場合は、ほとんど日本語を忘れている。当然、その子どもたちを受け入れた学校では何とかしなければいけないのだけれど、予算もなければ人手もない、というのが現状です。

田尻　子どもに関しては、小中学校で「特別の教育課程」による日本語指導[1]が実施可能になりました。システム上は、学齢期を越えた児童生徒も教育を受けられるようになったわけですが、現場はかなり混乱していますね。二〇一五年に文科省が出したデータによると、実施しているのは二割程度です。担当できる人がいない、というのが実情でしょう。小学校ではフィリピン人の子どもが増えています。中国や南米の子どもたち向けの日本語教材はありますが、フィリピン人向けの教材がほとんどないので苦労していると聞きます。

松岡　中国と同じようにフィリピンにも残留邦人がいます。九〇年代半ばから、主にボランティア団体の支援によって、日本国籍が証明された人たちが来日しているそうです。それから、いわゆる「新日系」のフィリピン人が増えていますね。日本人男性と現地女性との間に生まれた子どもたちです。国籍法が改正され（二〇〇九年）、出生後認知ができるようになったため、来日する子どもたちが増えています。岩手県にも、新日系の子どもたちがいます。二〇一五年の県教委の調査では、このような子どもたちをはじめとして、日本語指導が必要な子どもたちの半数以上が日本国籍です。

田尻　それから、最近、障がいを持つ外国人児童生徒の数字が出ましたが、予想以上に多かった。発達障がいであるとして特別支援教育の中に入っている子どもがかなりいます。ただ、本当に障がいがあるのか、言葉や文化の違いが影響しているのか、そのあたりが精査されているのかが疑問です。それでも、初めて数字が出たことの意味は大きいと思います。それに対して、日本語教育の関係者、特別支援教育の関係者が協力して、何らかのプランを出さない限り、国にアピールできません。

場当たり的な外国人政策

春原　制度設計の話で言うと、技能実習制度は「技術移転」を名目に外国人を低賃金で酷使するということで、すごく評判が悪いですよね。

山田　韓国も似たような制度（外国人産業技術研修生制度）をつくったけれど、あまりにも人権侵害がひどいということで、すぐに廃止しました。

春原　私も廃止するべきだと言ってきたけれど、送り出し国のほうは積極的なんですよ。雇用対策になるし、外貨も稼げる。

松岡　東北の被災地に関して言えば、農水産業をはじめとして、技能実習生が入れなければ復興できない、という面はあります。制度改正によって、技能実習生の労働環境は多少改善されるのかもしれませんが、日本語教育についてはなおざりです。実習生が「生活者」であるという視点が、制度設計の中に入っていない。

田尻　新しく天下りの組織（外国人技能実習機構）をつくって、そこが日本語のチェックをやるということになっていますが、どんな組織になるのか、全く分かりません。

技能実習生については、労働災害が多いという問題があります。そこで、労災を防ぐためのマニュアルをいくつかの言語で作ることになりました。ますます「日本語は要らない」という方向になりつつある。

また、技能実習が可能な職種として「介護」が入りましたが、そこで議論されている日本語能力（N４〜N３）が問題です。

松岡 介護の仕事って、N４やN３のレベルの日本語で大丈夫なんですか？

春原 大丈夫じゃないです。こうした制度は、ほとんどの場合、日本語教育関係者がいない所で決められてしまうんですよね。

松岡 以前、坂中英徳さん[2]に「日本語のことをどう考えているのか？」と質問したことがあるんですが、「それは専門の人たちが考えればいい」とおっしゃっていました。それで「いや、こっちは現場のことが分からない。連携する必要があるのでは？」と言うと、「日本語は、どこでも日本語でしょ」って。

田尻 日系人の受け入れ[3]を思いついたのは坂中さんです。そのとき、日本語については全く考えてなかったと、テレビ番組のインタビューで答えています。

春原 日系人受け入れは、わずか数週間の議論で決まったと言われています。技能実習制度にしても、ＥＰＡの看護士・介護福祉士にしても、言葉の議論は、いつも後回しです。

山田 政策をつくる側からすれば、日本語教育は「下請け」だと思っているんでしょうね。

松岡 でも、他国を見ると、移民にしても、労働者にしても、初めから言葉の問題が議論されています。なぜ日本は違うんでしょうか。

山田　数の問題でしょう。ある一定数までは「ネグレクト」していても大きな問題にならない。だいたい人口の一割を超えると、マックス・フリッシュの「労働者を呼んだのに、来たのは人間だった」という話になるわけです。

田尻　在日外国人は一・六パーセントぐらいですからね。しかし、少ないから放置していていい、というものではない。人権問題、言語権の問題です。日本語教育関係者も、この点をきちんと認識しなければいけないと思います。

松岡　山田先生は、以前から、在日外国人の権利として、日本語教育を公的に保障するべきだとおっしゃっていますね。でも、「今までもやってこなかったから、このままでいいだろう」という感じで、なし崩し的に外国人受け入れ制度が拡大している気がします。日本の外国人政策は、非常に場当たり的で、コンセプトも、全体設計もない。誰も何も考えていないんでしょうか……。

山田　いや、むしろ非常によく考えられていると思いますよ。いかにリスクを負わずに労働力を得るかということを、世論形成を含めて、緻密に計算してやっている。

田尻　日系人の受け入れが典型的ですね。労働力不足の時は、どんどん入れて、リーマンショックで仕事がなくなると、お金を出すから帰ってくれ、と。必要な時に必要なだけ入れたいわけです。二〇二〇年の東京オリンピック・パラリンピックで、建設業を中心に外国人労働者が増えると思われますが、終わったら全部帰せばいいと考えているから、なまじ制度設計をする必要もないのです。

山田　一九九八年の長野オリンピックの時は、「ホワイトスノー作戦」というのがありました。新幹線、道路、競技場を造るのに、大量の外国人労働者を使った。主にアジアの人たちで、ビザを持たない非正規の労働者です。その人たちを、インフラが完成したオリンピック開催の二カ月前に、長野県警と入管が一斉摘発します。

やり方は簡単なんです。いつ手入れをする、という情報を流すと、外国人たちは、稼いだお金を地下銀行で送金して、無一文で入管に出頭する。そのまま強制送還すればいいわけです。

同じことが何度も繰り返されるのは、根本的に労働力の調整弁としてしか考えていないから。言語保障なんてしなくていい、と考えている。そうすると、言語保障に関わる日本語教育関係者の存在意義もありません。

日本語教育の功と罪

春原　日本語教育関係者の側も反省するべき点があると思います。私は、JITCO（国際研修協力機構）で日本語の試験開発に関わってきたんですが、結局、採用されなかった。何人もの専門家が集まって、信頼性とか妥当性とか、テスト理論を用いて、分厚いマニュアルを作りました。でも、そんなの実際に現場で扱えない。立派なものを作り過ぎちゃったんですね。

松岡　私も、DLA（外国人児童生徒のためのJSL対話型アセスメント）のマニュアルを見た時に、それを感じました。すごく詳しく書かれているんですが、現場の先生たちが、あれを全て読んで、理解するのは難しいと思います。「そんな暇ありません！」って言われてしまう。現場が使いやすいツールも必要だと思います。

韓国が外国人産業技術研修生制度をやめて「雇用許可制」に移行した際、かなり立派な韓国語の試験を作りましたが、試験に合格して韓国に来たのはいいけれど、実際には韓国語で挨拶もできない人もたくさんいるとか。

もっとも、「研修生」ではなく「労働者」なので、韓国人の労働者と同等の権利を主張できる、という点では改善されたといえますが。

田尻　日本では高度人材に対する「ポイント制」に日本語能力試験（ＪＬＰＴ）が使われるようになりましたが、言語テストが、いろいろな所に流用されるのは、とても危険だと思います。地域の日本語教室でも、ＪＬＰＴ対策を学習目標としている所がありますが、それだけでいいと勘違いされては困る。

春原　一方で、テストは必要悪という側面もありますよね。大規模試験を作るのは簡単ではない。学習者にとっては、テストに合格さえすれば「ここにいてもいい」という証明になるわけだから、便利といえば便利なわけです。テストには功と罪がある。

技術研修生のときも、「アジア人財資金構想」のときも感じたんだけれど、日本語もしくは日本語教育って「犯人」にしやすい。大学でも、企業でも、一般社会でも、外国人がらみで問題が起こると、結局「日本語ができないからでしょ」って言われてしまう。

田尻　全ての罪を日本語教育が被る必要はないと思います。ただ、「日本語教育ができることはここまでなんだ」ということを、はっきりと示す責任はある。

行政を動かすには「エビデンス」が必要なんです。政策を立案し、予算を請求する際に、例えば、日本語教育が必要な人が何人いて、こういう学習内容・学習時間で、これだけの効果がある、というデータが必要です。他の学問分野でいうと、教育社会学や教育心理学の人たちは、そうしたデータを出して、国にアピールしている。当然、役人も、その分野の研究者に仕事を依頼することになります。

ところが、日本語教育は、そうしたことに無頓着だったと言わざるを得ません。例えば、七〇年代からインドシナ難民や中国帰国者の日本語教育をやってきて、さまざまなデータやノウハウが蓄積されているはずなのに、それらが全く活用されていません。

山田　インドシナ難民や中国帰国者の二世、三世の現状を見ると、私たちが行ってきた日本語教育をプラスに評価することは、到底できません。何をしたかではなく、何をしなかったからこんなことになってしまったのか、そのマイナスの根拠を明らかにする必要があります。

田尻　そうですね。インドシナ難民にしても中国帰国者にしても、国は、初級レベルの日本語教育だけ与えて、「あとは自分で何とかしてください」と日本社会に放り出しました。フォローしたのは、ボランティアの日本語教室です。

ですから、日本語教育の限界を示して、別の支援が必要だということを、きちんと主張していくべきです。そうしなければ、「形だけ日本語教育をやらせておけばいい」という行政の姿勢は変わらない。日本語教育は、いつまでも「下請け」のままです。

春原　所沢の中国帰国者定着促進センターが閉所になりましたよね。インドシナ難民のためのセンターも閉所になりました。それぞれ二〇〜三〇年の蓄積があったわけで、移民のための教育プログラム、生活支援プログラムを作るときに役に立つはずです。そうした蓄積を、一元化して残していくべきだと思うのですが、省庁縦割りの弊害で実現できない。

田尻　中国帰国者は厚労省、インドシナ難民は外務省の所管ですから。例えば、同じEPAの看護師・介護福祉士の受け入れでも、フィリピンは厚労省、インドネシアは外務省で、所管が違います。一時、外国人政策を一元化する「移民庁」を設置する案が議論されましたが、政権交代で完全に潰れてしまいました。

春原　「分断統治」という言葉があるけれど、外国人政策は分断させているほうが都合がいいんでしょうね。

山田　意図的にそうしている。外国人に対するこの国の姿勢は、はっきりしています。あくまで「労働力」であって「人間」ではない、ということでしょう。

日本全体がシュリンクしていく中で

春原　少子高齢化が進み、経済をはじめ日本全体がシュリンクしていく中で、日本語教育業界も「限界集落化」しつつあると感じます。関係者は、そういう危機感を持つべきです。ただ、限界集落と言われる地域の中でも、例えば、保健医療、ダンス、演劇などのアート、ものづくりなど、ある分野では世界トップレベルだという所がある。日本語教育も、戦略的に生き残りを考えなければ、ならないでしょうね。

松岡　日本語教育業界がシュリンクしはじめたのは、いつぐらいからですか？

春原　二〇〇〇年代に入ってからじゃないかな。『月刊言語』や『月刊日本語』などの雑誌が次々と休刊したことが象徴的です。日本語教育能力検定試験の受験者にしても、若い世代が減る一方で、仕事や子育てをリタイヤしたシルバー世代が増えている。

松岡　確かに、青年海外協力隊なんか、私が応募した三〇年前は倍率が二〇倍ぐらいあったのに、ここ数年は二倍ぐらいまで落ちています。

田尻　日本語教育学会の会員数も減っています。大学の日本語学科も半分ぐらいが留学生でしょう。日本語教育専攻をつくれば学生が集まる、というのは昔の話です。学生は、内向きになって海外に行きたがらないし、長引く不況で、安定した職を得るために必死ですから。

松岡　「日本語教師になっても食べていけない」という状況は相変わらずですね。出口保証されていないわけだから、大学で日本語教育を専攻しようなんて、誰も思わない。

田尻　大学は、ここ数年が勝負ですね。日本語教育の人たちが学内で声を上げないと、なくなってしまう。今、各大学は「グローバル人材」という名前を使って予算や枠を取ろうと必死になっていますが、大学側が考えているグローバル人材の中身は非常にいい加減です。せいぜい「英語ができる人」程度のものです。『中央公論』で、ある国立大学の外国人教員が「自分はグローバル人材として採用されたけれど、大学から使われていない」と嘆いていました。

コミュニケーション能力や異文化適応力など、本当の意味でのグローバル人材育成に日本語教育の人たちは関わっていくべきだと思いますが、自分たちから積極的に動かなければ、生き残れません。

春原　大学自体が、どんどん潰されていくでしょうね。ある留学生が「日本の教育は最悪だ」と言っていました。高授業料・低予算だ、と。今度、国立大学の授業料が上がるし、さらには「文系学部は廃止する」という話まで出てきた。これでは、文化や言葉は縮小していく。

田尻　大学など高等教育に対する日本の公的支出（GDP比）は、OECD加盟国中、下から二番目。韓国と最下位争いをしています。

春原　どちらも自殺率が高い国ですね。

日本語教育の生き残り戦略として、田尻さんがおっしゃった大学でのグローバル人材育成もそうだけれど、学習指導要領が変わって、小中高で「言語活動」に力を入れていますよね。そうすると、最近、演劇をやっている人たちが、全国の学校でワークショップをやったりして、けっこう仕事があるらしいんです。役者なんて、食えない仕事の典型だったんだけれど。日本語教育も、外国人だけでなく、日本語母語話者に対する教育にシフトしていくことを真剣に考えたほうがいいと思うんです。

山田　私は、多文化教育と日本語教育を合体させて、日本人学生と留学生が一緒に総合学習をする、という試みを始めました。外国人だけじゃなくて、さまざまなマイノリティが生きやすい社会をつくるために、この国には多文化教育が必要です。そのときに、日本語教育の蓄積が必ず役に立つと思うんです。

ボランティアが日本社会を変える

松岡　日本語教育業界が限界集落化する中で、では、日本語教育の担い手はどうするのか、という課題があります。今のままボランティア任せでいいんでしょうか？

春原　現状は、六割がボランティア、三割が非正規雇用、正規雇用は一割ですよね。私は、ずっと「これでは健全な業界とはいえない。もっと正規雇用を増やさなくてはダメだ」と言ってきました。新卒が正規雇用で入ってこられて、はじめてまともな業界といえる。だけど、最近は、この構造を変えるのは無理なんじゃないか、と思っています。

むしろ、みんながボランティアをしたほうがいい。外国人だけじゃなくて、障がい者も、高齢者も、みんなで支えていくシステムをつくっていくとき、子育てが終わった女性と定年退職した男性ばかりがボランティアの現場にいるのは歪だと思うんです。もっといろいろな人が、学校や職場を出て、社会活動をする。それを社会全体が評価する。そういうシステムをつくっていくことが必要なんじゃないでしょうか。

山田　日本語教育がボランティア中心になってしまった責任の一端は、私にあります。

中国帰国者の日本語教育に携わった時に、彼／彼女がどれだけ頑張っても、受け入れる側が変わらないと無理だ、ということに気づいたんですね。社会を変えるには、マジョリティの側が彼／彼女たちの存在を知る必要がある。そういう「他者」と出会う場として、地域の日本語教室は重要な意味があると考えました。そこで文化庁に働きかけて、予算を取り、川崎と太田の二カ所をモデル地区として日本語ボランティアを推進したんです。

その後ろめたさもあって、「ボランティア任せではダメだ」と言い続けてきたんだけれど、最近は、春原さんと同じで、もう無理だって思っている。政府だけじゃなくて、国民も、日本語教育に税金を使うことを望んでいない、ということが分かったから。みんな、外国人を同じ人間だと思っていないんです。

これはもう長期的スパンで戦略を練り直すしかないと思いました。できるだけ多くの日本人に日本語ボランティアをやってもらって、「これでいいのか？」と気づかせる。そうやって一人ずつ変えていく方法が一つ。

もう一つは、当事者運動にしていくこと。外国人自身が、自分たちの問題として「意識化」して、この社会に突きつけていく。そういう社会運動にしていくしかないと思うようになりました。

春原　日本人を、日本語ボランティアをきっかけに、外国人問題の当事者として巻き込んでいく、ということですよね。そういう意味では、日本語教育だけじゃなくて、全てのボランティアの現場が、日本社会を変えていく拠点になり得るんじゃないでしょうか。

山田　そういう関係性がつくれるかどうかですね。

韓国は、日本より外国人の労働組合の組織率が低いそうです。韓国人の労働組合が、自分たちの職を奪われるからと、外国人労働者との連帯を拒否しているから。これは体制側が誘導しているんですね。

日本は、むしろ日本人の労働組合の組織率が低下しているから、韓国とは逆に、外国人労働者を取り込んだ。それで、問題は同じだということに気づくわけです。同一労働・同一賃金じゃなきゃダメだろう、と。

外国人も、この社会を構成する一員として、自分たちが声を上げる力を付けていくと同時に、同じような境遇の日本人と連帯していく必要があります。そのためにボランティアを増やすべきだ、と考えるようになりました。

春原　ほとんどの日本人が、家庭と職場・学校という、点と線で生活をしていて、点と線以外の人と接触する機会がない。外部との回路をつくっておくという意味で、サラリーマンも学生もボランティアをやったほうがいいと思います。

山田　特に、企業の価値観にどっぷり浸かっちゃっている人は、やったほうがいいですね。自分と違う世界を持っている人と触れ合いながら、同じ方向を向けることが大切なんです。

田尻　大学人も、大学の中にこもっていないで、もっと地域づくりに関わるべきですよ。世間の「大学の先生」に対する信頼は変にあるから、それを利用すればいいのです。私も、約二〇年前、福岡市で役所を巻き込んで各公民館に日本語教室をつくったり、日本語ボランティア養成講座をやったりしました。そのときに大切なのは、地域の特性を生かすことです。

山田　私が大阪の大学にいた時、その大学の留学生センターの教員たちが地域と一緒にいろいろなことをやりました。それを知って、神戸の市民ボランティアの人たちも、そちらの大学の先生たちに「町に下りてくる」ように声を掛けて、そちららしい活動を一緒にするようになったんですね。そのときにできたつながりが、今でも続いているようです。

松岡　「下りてくる」という言葉は象徴的ですね。

小さくても魅力ある国、豊かな社会を目指す

松岡　でも、東北からすると、「ボランティアやる余裕がある人なんていないよ！」というのが本音です。例えば、ある国立大学では学生たちの奨学金という名の教育ローンの受給率が八割を超えています。つまり、その学生たちは卒業すると同時に数百万円の借金を抱えるわけです。ボランティアをやりたくても、それどころではない。

大人だって、「自分のほうがボランティアしてもらいたい！」って人が多数派です。そこで「ボラ

ンティアで日本語教育やれ」って言われても……。

春原　余剰時間、余剰資産、余剰エネルギーがあるからボランティアをするんじゃなくて、「どんなに忙しくてもやりたい！」っていう活動をつくらないとダメだと思う。だって、ゲームだったら寝る間も惜しんでやるでしょう？　そういう魅力のある、面白い現場をつくっていくことも、日本語教育関係者の課題だと思います。

田尻　「かわいそうだから助ける」という発想のボランティアは、なくしたほうがいいと思います。

松岡　そうですね。「かわいそうだから」では続けられない。

山田　ボランティアやる側がどれだけ得するか、ということが理解されていませんよね。

田尻　「やってあげている」感覚の人は、「私を先生と呼びなさい」とか言うんですよ。

山田　少子高齢化で労働人口が減る、日本が縮小していくって、マイナスの発想をしがちですが、プラスの発想に転じることはできると思うんですよ。成長・拡大路線から脱して、持続可能性を目指すような発想です。最近は日本でも廣井良典さんみたいな人が出てきたけれど、ヨーロッパの国々は、とっくにその方向に舵を切っています。

縮小していく中で豊かに生きる方法を考えるべきなのに、この国は未だに戦前と同じ「富国強兵」の発想がのさばっている。為政者のスポンサーである「旧財閥」系の大企業を富ませて、富裕層と貧困層の二極化による高い購買力と安い労働力をつくることによって経済の国際競争力を維持発展させようとしているんです。

田尻　山田さんの考え方に共感するけれど、それを逆手に取って「小さな日本でいいんだから外国人は要らない。日本人だけでやっていくんだ」という言説に結びつける人たちがいますよね。そこは丁寧に説明する必要があると思う。

ずいぶん前に、石川好さんが「外国人が来ないような日本は、日本人にとっても魅力がない」と言っていましたが、排他主義にならずに、身の丈にあった国を目指さないといけません。

山田　お金を求めて日本に来る外国人は要らない。だから、国が移民政策をやっちゃダメなんです。労働力のために移民政策をやると、技能実習生、高度人財と言葉は違えども、結局は作為的な外国人利用になってしまう。それに乗っかって一旗揚げようという人たちしか来ないわけです。そうではなくて、「小さな国だけど、何か面白そう」と思って来てくれる人は大歓迎。その人たちが社会の担い手になっていく。

私たち主権者が、もっと自分たちの社会の在り方に責任を持たなければいけません。税金が足りません、予算がありませんって言われて、それを鵜呑みにしていてはダメ。その裏で、オリンピックやったり、軍事予算を増やしたりできちゃうわけでしょう。

日本語教育も言語政策という政策に入れられているわけだから、日本語教育関係者も政策的能力を付けていくべきです。この社会で何が問題なのかを発見して、建設的な提案に結びつけていく。そういう循環をつくっていかなければいけません。

田尻　そのためには、国の政策を丹念に読んでいく必要があります。役所は、名前を変えて似たような委員会をたくさん作っていますが、けっこう重要なことがそこで決められている。例えば、文科省が子どもたちの言語能力について議論する委員会を作りましたが、日本語教育の専門家はメンバーに入っていません。有識者として呼ばれているのは、国語教育と英語教育の人。つまり、学校教科の枠で呼ばれているわけです。

日本語教育は、まず、教科の枠で戦えないということを自覚しなければいけない。その「壁」を認めた上で、それでもやはり専門家としての自負をもって政治的にコミットしていく。そういう覚悟を、大学の研究者や日本語教育学会の関係者には持ってほしいですね。

（座談会実施日　二〇一六年一月二十八日）

注

［1］児童生徒が学校生活を送ったり、授業を理解したりする上で必要な日本語の指導を、在籍学級の教育課程の一部の時間に替えて、在籍学級以外の教室で行うもの。二〇一四年に施行。

［2］元法務官僚。名古屋入国管理局長、東京入国管理局長などを歴任、「ミスター入管」と呼ばれた。現在、一般社団法人移民政策研究所・所長。「移民一〇〇〇万人受け入れ」を提唱している。

［3］一九八九年の入管法改定により、日系人に対する単純労働が認められたため、ブラジル・ペルーなどから多くの日系人が来日した。しかし、二〇〇八年のリーマンショックによる不況でリストラされた日系人に対して、政府は、手のひらを返すように帰国支援事業を推進した。

座談会を終えて

田尻英三

座談会で触れられなかった情報として、文化庁文化審議会国語分科会日本語教育小委員会で日本語教師の資格の検討が始まったことがあります。また、文科省の「学校における外国人児童生徒等に対する有識者会議」の報告が出ましたが、現在の官邸主導の体制を考えると「「日本再興戦略」改訂2016」や「教育再生実行会議」の方針のほうが優先されると思います。厚労省の「外国人介護人材受入れの在り方に関する検討会」で、資格を取得したEPA介護福祉士を訪問介護に従事させる方向で議論が進んでいます。こうなると、日本の家庭に入る訳ですから、日本語だけの問題ではなくなります。法務省の「日本語教育機関の告示基準解釈指針」が示されました。日本語教育機関の校地や専任日本語教員の割合などが示され、大学等の日本語教師養成では教育実習一単位以上が必修となります。このように、社会的には日本語教育に対する必要は高まっているのですが、日本語教育関係者の動きが鈍いように私には感じられます。皆さんで、積極的に発言・行動していきましょう。なお、最新の情報は、二〇一七年夏刊行の『外国人労働者受け入れと日本語教育』(ひつじ書房)に詳しく書いています。

山田泉

日本は「近代国家」でしょうか。わたしは、その国が「近代」という時代区分に属するかどうかは、「人の近代化」が達成できていることが必要不可欠だと思います。人の近代化とは、その帰属している国民国家の主権者としての権利を行使し責任を果たすという意識と能力があることだと考えます。しかし、日本は教科書的にいえば明治維新で近代国家になったとしていますが、近代化したのは軍事と経済だけで、人の近代化はいまだ封建主義社会のままなのではないでしょうか。それは、福島第一原発事故でも国や東電を批判こそすれ、自らの主権者としての責任を問うことはしないということでも分かります。歴代政府の愚民政策によって「近代民主主義」国家の一員としての主権者意識が未発達な状態なのです。この国の為政者(明治維新からの薩長土肥政権と旧御用商人である財閥企業)は、自らの利益のために「外国人移民」を利用する政策を進めています。それに対し、わたしたち日本語教育関係者は、これら移民を二世、三世にいたるまで社会の底辺を支える存在とすることがこの国の将来を危うくすることを理解し、そうしないために何が必要か提言していくべきだと思います。それは、第二言語教育者として現在のヨーロッパ社会で起こっている問題から学んでいるからです。ぜひ、ともにマジョリティ社会に訴えていきたいものです。

春原憲一郎

ボランティアは〝will〟意志意思から来ています。その特徴は自発性、無償性、利他性、先駆性です。歴史的には志願兵や義勇軍などの意味を担ってきましたが、大きくくくると〝will〟には三つの主体が想定できます。

ひとつは神の意思に応えるボランティアです。広くとらえれば人類愛に発するものです。十字軍から国境なき医師団など、弱い者や困った人たちへの救済や支援に従事します。

二つ目は国家の意志に応えるボランティアです。国家総動員法や一億総活躍社会などの国民の自発性を徴用するボランティアです。

以上の二つは戦争や災害など非常時の緊急的な行動、先駆性のあるフロンティアとしてのボランティアです。

　三つ目は日常生活のなかでの市民ひとり一人の自由意思に基づくボランティアです。隣人として立ち入らず立ち去らずのバランス感覚を持ちつつ、暮らしや遊び、学びの新たな文化と地域社会を創造していく平時のボランティアです。世界の各地域で今起きていることにはこの三番目のボランティアが大きな役割を果たしていると思います。

なんだかとても頭の痛い状況だ～。でも、嘆いていても何もはじまらないよね……。少なくとも私は日本語教育に関わっている人間なので、何ができるのかをじっくり考えてみたい。私も、「かわいそうだから」とか「やってあげる」という考えで、ボランティア教室で活動していたところもある。月並みだけど、ことばはそれ以上でもそれ以下でもないんだなあ……。

まとめにかえて——成人移民への言語教育の限界と可能性

松岡洋子

1 異なるルール、異なるツールの接触

本書では、韓国、台湾、シンガポール、ドイツ、フランスの移民、あるいは移民的背景のある人々と言語教育について取り上げた。ここから、多文化社会における言語教育の重要性を改めて認識できたが、同時に、言語ができればうまくいく、という短絡的なものではない、ということも考えさせられた。

異なる文化習慣を持つ人々が接触すると、さまざまな問題が生じる。それは、接触の際のルール（常識）とツール（言語等）が共有されていないからである。異文化異言語の接触状況は、複数のルールでひとつのゲームをすることに似ている。

また、外から入ってきた人々に対する受け入れ社会の偏見や差別意識が、問題をさらに複雑にする。国際移住機関（IOM）の〝World Migration Report 2011〟では、そもそも移民は受け入れ社会に誤解されがちであり、特に社会が経済的に不安定な時には、移民は否定的に捉えられ、差別され、嫌われる存在となる傾向があることが報告されている。経済状況が悪くなり、社会の雰囲気が暗くなってくると、残念なことだが、人々は不安や不満をまぎらわすためのスケープゴートを求め、その矛先を移

民に向けることがある。「知らないもの」「異なるもの」に対して人はなかなか寛容になれないのかもしれない。急に移民が目につくようになって不安だ、移民がいるから町が物騒になった、移民に自分たちの仕事を奪われた、などといった意見を、移民を受け入れた社会でよく耳にする。しかし、そのような意見は客観的な根拠があって語られるのではなく、社会のムードがそのような言説を生み出すことが多い。一方、移民に対する意見や態度は、受け入れ社会の人々の経済状況、年齢、教育レベル、あるいは日頃の移民との接触状況に相関があることが指摘されている。教育レベルの高い人や移民との接触・交流が日常的にある人は、移民に対して否定的な態度は取りにくいということである。移民に対して受け入れ社会が公正で肯定的な態度をとるためには、日ごろからの相互交流と、お互いについての正しい知識が必要だということを、調査結果は物語っている。

「知らない」ことは「恐怖」や「嫌悪」につながる危険性がある。さまざまな情報や日頃の接触を通じてお互いを知り、コミュニケーション課題にどのように対応するかは、移民を受け入れた社会全体にとって重要なテーマである。人の移動は、移動する側の一方的な理由で起こるばかりでなく、受け入れる側にも事情がある。コミュニケーションがうまくいかないから、問題を起こすからと、移民を排斥してしまえば、移民が担う機能は停止し、受け入れ社会がもともと内包していた問題が別の形であらわになるだろう。また、紛争や貧困を逃れた難民について国際社会での検討、対応の必要性も増大している。移民がいなくなれば社会が平穏になる、ということはない。わたしたちは、「異なるもの」同士が同じ場所で暮らすための新たな仕組みや仕掛けを必要とする時代に生きているのだ。

2 移民問題は言語問題か？

移民を受け入れた社会でさまざまな問題が起こると、「移民の言語能力が不十分」であることが一番の原因だと指摘される。どの国においても移民の受け入れ施策で「言語」が最重要課題として取り上げられる。教育に必要な言語能力が不十分な子どもが十分な教育を受けることは難しい。また、仕事に必要なコミュニケーション力、特に読み書き能力が低い者は低賃金の単純労働に従事するか、社会保障に頼る以外に生活の手段がなくなる危険性が高い。災害時などの緊急時に十分に情報が得られず、生命の維持すら困難な状況に追い込まれる。また、宗教や生活習慣の違いがもとで受け入れ社会と摩擦が起こっても、相互交渉が成り立たなければ問題は複雑になる一方だろう。受け入れ社会の移民に対する偏見や嫌悪感が高まり、移民は社会の不安定要素として認識され、相互交渉はますます困難になるという悪循環に陥る。

しかし、このような問題は、移民が移住先の言語を習得することですべて解決されるのだろうか。ここで見られる問題の根底には、人権問題があり、貧困問題がある。同じような課題は同国人の中にも見られるが、移民の場合には、問題の原因の多くが移民の言語能力に転嫁されやすくなる。移民と受け入れ社会が接触する場面では、言語（＝「ツール」）と同時に、生活する社会の常識（＝「ルール」）の共有も重要だ。受け入れ社会側のルールに合わせればいいのだ、と考えられるが、それは容易なことではない。ルールには、見えるルールと見えないルールがある。見えないルールはそれが侵されて初めてその存在を意識する。文化の異なる人にとっては、すぐに慣れるルールもあれば、自分の持っているものとは正反対で、合わせることが困難なルールもあるだろう。

3　どこでどのような言語が使われているのか――単言語優位社会・多言語社会

［1］単言語優位社会

言語は人と人とのコミュニケーションだけでなく、国や社会を統合するツールである。人々が社会で生活する上で言語はさまざまな場面で使用される。政治、行政、公教育等の「公的領域」で使用される言語は、通常、言語政策の対象となる。一方、家庭生活や地域コミュニティでのやりとり等の「私的領域」で使用される言語は個人が選択する。たとえば、日本や韓国などはこの二つの領域の多くを単言語で行う人が圧倒的に多い「単言語社会」で、言い換えれば、多様な人々が多様な言語やコミュニケーション手段を用いる前提が意識されない社会ということである。いずれの国でも、職業上、二言語以上を駆使する人々も増加しているし、外国からやって来る人々のために、街の標識に複数の言語が見られるようになった。また、日本や韓国でも母語以外のコミュニケーション言語としての英語力が重視されるようになり、教育の転換が図られている。しかし、実際には英語ができないために「仕事ができない」、「生活に支障をきたす」という切迫感、危機感を持つ人がさほど多いわけではない。日本や韓国において、多文化社会になったのだから多言語使用者になるべきだという意識が高まったということもない。

［2］多言語社会・複言語社会

これに対して、カナダ、スイス、ベルギーなどは、地域によって公用語が異なる多言語国家である。国内が一言語で統一されているのではなく、地域によって優位言語が異なる。そのため、第一言語以外の公用語が学校で相互に教育されており、その上、スイスやベルギーでは公用語以外に世界共通言語としての英語の使用率も高い。個々人がいくつの言語を日常的に必要とするかは、地域や仕事、交友関係によるが、異言語間接触は日常的に見られ、相手や状況によって言語を使い分けることは珍しくない。

台湾、シンガポールもまた、複言語的状況にある。台湾では、駅や電車内で中国語（普通語）、台湾語、客家語、英語で放送がある。世代や民族的ルーツなどによって使用言語が異なることから、一人の人が複数の言語を使用する場面が日常的にも実に多く見られる。シンガポールは、中国系、マレー系、インド系が混在する社会で、それぞれの民族語が家庭などで継承されているが、英語は多民族間の共通語として、また、世界中から集まるビジネスマンや観光客とのコミュニケーション言語として機能している。シンガポールの地下鉄駅に行くと、公用語の四言語のアナウンスが聞こえ、また多言語表示があふれていて、実ににぎやかである。効率という点では、英語に統一してしまえばいいのだろうが、それぞれの言語使用が公的に認められ使用されている。このことが世界中の人々を引き付ける魅力ともなっているのだろう。シンガポールの人々にとって、必要に応じて複数の言語を使うことは日常的なことである。相互が共有する言語を使って、言いたいことを表現しやすい言語を選択してコミュニケーションが進められる。シンガポールでは、同じメンバーで話している中で言語が混在することも珍しくない。私たち日本人は、複数言語ができると聞くとバイリンガルの超エリートを想像する。しかし、みんなが複数の言語について等しく能力を持っているのではない。異なる文化背景の人々が集まって暮らす中で、それぞれの言語のわかる人がわかる部分をつなげる。コミュニケーションのプロセスに複数の言語を混ぜ込む、ということを日常的にしているのである。このように多言語の接触が頻繁に起こる背景のひとつとして、住宅地域に各民族が偏りなく混在することが法的に定められていることがある。これは、民族間の対立、衝突を回避する工夫であり、多民族国家シンガポール人としてのアイデンティティ形成にも役立つと考えられている。異民族異言語間の接触は日常的で、それがシンガポールらしさであると言える。社会にはさまざまな階層、教育レベル、生活形態の人々がいる。シンガポールでも、みんながエリートとして完全な複数言語の使い手になるわけではない。一つの言語では十分に通じないことが日常的に起こることが前提となって、複言語コミュニケーションが成立しているのである。

4　単言語優位社会のコミュニケーション

［1］私的領域での移民のコミュニケーション

単言語社会において私的領域での移民の言語使用状況は大きく二つに分かれる。ひとつは、移民の母語中心社会で、ドイツのトルコ人、日本の南米日系人など、家族やエスニックコミュニティを形成する移民の母語が優位なコミュニティである。日本に住む日系人はコミュニティを形成し、仕事も暮しもその中で完結させることが可能なため、日本語をほとんど使うことなく生活できる。群馬、愛知などのブラジル人集住地区にそのようなコミュニティが見られる。もうひとつは、私的領域でも移住先言語を中心に暮らす人々で、結婚移住者はその例である。家族や近所づきあいも移住先言語が優位となり、同言語・同文化のコミュニティが近くにない場合は、母語等でコミュニケーションする機会は極端に少ない。インターネットが普及した現在は、それ以前と比較すると母国や外部との接触もずいぶん容易になったが、移住先社会のことばができないと、情報がかなり限定される。結婚移住者の場合は、移住先の家族や近隣コミュニティに組み込まれ、意識的にも無意識にも同化圧力がある。家庭によっては、自分の子どもに対してすら母語を使うことを家族から禁止される、あるいは、子ども自身が、母親が母語を使うことを嫌って、子どもは母親の母語を聞くことなく成長する例もある。

しかし、いずれの場合も、移住先の言語ができない人々は、たとえば、経済危機や災害などの非日常的状況に遭遇するとより一層弱い立場に立たされる危険性が高くなる。二〇一一年に起きた東日本大震災では日本に住む外国人たちは情報弱者としてさまざまな危機に立たされた。

［2］単言語優位社会の移民受け入れ政策の方向性

単言語優位社会に移民を受け入れるとき、その言語的対応には二つの方向性がある。ひとつは、移民に移住先社会の言語や社会知識を習得させ、移民個々の社会統合能力の向上を図るものである。もうひとつの政策の方向性は、受け入れ社会の多言語化である。

まず、移民に言語教育を行う例については、ドイツ、韓国が本書で取り上げられた。ドイツや韓国が移民対象に行う第二言語教育は、単にコミュニケーションに困難を感じる個人を救済するための市民共助的なボランティア活動ではない。「ことばがわからなくて困っている人が目の前にいるから、助けよう」という人道的理由で行われているのではなく、移民と受け入れ社会とが接触すべき領域で必要な政策の一環として法的根拠を持ち、社会資本構築のための投資として位置づけられたものである。単言語優位社会で移民が受け入れ社会の言語能力を持つということは、移民が公的領域で社会参加する資格として、あるいは私的領域で移住社会と接触する手段としての意味を持つが、一方、その能力を持たない移民を社会から排除する装置にもなり得る。言語的社会統合は、言語的排除、つまり言語能力のない移民の社会参加を許さないという側面もあるということだ。単言語優位社会では、移民に対する言語教育の役割が重視され、言語教育を行うことによって移民の社会統合あるいは包摂が進むという期待が大きくなる。では、ドイツや韓国では、移民への言語教育施策はうまく機能しているだろうか。また、言語能力をどのように評価・判定しているのだろうか。

①移民に言語能力を求める方策

まず、移民に対して移住先の言語能力を求めるなら、受け入れ社会で移民の言語能力の把握、評価方法を確定させ、教育方法を開発する必要があるだろう。入国前に移民に対して既存の言語テストによる言語能力の証明を求めるケースもあるが、文法のような言語知識の部分だけを取り上げて教育、あるいは評価を行っても、実生活でのコミュニケーション力が保障されるわけではない。移民が移住先社会で必要とする言語能力とは何か、それをどのように教育し、測定し、どのように証明できるのか、各国でさまざまな方法が検討され、採用されている。言語横断的に共通する「移民のための言語運用力尺度」というものを開発することができれば、国、地域を越えた人の移動する現代社会に役立つかもしれない。本書の事例でも見られるように、現在、欧米諸国ではヨーロッパ言語共通参照枠(Common European Framework of Reference for Languages = CEFR)を適用して、A1からB1程度の能力習得を求めているところが多い。この有効性は議論のあるところであるが、人の流動性の促進を前提としたCEFRの持つ複言語複文化主義の考え方は参考になるだろう。

②社会の多言語化の方策

社会の多言語化は、特に「公的領域」において言語ができないことによる不利益を回避し、市民としての役割を果たすために、多言語で必要な情報のやりとりを行うという対応である。たとえば、ドイツ、韓国では自治体レベルでさまざまな生活情報が多言語で提供されている。日本でも、同様の動きが外国人集住地域や都市部など、各地で見られるようになっている。しかし、単言語優位社会を多言語社会に変える際、どの言語を選択するか、どのように変容させていくか、といったさまざまな角度からの議論が必要であり、時間的、財政的、あるいは受け入れ社会の人々の心理的に負担が大きい。

多言語社会への道は容易なものではなく、社会全体の合意や覚悟が求められるだろう。

「私的領域」での多言語の権利保障についても、課題は大きい。たとえば、ある同一言語の移民集団に対して、言語使用の自由を妨げることは避けなければならないが、異言語集団間、あるいは異言語の個人間の接触場面で共通言語を持たなければ、コミュニケーションが成り立たず、誤解や衝突を誘発する危険性が高まる。ひとつの社会空間を共有するためには、何らかのコミュニケーションの方法を確立する必要がある。

5 日本の外国人移住者

[1] いつの間にか外国人が隣人に——外国人労働者の定住化

ここで、改めて日本の状況について整理してみる。日本では、一九九〇年の入管法の改定以後、新来外国人が急増した。中でも、定住、技能実習、配偶者などの在留資格で長期定住する「移民」的外国人の増加は、これまでことばや文化が大きく異なる人々と暮らす経験の少なかった日本社会に少なからず影響を与えている。

いわゆるバブル景気のころ、製造業を中心に人手不足が進み、八〇年代後半には単純労働の担い手として西南アジアからの不法労働者が流入して社会問題化した。また、製造業および一次産業は厳しい国際競争にさらされ、労働者に対して賃下げ、あるいは長時間労働などが強いられるようになったが、日本人はこのような厳しい労働環境を嫌い、中小企業を中心に労働力不足が深刻になった。その後、日本人としての「血縁」を根拠にして在留許可を与えられたブラジルをはじめとする主に南米出身の日系人と、「国際貢献」、「技術指導」を理由として途上国から来日する技能実習の若者たちが、単純労働力として組み込まれていった。

［2］労働力流入による外国人集住都市の出現と社会の対応

ここで日本社会に起こった大きな変化は、「外国人集住都市」の出現である。群馬、静岡、愛知などで製造業に従事する日系人を中心とした外国人が集住する地域が現れた。日系南米人の多くは、平日は工場で長時間労働に従事し、休日は家族や友人が集まって過ごす。日本語がわからない人も多く、居住地域のルールも知らない。そのため、ごみの捨て方、駐車の仕方、公園や公民館の使い方などで周辺住民との摩擦が起こった。また、日系南米人の子どもたちが日本の学校になじめず不就学になったり、日本語力が不十分なために学業不振に陥ったりするなど、子どもの教育問題も顕在化した。

このような問題に、NGOや町内会などが個別に対応や支援を始めたが、外国人の比率が増加するにしたがって自治体レベルの対応が求められるようになった。二〇〇一年から、「外国人集住都市会議」が毎年開催され、外国人が集住する自治体の首長や関係者によって外国人住民関連課題が検討され、国に対して課題解決に向けた提言を行っている。

その後、二〇〇八年のいわゆるリーマンショックによる経済危機の直後は、自動車産業を中心に日系人等の大量解雇が行われ、外国人労働者の使い捨てのような状況が社会問題となった。これに対して、政府は帰国支援事業を行い、日系南米人の帰国を促したが、日系南米人の子どもたちが意に反して帰国を余儀なくされたり、子どもたちが通う外国人学校が子どもの激減によって閉鎖されたりといった事態が起こり、子どもたちの教育基盤の脆弱さが改めて浮かび上がってきた。なお、その後、日系南米人は減少傾向にあるが定住化が進んでいる。

［3］もうひとつの労働力としての技能実習生

外国人の労働力流入のもう一つの大きな動きは、途上国への技術支援を名目として一九九三年に導入された技能実習制度である。この制度によって途上国の若者が単純労働現場に急増し、低賃金労働力として全国各地の中小の製造業や農水産業の現場を支えるようになった。出身国は中国、ベトナム、フィリピン、インドネシア、タイなどのアジア諸国が九割以上を占めている。この制度で働く外国人たちは、日系人のように集住しているのではなく、全国各地に散在している。かなり田舎の工場や農場でも技能実習生が働いていて、驚くことがある。東日本大震災で津波の被害にあった東北の沿岸地域の水産業でも、実習生たちが支えていた現場は少なくなかったが、震災後はますます増加している。技能実習生たちが働いている場所は、安価な労働力がなければ経営が成り立たない中小企業が多く、人手不足が深刻である。その穴を埋める労働力である実習生たち自身も、収入を得ることが目的で三年間滞在するのだ。雇用主や地域の国際交流団体が近隣住民と実習生との関係作りを積極的に進める例も見られるが、ほとんどの実習生は職場以外の人と接触する機会は限られている。また、近隣の別企業にいる実習生同士が企業側に都合の悪い情報交換をしないように、実習生同士を接触させないというケースもある。さらに、雇用現場で、賃金不払い、長時間労働の強要などさまざまな問題が起こっており、人権団体、弁護士会などから批判が相次いでいる。

［4］国際結婚を選んだわけ

日本に永住する外国人として注目されるのが結婚移住女性の存在だ。日本の結婚移住女性の増加も韓国、台湾と同様の社会背景がある。女性の高学歴化、社会進出が進んだ結果、農山漁村などを中心に「嫁不足」が深刻化し、社会問題として注目されるようになった。行政主導の集団見合いなどさまざまな対策が講じられたが、都会の女性が農村部の男性と結婚する例はごくわずかであり、地元の女性や、農家の娘の親たちですら、地元の農家の跡取りとの結婚を嫌った。やがて、山形県の農村部で行政が仲介して一九八〇年代後半にフィリピン人女性を配偶者として迎え、その後、一九九〇年前後には他地域でも行政や結婚仲介業者の紹介による日本人男性と外国人女性の結婚が急増したが、その後、減少傾向が続いている。

結婚移住女性の多くは、自分自身や母国の家族が少しでもいい生活をするために日本人との結婚を選択している。日本人との結婚が彼女たちの生活手段となっているのだ。仲介業者が介入した偽装結婚もあり、この場合、不法就労などの温床となっている。彼女たちは日本語がほとんどできない状態で来日するケースが多く、夫やその親など家庭内のコミュニケーションも困難である。また、子どもができれば、親として子どもの教育に十分に関わることができない悩みを抱える。家庭内で母語の使用を禁じられ、子どもと母語で接することができないという例も見られる。就労するにも日本語力が壁になって、非正規の単純労働に甘んじることが多く、少ない収入を母国の家族に仕送りするのがやっとで、一時帰国もままならない。もちろん、幸せな家庭生活を送る人も多いが、貧困、家庭内暴力などに悩む例も後を絶たない。このような状況に対して、本書で取り上げた韓国や台湾では、国の新たな一員として迎えるための社会統合施策が講じられているが、「結婚は個人の問題」として、日本政府は対応の姿勢を見せていない。

［5］地域の日本語教室ができたわけ

以上のように二〇世紀の終わりごろから、日本語を話さない人が近所、職場、学校などで多く見られるようになり、これに対して一九八九年に自治省（現総務省）は「地域国際交流推進大綱の策定に関する指針」を提示し、各自治体に国際交流協会、地域国際化協会の設立を促した。日本各地の自治体に国際交流協会が設立され、姉妹都市間交流や国際理解教育事業などと同時に、地域に住む外国人のための日本語教室も開催されるようになった。また、日本語ができない地域在住の外国人を助けようと市民団体や個人が次々に日本語教室を開設した。これが地域の日本語教室の始まりである。地域の日本語教室は、日本語学校で学ぶ経済的、時間的余裕のない外国人や、交流のために日本語を学びたいという外国人を対象として、ボランティアで始められたところが多い。

国際交流協会の日本語教室では専門的な教育を受けた日本語講師が教えるものが多いが、市民団体や個人の日本語教室は現在でもその大半がボランティアによって行われている。当初は、外国語指導助手や欧米出身の研究者、留学生などを対象に、週一回程度、交流が目的で行われる日本語教室も多かった。しかし、日系人を中心とした外国人集住地域の出現によって、居住地域でさまざまなコミュニケーション課題を解決する一助として、市民団体が教室を運営し始めた。また、子どもの教育問題や、結婚移住女性の生活課題などに対して支援する日本語教室も現れた。多文化化した地域社会の課題解決のために日本語教室が果たしている役割は実に大きいものがある。

6　多文化コミュニティの課題は地域の日本語教室で解決できるか

文化庁は、「国内の日本語教育実態調査」を毎年実施している。一九九〇年の調査と二〇一六年の調査を比較すると、学習者数、教育機関数とも二倍以上になっている。しかし、日本語が教えられている場所を見ると一九九〇年には大学等が半数を占めていたが、二〇一六年には七割が大学、短大等以外の一般教育機関になった。一般教育機関には地域のボランティアの日本語教室も多数含まれる。また、約三万人の日本語教師の過半数が、地域の日本語教室で教えるボランティアである。地域に住む移民の日本語教育はボランティアの日本語教室が一手に引き受けていると言っても過言ではないのだ。

このような事態に対して、文化庁は「地域日本語教育コーディネーター研修」、「生活者としての外国人のための日本語教育事業」などの事業を展開し、「地域における日本語教育の充実」に関する事業を進めている。しかし、いずれも単年度の申請ベースの事業であり、日本語教育に専門的に関わる人材がいない地域の日本語教室にとっては事業申請することそのもののハードルが高く、継続的に移民の日本語習得を推進するための施策とは言いがたい。いずれにしても、「地域に住む移民に日本語を教えているのはボランティア」、という状況はこの二〇年以上変わっていない。しかし、ここ数年、地域の日本語教室ではボランティアの高齢化が問題となっている。実際に、長く活動してきた日本語教室やボランティアの集まりなどが解散する例も散見されるようになっており、このまま次の世代が引き継ぐことがなければ、各地に住む移民の日本語習得を支える力が消滅する可能性もある。

また、移民が日本語を習得するだけでコミュニケーション課題がなくなるわけではない。日本に来る外国人たちは必ずしも日本語を習得してから来るわけではないし、日本語学習の義務もない。時間がたてば、日常会話程度ならできるようになる人も少なくないが、コミュニティには常に日本語ができない新たな移民がやってくる。そして、ルールもわからず、情報を得る手段も持たずに、コミュニティで孤立したり、摩擦を起こしたりする。問題は、日本語ができないことではなく、必要な情報をやりとりする共通手段がないことだ。通訳や翻訳を使ってもいい。あるいは、一九九五年の阪神大震災を契機に作られた「やさしい日本語」を使うことで、伝わりやすさを増す、といった対応も可能だろう。移民の言語習得を待つだけでなく、受け入れ社会側からの歩み寄りも必要だ。

日本語教育の現場は一見、移民を日本語使用者に導く同化的機能だけを担っているように思われがちだが、日本社会の中で異なる言語や文化が接触したとき、何が問題になり、どのような解決手段があるのか、ということについて教育実践の中で多くの経験を積み重ねているはずだ。その経験と知識は、言語も文化も異なる移住者を新たに受け入れた日本の社会に役立つだろう。日本語教育ができることは、移住者に対して日本語を教えることだけに留まらない。どのような日本語なら通じるのか、どのようなことは伝わりにくいか、どこで誤解が生じやすいか、移住者のどのような権利が侵害され、義務が理解されていないかなどを日本社会に伝え、コミュニケーション手段の多様化をめざした人材育成に関わることができるはずだ。外国人、受け入れ側双方の視点から異文化、異言語間の接触の触媒としての日本語について捉え直し、移住者を受け入れた社会のコミュニケーションについて提案することが日本語教育の新たな役割ではないだろうか。

7 「共通言語」となり得るツールの構築に向けて

人が社会で生活するとき、自分の持つ権利や義務については言語能力にかかわらず知ることが不可欠だ。もちろん、多文化社会に対応した新たなルール作りも必要なこともあるだろう。しかし、ことばがわからないからルールを守らなくても仕方ないということにはならないし、ことばがわからないことを理由にした権利侵害も避けるべきだ。先の東日本大震災の際にも問題となったが、ことばが理解できないために災害時に避難が遅れたりパニックになったりした事例がある。

社会は言語に頼って構築されている。単言語社会では、多言語対応システムが構築されにくいのは事実だ。しかし、最低限の情報を伝え、移住者が理解できるように、あるいはことばがわからなくてもある程度の社会活動に参画できるようコミュニケーション方法を多様化する視点が求められる。どのようなコミュニケーション方法を取るにしても重要なことは「伝えられる」、「理解できる」、つまり接触が可能だということだ。単言語優位社会ではひとつの言語ですべての接触を完結させることが当然とされ、それ以外の手段を取るという発想を持ちにくい。そのため、自分が持つ言語が通じないと、コミュニケーションをあきらめてしまいがちだ。しかし現代社会では、単一のコミュニケーション手段では接触が困難な状況が珍しくなくなってきた。一人ひとりが複数の言語やコミュニケーション手段を持つ必要性が身近な場面でも高まっている。移住者が移住社会の言語能力を習得するというのは、共通言語確保の方法として重要なものと位置づけられるが、それだけでは移住者が排除される恐れがある。公的領域において単一言語での対応を原則とするなら、その言語能力を持たない住民に対してなんらかの補償措置を講じるべきではないだろうか。単言語優位社会では、言語や文化の異なる住民の受け入れを認めたとき、新たなコミュニケーションの方法を社会に作り出す覚悟が必要だ。日本でもその覚悟が求められている。本書を読んでいただいた読者の皆さんがこの課題について、さまざまな立場から考えてくださることを期待したい。

成人移民の言語教育の質向上のための具体案で、教育という装置が社会的排除を生みだすことについても触れていた。教育の目的は、たくさんの人々が幸せになることなのに……。少なくとも、ある特定の人たちを排除するために語学教育が利用されるのなら、それは教育に関わっている人間が中心になって阻止しなければならないだろう。また、言語教育が現実社会から切り離されているとしたら、なぜそんなふうになっているのかを、改めて考えたい。

［ふ］

［へ］

［ほ］

［ま］

［よ］

［ら］

［り］

索引

編者・執筆者紹介

［編者］

松岡洋子（まつおか　ようこ）

岩手大学教授。専門は、日本語教育、社会言語学、異文化間コミュニケーション学。二〇〇〇年代前半から現在まで、ドイツ、韓国、台湾、シンガポール等で移民の言語政策、多文化社会のコミュニケーション施策について調査研究を行う。論文に、「単言語社会における移民との共通言語構築の方向性」（富谷玲子他編『神奈川大言語学研究叢書4　グローバリズムに伴う社会変容と言語政策』ひつじ書房、二〇一四年）などがある。

足立祐子（あだち　ゆうこ）

新潟大学准教授。専門は、日本語教育学、異文化間コミュニケーション学。移民の第二言語教育及びそれに関わる教師教育を中心に調査研究を行っている。論文に、「移民対象の日本語教育の内容について」（『情報弱者むけユニバーサル・デザイン具体化のための基礎的研究』社会言語学別冊Ⅱ、二〇一六年三月）などがある。

［執筆者］

アーニャ・カロリーナ・ウェーバー

ヴィースバーデン市民大学外国語学科主任（ドイツ）。同市民大学の移民統合コースコーディネーターおよび移民統合コース教師養成講座コーディネーター担当。

エルヴェ・アダミ

ロレーヌ大学教授（フランス）。専門は、言語教育学、社会言語学、成人移民への言語教育。著書に、*De l'idéologie monolingue à la doxa plurilingue: regards pluridisciplinaires.* (Hervé Adami & Virginie André (éds), Peter Lang, 2015) などがある。

郭俊海（かく　しゅんかい）

九州大学留学生センター・大学院地球社会統合科学府教授。専門は、応用言語学（日本語教育、バイリンガル教育、言語政策）。主な著書に、『多民族社会の言語政治学――英語をモノにしたシンガポール人のゆらぐアイデンティティ』（共著、ひつじ書房、二〇〇六年）、『シンガポール都市論』（共編著、勉誠出版、二〇〇九年）などがある。

ジャン＝クロード・ベアコ

パリ第三大学名誉教授（フランス）、欧州評議会言語政策部プログラム顧問。専門は、言語教育学、複言語・異文化間教育、言語政策。著書に、*Ecole et politiques linguistiques.* (Jean-Claude Beacco, Didier Éditions, 2016) などがある。

許之威（しゅ　ちうぇ）

通訳案内士。台湾の国家公務員として台北市政府で勤務。専門は、言語政策、移民政策、教育社会史。著書に、『移民政策の形成と言語教育――日本と台湾の事例から考える』（明石書店、二〇一六年）などがある。

チャン・ハノップ

梨花女子大教授（韓国）。専門は、異文化間教育、社会言語学、フランス語教育。論文に、Appropriateness of Terms Related to the Children of Immigration in Korea.（*Bilingual Linguistics*, 46, 2011）などがある。

西山教行（にしやま　のりゆき）

京都大学教授。専門は、言語教育学、言語政策、フランス語教育学。著書に、『異文化間教育とは何か——グローバル人材育成のために』（西山教行・細川英雄・大木充編、くろしお出版、二〇一五年）などがある。

ミッシェル・カンドリエ

メーヌ大学名誉教授（フランス）、言語文化の多元的アプローチ研究プロジェクトの代表。専門は、言語教育学。著書に、*L'éveil aux langues à l'école primaire – Evlang : Bilan d'une innovation européenne.* (Michel Candelier, DE BOECK, 2003) などがある。

ヤン・キホー（梁　起豪）

聖公会大学日本学科教授（韓国）。著書に、『日本の自治体の多文化ガバナンス』（法務部セミナー、二〇一五年）、論文に、A Critique of Government-Driven Multicultural Policy in Korea: Towards Local Government-Centered Policies.（*Asian Studies*, 2014）などがある。『グローバリズムと地方政府』（論衡出版社、二〇一一年）で、二〇一二年韓国地方自治学会学術賞を受賞。

［翻訳者］

大山万容（おおやま　まよ）（フランス語）

京都大学非常勤講師。専門は、外国語教育学、言語政策。著書に『言語への目覚め活動――複言語主義に基づく教授法』（くろしお出版、二〇一六年）などがある。

石澤多嘉代（いしざわ　たかよ）（ドイツ語）

元フランクフルト大学日本語学科専任講師。専門は、外国語教育。論文に、Grammar Lessons with Silent Teachers: The Ultimate Style of Autonomous and Cooperative Learning. (*Japanese Language Education in Europe 14*, Association of Japanese Language Teachers in Europe e.V. (Hg.), Berlin, 2010) などがある。

本書は、日本学術振興会科学研究費補助金基盤研究（B）（課題番号 20401024）「アジア・ヨーロッパにおける移住者と受け入れ住民の共通言語教育研究の構築」（研究代表者：岩手大学 松岡洋子）および、基盤研究（B）（課題番号 24401025）「移住者と受入れ住民のコミュニティ形成に資する複言語コミュニケーションと人材育成」（研究代表者：岩手大学 松岡洋子）、基盤研究（B）（課題番号 16H05724）「コミュニティの公共人材を対象とした多文化対応力開発プログラムの国際比較」（研究代表者：岩手大学 松岡洋子）の研究成果の一部である。

シリーズ　多文化・多言語主義の現在7

アジア・欧州の移民をめぐる言語政策
ことばができればすべては解決するか？

二〇一八年三月三十一日　初版第一刷発行

編者
松岡洋子・足立祐子

発行者
吉峰晃一朗・田中哲哉

発行所
株式会社ココ出版
〒一六二－〇八二八　東京都新宿区袋町二五－三〇－一〇七
電話　〇三－三二六九－五四三八
ファクス　〇三－三二六九－五四三八

装丁・組版設計
長田年伸

印刷・製本
モリモト印刷株式会社

定価はカバーに表示してあります
ISBN 978-4-86676-002-5
© Y. Matsuoka & Y. Adachi, 2018
Printed in Japan